KB069501

FAMILY THERAPY SUPERVISION
THEORY AND PRACTICE

가족치료 수퍼비전의
이론과 실제

송정아 저

학지사

/ 머리말 /

최근 우리 사회는 부부문제와 가족문제, 자녀문제 그리고 이혼문제 등으로 몸살을 앓고 있다. OECD 국가 중에서도 이혼율과 자살률로 1, 2위를 달리고 있는 것이 우리 사회의 현실이다. 이러한 문제를 해결하기 위해 지난 수십 년간 가족치료 분야에서는 여러 가지 접근 모델을 개발하면서 괄목할 만한 성장을 해 왔다. 즉, 가족치료와 가족상담에 관한 서적 및 번역서, 연구물이 많이 출간되고 있을 뿐 아니라 수련감독 역시 많이 배출되고 있다. 이에 따라 가족치료에 관한 수퍼비전의 필요성이 높아지고 요구도 많아지며, 가족치료와 가족상담 전문가로서의 확고한 정체성을 지닐 수 있는 수준 높은 양질의 수퍼비전을 바라는 사람도 많아지고 있다.

많은 가족치료 전문가는 어느 한 가지 가족치료 모델만으로 훈련받는 것이 아니라 여러 가지 접근 모델을 통해 훈련받는 경향이 있다. 가족치료 모델 훈련이 다양하기 때문에 가족치료 수퍼비전과 내용 또한 다양해지고 있다. 따라서 가족치료 훈련이나 수퍼비전에서 한 가지 모델만을 다룰 수도 있겠지만, 현재는 몇 개의 모델을 함께 다루어 주는 것이 대세인 듯하다. 즉, 다양한 가족치료 원리와 규칙 및 치료 과정의 도구를 하나의 통합 모델에 포함하는 복합적인 형태를 요구하고 있는 것이다. 미국결혼가족치료협회(American Association for Marriage and Family Therapy: AAMFT)는 이러한 복합성을 감안하여 모든 수퍼바이저가 가족치료 훈련이나 수퍼비전을 할 때 체계이론을 지침으로 체계모델 안에서 할 것을 권장하고 있다.

저자는 수년간 박사과정 학생들에게 '가족치료 수퍼비전' 과목을 강의해 왔다. 그리고 대학원 상담센터 소장으로 인턴과 레지던트, 수련 수퍼바이저들을 훈련하는 과정에서 가족치료 수퍼비전 교재의 필요성을 절실히 느끼고 있었다. 이에 저자는 가족치료와 상담 전공생, 수련생 그리고 수퍼비전을 시작하는 수련 수퍼바이저에게 방향을 제시하는 가이드라인을 주고자 이 책을 집필하게 되었다.

이 책은 전체 15장으로 구성되어 있고, 내용면에서는 크게 4부로 나뉘어 있다. 1부는 '수퍼비전의 이론적 기초'에 관한 것으로, 1장 '수퍼비전의 전제', 2장 '수퍼바이저', 3장 '수련생'에 대하여 진술하고 있다. 2부는 다양한 가족치료의 주요 이론을 다룬 '가족치료 수퍼비전 모델'로, 4장 '정신역동 가족치료 수퍼비전', 5장 'Bowen 가족치료 수퍼비전', 6장 '구조적 가족치료 수퍼비전', 7장 '전략적 가족치료 수퍼비전', 8장 '해결중심 가족치료 수퍼비전', 9장 '가족치료 수퍼비전 사례'로 구성되어 있다. 3부는 '수퍼비전의 실제'에 관한 것으로, 10장 '수퍼비전의 구조화', 11장 '수퍼비전의 과정', 12장 '수퍼비전 관련 기록', 13장 '수퍼비전 평가'로 구성되어 있다. 마지막으로 4부는 '수퍼비전 윤리' 영역으로, 14장 '수퍼바이저 윤리'와 15장 '학회별 윤리강령'으로 구성되어 있다.

　이 책은 가족치료 전공자가 가족치료와 상담을 하는 데 필요한 다양한 가족치료 이론의 패러다임 및 기법을 진술하고 있다. 뿐만 아니라 수련생이 수퍼비전 사례 발표를 준비하는 데 도움을 줄 수 있는 실제를 진술하고 있으며, 수퍼비전의 방법과 방향 등의 내용을 주요 이론별로 제시하고 있다.

　이 책이 완성되기까지 많은 도움을 주신 모든 분께 감사드린다. 특히 원고가 책으로 나올 수 있도록 워드 작업을 해 주신 이주원, 김승화, 박효진 간사님과 미완성된 원고를 가지고 함께 토론하며 강의에 임했던 박사 과정의 원우들께 깊은 감사의 마음을 전한다. 또한 이 책의 출판을 기꺼이 맡아 주신 학지사 김진환 사장님과 편집을 담당해 준 이지예 선생님에게도 감사드린다. 끝으로 이 책을 만나는 모든 분께 이 책이 부족하지만 분명한 방향을 제시하는 나침반의 역할을 해 줄 것을 기대하면서 미완의 부분은 계속 수정 · 보완해 나갈 것을 약속드린다.

2015년 2월
송정아

/ 차 례 /

제4부 수퍼비전 윤리

제1부

수퍼비전의 이론적 기초

제1장
수퍼비전의 전제

1. 수퍼비전의 정의

수퍼비전(supervision)은 'super'와 'vision'의 조합으로 '위에서 관찰하다' '감독하다'라는 의미를 지닌다(Webster, 2005). 수퍼비전의 전통적인 의미는 라틴어에 어원을 두고 있으며 'look over', 즉 '검토하다'라는 뜻이다. 이 단어는 원래 기능공 집단의 책임자에게 적용되던 말이다. 그리고 수퍼바이저의 어원에 대한 또 다른 견해는 '밧줄을 끄는 사람' '노동자를 관리하는 책임자'에서 유래되었다고 본다. 독일에서는 수퍼바이저를 'Vorabeiter(fore worker)'라고 부르며, 영국에서는 'change hand', 즉 '기술을 넘겨주는 사람'이라고 부른다. 오늘날 수퍼바이저들은 숙련공들의 감독 또는 책임자로서의 능력과 재능을 검미하고, 업무 현장에서 계획을 세워 일하는 사람들에게 동기를 부여하며, 그들에게 지시하면서 통제·조절하는 감독 일을 한다.

수퍼비전에는 행정적 수퍼비전과 임상적 수퍼비전이 있다(Scanlon, 2000). 행정적 수퍼비전은 조직이 원활하게 운영되도록 돕는 궁극적인 목적을 갖고 조직 내에서 수퍼바이저의 기능이 좀 더 효과적으로 발휘될 수 있게 돕는다. 대학에서 행정적 수퍼바이저는 사례기록, 의뢰 과정, 돌봄의 지속성, 책임, 고용과 해고, 수행평가 등의 관리에 필요한 사항을 중요시한다. 반면, 임상적 수퍼비전은 상담 관계, 내담자의 복지, 임상적 사정, 중재 방법, 임상 기술, 예후 등의 영역에서 수련생과 실제로 작업하는 것과 관련되어 있다.

행정적 수퍼비전과 임상적 수퍼비전의 차이점은 행정적 수퍼비전의 경우 수련생이 조직의 한 분야에서 일하는 것을 돕는 데 목표를 두고 있는 반면, 임상적 수퍼비전은 특별히 수련생의 발달에 초점을 두고 대인관계에서 그들이 효과적인 임상가로 발달하도록 돕는 데 초점을 둔다는 것이다(Harts, 1982). 따라서 임상적 수퍼비전은 내담자의 복지에 직접적으로 영향을 미치는 수련생의 전문적 · 개인적 요구에 부합해야 한다. 즉, 수퍼비전은 수련생의 상담 수행을 감독 혹은 지도하는 활동으로서 경험이 풍부하고 숙련된 수퍼바이저가 초보 또는 미숙한 수련생이 어떤 방법으로든 잘 상담할 수 있도록 도와주는 작업이다(Stoletenberg & McNeil, 2009). 김계현(1992)은 수퍼비전은 전문 상담자가 되고자 하는 수련생이 적절한 직업적 행동을 습득할 수 있도록 수퍼바이저가 도와주는 계속적인 교육과정이라고 정의하였다. 그러므로 수퍼비전은 수업과 실습 과정 혹은 상담과 실제의 두 가지 교육 내용을 합하여 수련생이 실제적인 지식을 습득할 수 있도록 도와주는 것이라고 정의할 수 있다.

앞서의 정의들을 종합하면, 수퍼비전은 단순히 치료나 상담을 수행하는 방법을 배우는 것뿐만 아니라 임상적 상황에 맞는 원리들을 융통성 있게 수행해 가는 과정을 학습하는 것이다. 따라서 수퍼비전은 임상 경험이 많은 수퍼바이저가 상대적으로 임상 경험이 적은 수련생에게 필요한 임상 이론 및 기술을 개발하게 함으로써 그들이 전문적인 상담 능력을 향상할 수 있도록 도와주는 작업이라고 정의 내릴 수 있다. 즉, 수퍼바이저는 수련생이 전문적인 상담자로서 상담 업무를 잘 수행할 수 있도록, 그리고 인격적으로 성숙하고 통합된 상담을 할 수 있도록 도와주는 것이다. 상담자가 내담자는 볼 수 없는 부분을 거리를 두고 객관적으로 볼 수 있듯이, 수퍼바이저는 상담 수련생의 상담 과정과 관련된 다른 관점이나 시각을 조망할 수 있어야 하고, 상담 수련생의 걱정과 불안, 조급함, 염려 등의 감정을 볼 수 있어야 한다. 그러므로 상담 수퍼비전은 상담 경험이 많은 수퍼바이저가 상담 경험이 적은 수련생의 상담 수행 능력을 향상시키기 위해 상담 이론에 관한 지식과 상담 기술을 수련생이 습득할 수 있도록 돕는 교육과정이며, 전반적인 상담 과정을 감독하는 활동이라고 하겠다.

2. 수퍼비전의 목적

대부분의 수련생이 상담 경험과 실습을 통해서 상담 기술을 익히면 효과적인 상담자가 될 수 있다고 믿는다. 그러나 많은 연구에서는 효과적인 상담자로 발전하기 위해 수퍼비전에서 제공되는 체계적인 피드백과 반영(reflect)이 상담자에게 필수적임을 밝히고 있다(Beutler, 1988; Hill, Charles, & Reed, 1981). 실제로 수퍼바이저에게 가장 어려운 상담자는 수퍼비전을 받지 않으면서 오랫동안 상담 경험만 쌓은 수련생이다(Stoltenberg & McNeil, 2009). 이들은 상담 실제에 대한 검증되지 않은 자신감을 가지고 있고, 자신의 현재 상담 수행에 대한 객관적인 평가나 수퍼비전의 필요성을 느끼지 못하고 있어 수퍼바이저의 피드백을 수용하지 않는 경향이 있다. 전문 상담자들은 이와 같이 수퍼비전을 받지 않고 발달한 상담 기술들을 기본적인 상담자의 기술로 보기는 어렵다는 관점을 지닌다. 따라서 수퍼비전은 상담 수련생이 전문 상담자로 성장하는 데 필수적이다. 수퍼비전의 목적은 수련생이 상담 과정을 이해하고 수행하는 데 있어서 꼭 필요한 지식이나 기술을 숙달하도록 하는 데 있다. 뿐만 아니라 수퍼비전의 목적은 경험이 많은 선배, 즉 수퍼바이저가 경험이 적은 후배, 즉 수련생의 전문적인 상담 능력을 증진시키기 위해 그들이 내담자에게 제공하는 상담의 질을 멘토링하고 평가하는 데 있다(Benard & Goodyear, 2004). Wrenn(1962)은 수퍼비전의 목적을 수련생의 전문성 향상과 특정한 상담 기술 및 능력의 개발, 상담에 대한 책임 수준 향상으로 진술하고 있다. 따라서 수퍼비전의 목적은 수련생이 전문 상담자가 되기 위해 전문 상담자로서 갖추어야 할 전문성을 향상시키고 상담 기술 및 상담의 질을 멘토링하며 평가하는 데 있다고 할 수 있다.

Benard와 Goodyear(2008)는 수퍼비전의 목적으로서 그것이 상담 수련생의 성장 발달과 내담자 보호 그리고 수퍼바이저의 발달에 초점을 두어야 함을 강조하였으며, 이와 관련하여 구체적으로 다음과 같이 진술하였다.

첫째, 수련생은 수퍼비전을 통해 상담 성장 발달할 수 있다. 수련생의 전문 상담자로서의 성장은 수퍼바이저의 이론적 배경에 크게 영향을 받기 때문에 수련생과 수퍼바이저 간의 전문 상담 영역에 대한 합의가 이루어지는 것이 좋다(Guest & Beutler, 1988). 가령, 정신분석을 주요 상담 이론으로 삼고 있는 수퍼바이저가 제공하는 수퍼비전은 상담 수련생이 정신분석 상담자로 발달할 수 있도록 돕는 것을 목표로 한다. 따라서 상담 수련생이 전이와 역전이를 이해하고 이를 상담 장면에서 치료적으로 사용할 수 있게 되는 것이 수퍼비전의 세부 목표가 될 것이다. 수퍼바이저의 주요 이론에 따라 그들이 제시하는 수련생의 상담 기술에는 차이가 있지만 일반적으로 상담 능력과 기술은 크게 내담자의 문제 진단 및 치료 계획에 대한 사례 개념화 영역, 상담 과정 기술 영역, 개인화 영역으로 나눌 수 있다. 우선, 내담자의 문제 진단 및 치료 계획에 대한 사례 개념화(conceptualization)는 내담자의 사례를 분석하는 인지 기술이다. 또한 상담 과정 기술은 치료적인 상담 기술과 그 기술의 활용을 의미하고, 개인화는 수련생의 인격적 성숙 및 개성화 등을 의미한다.

수련생의 상담 능력이나 상담 기술 및 상담 수행을 돕는 것은 수퍼비전의 단기 목표이며, 수퍼비전의 장기 목표는 수련생이 발달단계에 적절한 성장을 할 수 있도록 여러 상담 영역을 돕는 것이다. 따라서 수련생의 성장 발달의 궁극적인 목표는 여러 임상 장면을 통해 지혜를 얻는 것이라고 할 수 있다(Skovholt & Ronnestad, 1992). 임상 장면에서의 지혜는 수련생이 모호한 상태, 즉 내담자에 대한 정보가 부족한 상태에 있음에도 임상적으로 적절한 결정을 내릴 수 있는 전문가로서의 능력을 말한다. 뿐만 아니라 수퍼비전은 수련생이 전문 상담자로서의 정체감을 발달시킬 수 있게 도와주어야 한다. 수련생으로서의 정체감은 선배 혹은 동료 수련생과 관계를 맺으면서 습득할 수 있고, 수퍼바이저는 그 역할 모델이 됨으로써 수련생이 전문 상담자로서의 정체감을 확립할 수 있도록 도와주어야 한다.

둘째, 수퍼비전은 상담 수련생의 내담자를 보호한다. 상담 경험과 상담 기술이 부족한 초급 수련생의 상담 능력이나 상담 효과성은 내담자에게 최선의 선택이 아닐 수 있다. 이 경우, 보다 경험이 많고 전문성을 갖춘 수퍼바이저에게 수퍼비전을 받는 것은 내담자를 보호하는 중요한 방법이 될 수 있다. 내담자를 수련생에게서 보호해야 하는 또 다른 경우는 수련생이 실제 능력 면에서는 내담자에게 효과적인 도움을 줄 수 있지만, 현재의 개인적인 문제(distress)로 인해 일시적으로 자신의 기능을 충분히 발휘하지 못하는 경우이다. 이때 수퍼비전만으로 수련생의 효율성이 회복되지 않을 경우 수련생은 보다 전문적인 상담을 받거나 당분간 상담 활동을 쉬는 것이 바람직할 수도 있다(Lamb, Cochran, & Jackson, 1991). 효과적이지 않은 상담으로부터 내담자를 보호하는 것은 내담자가 상담 과정 중 겪을 수 있는 부정적인 경험을 예방하는 효과가 있다. 내담자는 상담을 통해 자신의 문제를 해결할 수 있을 것이라는 기대와 희망을 갖는다. 그러나 상담이 어느 정도 진행되어도 내담자에게 변화가 일어나지 않으면, 즉 상담 효과가 내담자 자신의 기대에 미치지 못하면 내담자는 상담을 포기하게 된다. 이는 내담자의 기대가 비현실적으로 높아서일 수도 있지만 때로는 수련생의 상담이 비효율적이기 때문일 수도 있다. 결국 내담자의 상담 포기는 문제해결 시도의 좌절로 이어져 내담자의 문제해결 의지를 약화시킴과 동시에 상담 관계의 실패라는 또 다른 문제를 야기한다. 그러나 수퍼비전을 통해 수련생이 너 효과적으로 상담을 수행하게 되면 그 수퍼비전은 내담자가 진정으로 얻고자 하는 상담 효과를 제공함으로써 내담자를 도와줌과 동시에 상담 수행 실패로부터 수련생을 보호하는 역할을 할 수 있다(Bernard & Goodyear, 2009).

셋째, 수퍼비전은 수퍼바이저 자신의 성장 발달을 돕는다. 즉, 수련생의 상담 활동을 지도 감독할 때 사례 개념화의 이론적 배경이나 목표 진술, 개입 전략 등을 지도하면서 수퍼바이저 자신도 성장할 수 있음을 의미한다. 수퍼바이저의 성장을 촉진하는 환경에 대해 Stoltenberg(1998)는 첫 번째 단계에서 수퍼바이저는 수련생에게 수퍼비전 구조를 제공하고 구조의 안정성과 자율성을 개발할 수 있도록 격려해야 한다고 진술한다. 그리고 두 번째 단계에서는 수련생이 선택할 수 있는 새로운 기술과 조언을 제공하여 수련생의 정체성 문제를 다루고, 세 번째 단계에서는 점차 동료적인 관계가 증가하므로 수련생이 원할 경우 자문을 주어야 한다고 진술하고 있다. 따라서 수퍼바이저는 수퍼비전에 필요한 이론과 기술을 습득하여 수련생의 상담 활동을 지도 감독해야 한다.

3. 수퍼비전의 기능

수퍼비전은 수련생을 훈련된 전문 상담인으로 성장시키기 위한 임상적 · 지지적 · 평가적 · 자문적 기능에 초점을 둔 과정이어야 한다.

첫째, 수퍼비전의 임상적(clinical) 기능은 상담의 지식과 기술 향상, 상담의 쟁점과 문제 확인, 수련생의 강점과 보완점 확인 및 자기 인식을 증진시키는 것 등이다. 따라서 임상 수퍼바이저는 멘토, 훈련자, 전문 상담자의 역할모델이 될 수 있어야 한다. 수퍼바이저의 임상적 기능으로서, 멘토로서의 수퍼바이저는 수련생의 상담 과정을 평가하고, 수련생이 적절한 행동을 했을 때 확인 및 지지해 주고, 상담 기술을 가르쳐 주고, 시범을 보여 주며, 상담 과정에서 의미 있는 사건을 중재 · 해석하는 등의 기능을 한다. 가장 좋은 수퍼바이저의 기능은 모델이 될 만한 임상적 능력을 보여 주는 것이다(Powell & Brodsky, 2004).

둘째, 수퍼비전의 지지적(supportive) 기능에는 개인의 성장을 위한 칭찬,

코칭, 소진 예방, 격려 등이 있다. 초보 수련생에게는 이러한 수퍼비전의 지지적 기능이 특히 중요하다. 상담은 외로운 작업이다. 따라서 수련생 자신이 무엇을 해야 할지 혼란스러운 상황으로 힘들어할 때 수퍼바이저의 지지적 기능은 아주 중요하다. 수퍼바이저는 수련생의 감정을 탐색하고 그들의 정서에 영향을 주는 요인들을 탐색하여 그들이 자기 자신을 개발할 수 있는 개인의 여건과 상황을 확인할 수 있게 해 주어야 한다. 수퍼바이저는 수련생에게 사적인 상담을 하지 않는 것이 바람직하며 필요하면 외부의 치료자에게 의뢰하는 것이 이중관계를 피할 수 있는 방법이다. 그러나 특별한 경우에는 상호 동의에 의해 가능하다.

셋째, 수퍼비전의 평가적(evaluative) 기능은 수퍼바이저가 수련생의 상담 목표와 상담 과정, 상담 기술 등을 사정하는 것이다. 평가는 수련생의 상담 수행 능력을 방해해서는 안 되고, 그들의 성장을 위한 긍정적 동기에 초점을 맞춰야 한다. 그러므로 수퍼바이저는 수련생에 대한 이해와 평가에서 불안이나 두려움의 요인이 되지 않도록 해야 하고, 부정적인 면을 비판하기보다는 수련생의 성장을 지향하는 것에 초점을 두는 것이 바람직하다. 따라서 평가에서는 수련생의 상담 지식과 기술이 확장되도록 수련생에게 지식이나 기술을 가르치는 것과 수련생의 강점을 사정하는 것이 바람직하다.

넷째, 수퍼비전의 자문적(consultative) 기능이다. 수퍼비전의 자문적 기능은 수련생의 내담자에게 초점을 두고 정보를 수집하여 사례관리 쟁점을 통합하는 일이다. 즉, 자문가로서의 수퍼바이저는 수련생의 욕구를 명백히 밝히고, 임상적인 문제에 대한 토론을 자극하며, 수련생이 상담 전략이나 개입 방법을 고안하도록 도와주고 대안적인 방법을 제시한다. 그러므로 수퍼바이저는 건설적이고 창조적이며 긍정적인 피드백을 제공하여 수련생이 그들 자신의 성장 가능성에 도전하도록 격려하는 것이 중요하다. 수련생의 성장 발달에는 수퍼바이저와 수련생에게 공동의 책임이 있지만 근본적인 책임은 자기 성장을 하고자 하는 수련생에게 있다.

이와 같은 수퍼비전의 기능이 효과적으로 나타나기 위해서는 다음과 같은 수퍼비전의 수행 원리 과정이 필요하다(Powell & Brodsky, 2004). 첫째, 수퍼비전은 개인지도적(tutorial)이다. 수퍼바이저는 교사처럼 지도하고 가르치는 것에 책임이 있다. 둘째, 수퍼비전은 과정적(process)이다. 수퍼비전은 신뢰와 존경의 관계로서 상호 관계에 기본을 둔 일련의 과정이다. 수퍼바이저는 코치, 멘토, 교육자, 동료와 같은 역할을 하면서 수련생과 인지적 조화를 이루어야 한다. 이러한 신뢰적인 관계는 시간과 인내심을 갖고 발전시켜야 하며, 이는 수퍼비전 과정에서 매우 중요하다. 마지막으로, 수퍼비전은 수행의 원칙(principles)이 있다. 대부분의 수련생은 직관적인 기술을 가지고 있으며, 그들이 실제적인 기술을 수행하기 위해서는 개념이나 원칙이 필요하다. 따라서 그들은 자신이 수행한 상담 내용의 타당한 근거를 배울 필요가 있다. 이와 같이 수퍼비전은 훈련 과정을 통해 진행된다. 이때 훈련은 특정한 일정표와 정규적인 스케줄에 따라 수행되며, 수련생은 훈련 과정에서 사례 발표할 임상자료를 검토하여 작성한다. 그리고 수퍼바이저는 수련생이 작성하여 발표하는 사례를 검토하고 그것을 훈련시키며, 이때 수행을 원리로, 또 원리를 수행으로 전환시킬 수 있도록 돕는 것이 중요하다.

제2장
수퍼바이저

1. 수퍼바이저의 수련 과정

수퍼바이저는 수퍼비전 과정에 필요한 특별한 지식과 기술 그리고 수퍼비전 경험을 가지고 있어야 하며, 이것은 수련 과정을 통해 성취할 수 있다. 상담에서 사용하는 기술이 수퍼비전에서 사용하는 기술만으로 충분한 것은 아니기 때문에 상담자의 상담 경험이 수퍼바이저가 되는 데 충분하다고 간주되지는 않는다(Hoffman, 2005). 그러므로 상담자가 수퍼바이저가 되기 위해서는 수련 활동이 필요하며, 이 책에서는 이처럼 수련 활동 중에 있는 수퍼바이저를 수련수퍼바이저라고 명명한다. 수련수퍼바이저에게는 수퍼비전 기술을 발달시킬 수 있는 훈련이 필요하다. 효과적이고 능률적인 상담 수퍼바이저가 되기 위해서 수련수퍼바이저는 수퍼비전과 관련된 상담 이론 및 사례를 개념화하는 전문 지식 그리고 실제적인 경험을 습득하는 수퍼비전 실습 훈련이 필요하다. 수퍼비전의 이론이나 실제에 필요한 기본적인 요소들은 체계적인 훈련을 통해서 유능한 수퍼바이저로 성장하게 만든다. 그러므로 수련수퍼바이저가 되고자 하는 전문 상담자는 이미 충분히 수퍼비전을 받은 경험이 있어야 하며 수련 과정이 다음의 내용을 포함하고 있어야 한다(Russell & Petrie, 1994).

첫째, 수퍼비전을 이해하기 위한 사례 개념적 틀인 수퍼비전 모델 및 이론을 제공해야 한다. 수련수퍼바이저는 이러한 개념적 틀을 통해 수퍼비전 과정을 이해하고 수퍼비전 활동을 계획·평가할 수 있다. 수련수퍼바이저는 수련생이 각 수퍼비전 모델의 장단점을 탐색하고, 자신의 개인적인 성향 및 자신이 선택한 상담 이론과 잘 조화될 수 있는 수퍼비전 모델을 탐색할 수 있도록 도와주어야 한다. 또한 수련생이 하나의 수퍼비전 모델을 선호할 때는 그 모델에 근거한 여러 가지 개념을 이해할 수 있도록, 그리고 그 모델을 수퍼비전 실제에 적용할 수 있도록 도와주어야 한다(Corey, 2009).

둘째, 수련수퍼바이저가 수퍼비전과 관련된 연구물을 많이 접할 수 있도록 강조해야 한다. 우리나라뿐만 아니라 미국에서도 대부분의 수련생은 연구보다는 상담 실제 활동을 선호하는 경향이 있다(이재창, 1996). 수련생이 연구 활동에 적극적이지 않은 이유는 그들이 진로를 상담으로 선택한 이유가 다른 사람들에게 도움을 주기 위해서인 경우가 많기 때문이다. 즉, 그들은 연구보다는 상담 실제의 수행을 더 중요시할 수 있다(Stoltenberg & McNeill, 2009).

수련생이 연구 활동에 참여하지 않게 되는 또 다른 이유는 통계 지식에 대한 부담감 때문이다. 연구는 양적 연구와 질적 연구로 구분할 수 있는데, 아직까지는 양적 연구 방법이 상담뿐 아니라 다른 사회과학 분야에서도 다수를 차지하고 있다. 양적 연구 방법은 대부분 통계를 사용하므로 연구자는 통계와 관련된 기본 개념적 지식과 함께 컴퓨터 통계 프로그램에 대한 지식을 가지고 있어야 한다. 하지만 상담 실제를 보다 중요시하고 선호하는 수련생들이 이런 통계 분야까지 연구하기에는 역부족일 수 있다.

그러므로 수련수퍼바이저는 자신이 연구 활동을 하지 않아도 현재 출판되고 있는 연구물들을 열심히 공부할 필요가 있다. 수련수퍼바이저는 연구물을 통해 새로운 수퍼비전 개입에 대한 아이디어를 얻을 수 있고, 또 연구 효과가 확인된 수퍼비전 모델을 수행할 수도 있다(Heppner, Kivlighan, & Wampold, 1999). 수퍼바이저의 수련 강의는 강의 교재와 연구물 등 상담 관련 자료를 읽고 발표하는 세미나, 역할연습(role play) 등으로 진행될 수 있다. 특히 수련 시간에 수퍼비전 장면에 대한 녹음 및 녹화 테이프를 사용하거나 역할연습을 해 보는 것은 수련생에서 수퍼바이저로 역할을 전환하는 데 매우 효과적이다.

셋째, 수련수퍼바이저의 수련 강의는 수퍼비전과 관련된 윤리를 포함해야 한다. 윤리란 사회문화적으로 무엇이 수용될 수 있는지를 분석하는 학문으로 인간 행동의 의무를 지칭한다(Cottone & Tarvydas, 1998). 수퍼바이저의 윤리는 수련생이 상담 수행에 있어서 해야 할 행동과 하지 말아야 할 행동의 기준을 제시한다. 수련생과 수퍼바이저의 윤리적 행동의 이해를 돕는 윤리강령 및 관련 법규는 마지막 장에서 자세히 설명하고 있다.

수련수퍼바이저는 수련생이 상담하는 내담자의 사례를 여러 차례에 걸쳐 다루는 것이 바람직하다. 한 내담자의 사례를 일관성 있게 다루면 수련수퍼바이저는 수련생을 일관성 있는 연계선상에서 도와줄 수 있고, 해당 내담자에 대한 이해를 보다 깊게 할 수 있기 때문에 효과적인 수퍼비전을 제공할 수 있다. 수련생이 수퍼비전을 받기 위해 상담 회기를 녹음하여 자료로 사용하듯이, 수련수퍼바이저도 자신이 수퍼바이저 역할을 수행한 회기를 녹음하여 수퍼비전 사례를 발표하고, 수퍼비전 과정에 대한 지지 및 신뢰, 평가를 받기 위한 수퍼비전 자료로 사용하는 것이 바람직하다.

2. 수퍼바이저의 발달단계

1) 초급 수퍼바이저

초급 수퍼바이저는 수련생 역할에는 익숙하지만 수퍼바이저 역할에는 익숙하지 않아서 불안하다. 이러한 불안은 자신이 수퍼비전을 바르게 잘 하고 있는지에 대한 수행 불안 그리고 수련생과 자신의 수퍼바이저에게 받을 평가에 대한 불안이 많다(Hess, 1987). 그러나 초급 수퍼바이저는 새롭게 시작한 수퍼비전 활동에 대한 높은 동기도 보인다. 이들은 수련생에게 적절한 사례 개념화나 개입 전략을 제공하는 것에 상당한 자부심을 갖는다. 따라서 수련생의 사례에 대한 녹음테이프를 미리 듣거나 상담 요약을 미리 읽고 수퍼비전 회기를 철저히 준비한다. 초급 수퍼바이저는 일반적으로 높은 동기를 가지고 수련생의 성장을 위해 자신의 시간과 노력을 투자한다.

뿐만 아니라 수련생에게 자신이 수퍼바이저라는 인상을 주고자 노력하는 초급 수퍼바이저는 과거에 자신이 수퍼비전을 받은 자신의 수퍼바이저에게 의존하는 경향도 있다. 즉, 자신의 수퍼바이저를 모델로 삼아 자신이 과거에 받은 지도의 기억과 경험에 의존하는 것이다. 또한 상담 수련생의 반응을 이해하는 과정에서 자신의 수퍼바이저로부터 도움을 받고자 노력한다(Rodenhauser, 1994). 초급 수퍼바이저는 수련생의 상담 회기 혹은 사례의 성공에 대한 수퍼비전에 초점을 맞추고 구조화된 수퍼비전을 제공하며, 수련생의 이론적 접근에 자신을 적응시키기보다는 자신의 상담 이론적 접근을 수련생이 수용하기를 원한다.

수련생에서 수퍼바이저로의 역할 전환을 할 때 가장 힘든 부분은 수련생에 대한 평가 영역이다. 초급 수퍼바이저는 상담 수련생을 평가하는 데 있어서 과장되게 긍정적인, 혹은 모호한 피드백을 주는 경향이 있다. 따라서 이들에게는 서술형 평가보다는 평가 기준이 잘 제시된 설문이나 관찰 보고서 등의 형식이 도움이 된다. 또한 초급 수퍼바이저는 자신의 상담 수행을 기준으로 수련생을 낮게 평가하지는 않는지 주의하여야 한다.

상담 수련생을 배정할 때 초급 수퍼바이저에게는 초급 수련생을 맡기는 것이 가장 바람직하다. 이는 초급 수련생이 초급 수퍼바이저에게 심리적 위협을 적게 주고 그들에게 의존하는 경향을 보이기 때문이다. 초급 수퍼바이저가 중급 수련생과의 갈등이나 혼란을 처리하기는 어렵기 때문에 중급 수련생과 초급 수퍼바이저를 연결하는 것은 되도록 피하는 것이 좋다. 이러한 경우는 두 사람 모두에게 부정적인 경험으로 남게 되어 수련생과 수퍼바이저의 성장 발달이 저해될 수 있다. 초급 수퍼바이저에게 고급 수련생을 배정하는 것 역시 바람직하지 않다. 초급 수퍼바이저는 구조화된 수퍼비전을 선호하는 반면, 고급 수련생은 보다 비구조화되고 수련생 자신이 주도하는 수퍼비전을 선호하기 때문이다(Bernard & Goodyear, 2009).

2) 중급 수퍼바이저

중급 수퍼바이저는 초급 수퍼바이저와 달리 수퍼바이저 역할에 보다 익숙해져 있기 때문에 자신의 수퍼비전 수행보다는 상담 수련생에게 주의를 기울인다. 이들은 자신이 담당한 상담 수련생과 자신을 지나치게 동일시하려고 하며 수련생의 인식을 그대로 수용하여 객관성을 잃는 경향이 있다. 수퍼바이저로서의 객관성은 수련생의 상담 수행과 직업인으로서의 성장을 돕고, 내담자를 보호하는 역할을 수행하는 데 있다(Watkins, 1997). 중급 수퍼바이저는 수퍼비전 경험을 통한 자신감을 지니기 때문에 자신의 수퍼바이저나 동료로부터의 독립을 시도한다. 하지만 수퍼비전 과정이 복잡하고 다양한 여러 측면을 지닌다는 것을 알게 되면서 수퍼비전 활동에 혼란과 갈등을 경험하게 된다. 자기 자신에 대한 혼돈과 불안한 동기는 자신을 자신의 수련생으로부터 저항하게 만들거나 멀어지게 만들기도 한다. 중급 수퍼바이저의 이러한 갈등과 좌절은 상담 수련생에게 지나치게 비판적인 태도를 보이는 것과 낮은 평가를 내리는 것으로 나타나기도 하며, 수련생이 자신의 피드백을 수용하지 않을 경우 자신에게 저항한다고 생각하여 자신이 수퍼비전 수행을 감당할 능력이 없다고 판단하기도 한다(Stoltenberg et al., 2008).

중급 수퍼바이저가 자주 범하는 실수는 상담 수련생을 상담하려고 하는 것이다. 중급 수퍼바이저는 수퍼비전 수행에서의 좌절 경험에 대한 반응으로서 상담 수련생이 힘들어하는 부분을 개인적인 미해결 과제로 보고 치료하려고 한다. 그러나 만약 수련생에게 상담이 필요한 경우에는 상담자 역할을 자신이 하는 것보다는 개인상담에 관한 의견을 나누는 것이 바람직하다.

3) 고급 수퍼바이저

고급 수퍼바이저는 자신의 성격과 대인관계 패턴을 알고 수퍼비전 과정에서 자신과 수련생의 반응에 대해 잘 알아차린다. 또한 이들은 수련생뿐만 아니라 내담자에 대해서도 보다 깊이 있는 이해를 하여 수퍼비전을 효과적으로 수행할 수 있다. 고급 수퍼바이저는 자신의 수퍼비전 활동을 매우 가치 있는 직업으로 보며(Haynes et al., 2003) 자율적으로 기능한다. 일반적으로 수퍼바이저에 관한 수퍼비전은 자문(consulting)의 성격이 강하다. 고급 수퍼바이저는 자신의 장단점에 대한 정직한 평가를 할 수 있기 때문에 어떤 상담 수련생을 배정해도 효과적으로 기능할 수 있다. 또한 이들은 자신이 수퍼비전을 잘할 수 있는 상담 수련생의 타입에 대해서도 잘 이해할 수 있으며, 수련생을 평가하는 것을 편안하게 여기고, 그들의 장단점에 대해 균형 잡힌 평가를 하려고 노력한다(Stoltenberg et al., 2008).

수퍼바이저도 수련생과 마찬가지로 수퍼비전 관계에서 불안을 경험한다. 이러한 수퍼바이저의 불안은 수련생으로부터 인정받거나 존경받고 싶은 욕구 그리고 수련생을 평가해야 하는 불편함 등에서 기인한다(Lamb, Cochran, & Jackson, 1991). 특히 초급 수퍼바이저는 수퍼바이저로서의 역할 변화에 대한 준비가 되어 있지 않고 경험이 부족하여 위계질서를 분명히 하려는 경직된 자세를 보이기도 한다. 또한 초급 수퍼바이저는 수련생에게 높은 기대 수준을 가지고 있기 때문에 그들의 상담 수행에 대해 크게 실망하지만 수련생의 어려움에 있어서는 더 공감적인 태도를 보이고 수퍼비전에 열정을 갖고 있다. 일반적으로 수퍼바이저는 경험과 지식이 많은 수련생에게 더 큰 불안을 경험하게 되는데, 이는 자신이 전문 상담자로 인정받을 수 있을지 또는 수퍼비전에서 수련생에게 도움을 줄 수 있을지 자신이 없기 때문이다.

3. 수퍼바이저의 역할

Acker와 Holloway(1995)는 수련생과 수퍼바이저의 상호 역할 관계를 분석하여 각 역할 관계에 따른 상담 수련 내용을 진술하였다. 수퍼바이저의 역할은 교사, 상담의 대가, 자문가, 평가자로서의 역할이 있으며 이에 대해 구체적으로 진술하면 다음과 같다.

첫째, 교사(teacher)로서의 역할이다. 수퍼비전에서 교사의 역할은 수련생이 상담하는 데 필요한 이론이나 앞서 습득하지 못한 상담기법을 상담에 유용하게 사용하도록 가르치는 것이다. 따라서 수퍼바이저는 수련생의 개인차를 고려하여 훈련 및 교육 활동을 제공해야 한다. 수련생의 개인차는 수련생 개인의 능력과 자질에 관한 것으로, 수련생의 상담 발달 수준에 맞춰 가장 적절하고 효과적인 수퍼비전을 실시해야 한다. 뿐만 아니라 수퍼비전은 수련생의 기대와 내담자의 요구 및 필요에 따라 달라질 수 있어야 하고(Ekstein et al., 1972), 치료 개입 방법 및 기술, 내담자의 사고와 행동, 문제를 이해하는 방법 또한 설명할 수 있어야 한다.

둘째, 상담의 대가(master therapist)로서의 역할이다. 수퍼바이저는 수련생에게 구체적인 상황에 대한 치료 개입 기술을 지도한다. 수련생의 고정관념이나 해결하지 못한 문제가 상담에 어떻게 영향을 주는지 이해하도록 도와주고 대안이 되는 관점을 제공한다. 수련생이 특정 내담자에게 사용한 개입이 방해가 되는지 촉진이 되는지 판단할 수 있도록 돕고 상담과 연관되는 개인적인 감정이나 문제들을 다루도록 도와주며, 그것을 상담에서 시도해 보도록 격려하면서 불안이나 억압을 줄일 수 있게 지도한다. 수퍼비전에서는 수련생의 개인적인 부분을 다루기도 하지만, 수퍼비전의 본래 목적이 수련생의 개인적인 문제해결을 돕는 것은 아니다. 따라서 수퍼비전에서는 수련생이 효과적인 상담을 수행하는 데 문제가 되는 부분만 다루는 것이 바람직하다. 만약 수련생에게 더 많은 도움이 필요하다면 수퍼비전이 아닌 전문적인 상담을 받도록 지도한다.

셋째, 자문가(consultant)로서의 역할이다. 자문가 역할은 수련생이 제기하는 문제에 대해 대등한 위치에서 의견을 제시하는 역할이다. 즉, 도움을 필요로 하는 수련생이 전문가로서의 수퍼바이저에게 단기간에 걸쳐 의견을 묻거나 조언을 청하면 수퍼바이저는 수련생이 제기하는 문제에 대한 의견을 제시한다. 수련생들은 "다른 수련생의 내담자 문제는 잘 파악되는데 내 내담자는 잘 모르겠다"는 말을 자주 한다. 따라서 수련생이 자신의 내담자를 만나는 장면에서 자문을 통해 얻은 객관적 시각은 상담 수행에 도움이 된다. 수퍼바이저는 수련생의 내담자 사례 이해 및 상담 기술의 활용 등에 대해 자문을 줄 수 있다. 따라서 수퍼바이저는 자문을 통해 상담에 대한 실질적인 도움 외에도 수련생의 정체감 발달에 도움을 줄 수 있으며, 이러한 정체감 발달은 동료 및 선배와의 교류 혹은 수퍼바이저와의 관계 속에서도 나타난다(Bernard et al., 2009).

넷째, 평가자(evaluator)로서의 역할이다. 수퍼바이저는 수련생의 능력과 상담 회기 수행에 대해 평가하고, 잘 하는 영역은 강화하면서 부족한 영역을 보강할 수 있도록 도와주어야 한다. 수련생의 상담 회기에 대한 평가에서는 한 회기의 상담이 효과적으로 잘 진행되었는지, 수련생이 내담자에게 적절하게 반응하였는지, 현 회기가 전 회기와 연결되고 있는지, 다음 회기의 계획은 어떤 것인지 등을 점검한다(Bodley & Ladany, 2001).

수련생을 평가하는 것은 적절한 수준에 도달하지 못한 수련생으로부터 내담자를 보호하고 각 회기마다 내담자가 적절한 도움을 받고 있는지 점검하는 것이다. 더 나아가 평가는 현재 수련생이 만나고 있는, 그리고 앞으로 해당 수련생이 만날 내담자를 보호하는 역할을 한다. 상담 수련생은 전문 상담자로 성장하고 자신의 부족한 부분을 향상시키고자 하는 내재적인 동기가 있어야 한다. 이 내재적인 동기와 더불어 수퍼비전을 통해 이루어지는 평가는 수련생에게 외적인 동기로 작용할 수 있다(Claiborn, Etringer, & Hillerbrand, 1995).

수퍼비전에 있어서 평가는 필수적이고 중요한 활동이지만, 수퍼바이저와 수련생 모두 평가에 대해 불편한 마음을 갖는 경우가 많다. 수련생은 평가받는다는 것에 불안을 느끼고, 수퍼바이저는 평가라는 활동이 생소해서, 또 수련생에게 부정적인 피드백을 하는 것에 불편해할 수 있다. 수퍼바이저가 평가에 대해 불편해하면 피드백을 줄 때 구체적이지 않고 일반적인 말로 얼버무리려고 하는 경향이 있다. 상담 수련생도 수퍼바이저의 수퍼비전 수행에 대한 평가를 한다. 즉, 수련생은 수퍼바이저의 전문성, 신뢰성, 교육 내용과 효율성에 대해 평가를 하고 피드백을 제공한다. 이를 통해 수련생은 자신에게 더 도움이 되는 수퍼비전을 받을 수 있고 수퍼바이저는 자신의 성장에 도전을 받을 수 있다.

위에서 진술된 내용을 종합해 보면, 수퍼바이저의 역할은 첫째, 교사로서 상담 기술을 가르치고, 둘째, 상담의 대가로서 구체적인 상황에서 치료 개입 기술을 가르친다. 그리고 셋째, 자문가로서 대등한 위치에서 동료의 성장을 도모하며, 넷째, 평가자로서 건설적인 피드백을 교환한다.

평가의 내용적인 측면으로는 면담 기법과 의사소통, 내담자의 심리역동, 행동에 대한 이해, 치료 계획을 도와주는 사례 개념화, 수퍼바이저와의 관계에서 나타나는 성격적·행동적 특성을 알아내는 정서적 자각, 수련생의 상담 능력, 전문성에 대한 평가, 수퍼비전에 대한 평가 등을 들 수 있다.

4. 수퍼바이저 역할 모델

수퍼바이저 역할 모델은 수퍼바이저의 역할과 수퍼바이저가 수퍼비전에서 강조해야 할 상담 영역이라는 두 가지 자원을 강조한다(Bernard, 1979; Holloway, 1995). 또한 수퍼바이저 역할 모델은 수퍼바이저에게 수퍼비전의 초점과 수퍼비전의 목적을 달성할 기본 틀을 제공하는 것을 목적으로 한다. 대표적 모델로는 Bernard(1979)의 변별 모델과 Holloway(1995)의 체계 접근 모델,

Stoltenberg(1998)의 통합적 발달 모델이 있다.

Bernard가 개발한 변별 모델은 수퍼바이저의 역할을 교사, 상담자, 자문가로 보았다. 이 중 교사로서의 수퍼바이저는 상담 기술 및 내담자에 대한 사례 개념화 등을 가르친다. 또한 상담자로서의 수퍼바이저는 수련생이 수련생으로서의 역량을 발전시키기 위해 필요로 하는 인간적 성장을 도모하는 데 도움을 주는 개인화에 초점을 두며, 자문가로서의 수퍼바이저는 비교적 대등한 입장에서 수련생이 제기하는 문제에 대한 의견을 제시한다.

Holloway는 체계적 접근 수퍼비전(Systems Approach to Supervison: SAS) 모델을 개발하였다([그림 2-1] 참조). 체계적 접근 수퍼비전은 수퍼비전의 기능과 수퍼비전의 관계를 전경에 놓고 수퍼바이저, 수련생, 내담자와 수련기관

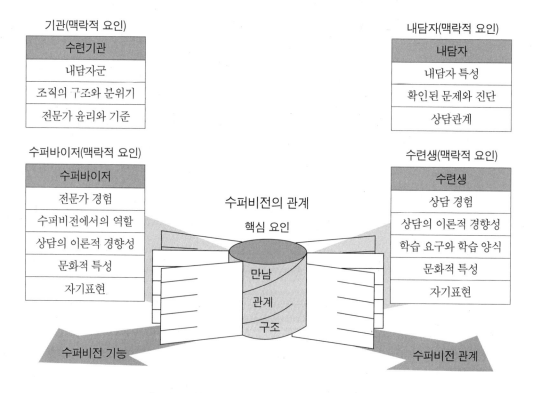

[그림 2-1] Holloway 체계적 접근 수퍼비전 모델

출처: Holloway (1995).

의 요인을 배경으로 하여 관계라는 내적 요인의 영향 및 상호작용을 보여 준다. 모든 요인은 전체 역동적 과정 안에서의 부분일 뿐이며, 상호 연결되어 상호작용한다. 각 요인은 과정에 영향을 주고, 또한 과정 역시 각 요인에 영향을 준다.

수련생과 수퍼바이저는 관계를 맺음으로써 작업동맹을 형성하고, 그것은 수련생의 효과적인 전문적 기능 발달을 목표로 한다. 수퍼비전 관계는 수련생의 상담 능력이 향상되도록 그들에게 상담 경험을 할 수 있는 기회를 제공하고, 수련생이 상담 지식과 기술을 습득하여 효과적인 전문 상담인이 되도록 돕는다. 따라서 수퍼바이저는 수퍼비전 과정에서 수련생이 효율적인 상담을 할 수 있도록 그들 각 개인이 가지고 있는 잠재력을 최대한 발휘할 힘을 제공한다.

수퍼비전의 활동, 즉 수퍼비전의 내용(task)과 기능(function)은 수퍼비전 과정에서 무엇을 가르칠 것인가와 이 내용을 전달하기 위해 어떻게 할 것인가를 결정하기 위한 다양한 틀을 제시한다. 특정한 접근으로 특정한 문제를 다룰 때 수퍼바이저가 어떤 전략을 택할 것인가에는 수련생의 상담 경험, 상담에 대한 이론적 배경, 수퍼비전 동기와 스타일, 문화적 특성, 자기표현(self-presentation) 등이 중요한 영향을 미칠 수 있다. 더불어 상담하고 있는 관계기관의 분위기와 조직 구조 그리고 전문적인 윤리와 규준 역시 영향을 미친다. 한편, 수퍼바이저와 관련해서는 그들의 전문적인 경험, 한편, 수퍼비전의 역할, 상담의 이론적 배경, 문화적 특성, 자기표현 스타일 등이 중요한 요인이 된다.

Holloway는 또한 수퍼바이저의 기능과 수퍼비전의 내용을 [그림 2-2]의 수퍼비전 과정 매트릭스에 제시하였다. 수퍼바이저의 기능으로는 관찰과 평가(monitoring-evaluating), 교수와 조언(instructing-advising), 시범(modeling), 자문(consulting), 지지와 나눔(supporting-sharing) 등이 있다. 그리고 수퍼비전의 내용으로는 상담 기술(counseling skills), 사례 개념화(case conceptualization), 전문가 역할(professional role), 정서적 자각(emotional awareness), 자기평가(self-evaluation) 등이 있다.

수퍼바이저 기능
관찰/평가
교수/조언
시범
자문
지지/나눔

수퍼비전 과제
상담 기술
사례 개념화
전문가 역할
정서적 자각
자기평가

수퍼바이저 기능	상담 기술	사례 개념화	전문가 역할	정서적 자각	자기평가
관찰/평가					
교수/조언					
시범					
자문					
지지/나눔					

과정 매트릭스

[그림 2-2] SAS 모델에서의 수퍼비전 과정 매트릭스

출처: Holloway (1995).

　　Stoltenberg(1998)가 제시한 통합적 발달 모델은 수퍼바이저가 되려는 수련생의 성장과 발달에 높은 가치를 부여한다. 수련생은 자신만의 독특한 수퍼비전 스타일, 능력 수준과 과거의 발달 역사를 가지고 수퍼비전이라는 장에 들어온다. 따라서 수퍼바이저의 역할은 존중과 배려로 수련생을 대하고 그들이 전문가로 성장할 수 있도록 융통성 있는 수퍼비전 환경과 과정을 제공하는 것이다. Stoltenberg가 제시하는 통합적 수퍼비전 모델을 구체적으로 진술하면 다음과 같다.

　　첫째, 상담 과정 기술은 수련생의 치료적 개입 능력에 관한 것으로 전체적인 자신감을 의미한다.

　　둘째, 진단 기술은 내담자의 문제를 진단하는 능력이다. 이것은 여러 종류의 성격 검사나 문제 진단 검사 등을 활용하여 진단할 수 있다.

　　셋째, 관계적 진단은 상담 과정에서 나타나는 내담자의 행동과 대인적 역동을 개념화할 때 수련생 자신이 상담 자료를 진단 및 심리검사의 결과에 통합하는 것을 의미한다. 이 기술은 수련생의 상담 이론적 배경의 영향을 받는다.

넷째, 사례 개념화는 진단보다 넓은 개념으로서 내담자의 성격과 역사, 환경이 내담자 문제에 어떻게 영향을 미치고 있는지를 이해하는 것이다. 이때 내담자 사례 개념화는 상담 과정에 대한 가이드라인을 제공한다.

다섯째, 개인차는 한 개인의 독특한 성격과 개인이 속한 가족 및 문화가 그 개인에게 미친 영향을 이해하는 것이다. 따라서 한 개인이 속한 가족환경과 문화적 특성에 중점을 둔다. 개인차는 상담 주제에 따라서 직접 다루어지기도 하고 간접적으로 다루어지기도 한다.

여섯째, 이론적 접근은 수련생이 수퍼비전한 상담 및 이론과 인간에 대한 수련생의 이해 등 개인의 이론적 접근을 의미한다. 이러한 이론적 접근은 상담 기술, 관계적 진단, 사례 개념화 등에 많은 영향을 미친다.

일곱째, 상담 목표와 계획은 내담자의 상담 목표 및 수련생의 임상 목표에 대한 계획을 세우는 기술이다. 이러한 상담 목표와 계획은 수련생의 이론적 배경, 상담 기술의 수준 그리고 내담자 요인에 따라 다르다. 이때 상담 목표에 따라서 상담 회기의 주제와 수련생의 개입은 달라진다.

마지막으로, 전문가로서의 윤리는 상담 종사자들이 전문인으로서 지켜야 할 윤리강령이다. 윤리는 수련생의 상담 수행에 영향을 미친다. 또한 학회나 자격증에서 제시하는 공식적인 윤리 및 수련생 개인이 가지고 있는 윤리 의식은 서로 긴밀한 관계를 갖는다(Stoltenberg et al., 1998).

5. 수퍼바이저의 자질

수퍼바이저는 수련생을 한 개인으로서 존중하고 상담에 대한 수련생의 불안을 이해하며, 그들의 성장에 믿음을 가져야 한다. 그러므로 수퍼비전 관계에서 수퍼바이저가 가져야 할 태도는 공감적 이해, 수련생 존중, 진실성, 즉시성, 구체성 등이라고 할 수 있다(Hess, 1986). 공감적 이해는 수퍼바이저가 수련생의 입장에서 상담자의 경험 및 감정이 갖는 의미를 민감하고 정확하게 이해하려고 노력하는 것을 의미한다. 또한 진실성이란 수퍼비전 관계에서 수퍼바이저가 자신의 권위나 체면에 얽매이지 않고 자신을 있는 그대로 인정하고 표현하는 기술이며, 즉시성은 수퍼바이저와 수련생 사이의 '지금-여기(here and now)'를 강조하는 것이다. 마지막으로, 구체성은 수퍼바이저와 관련된 느낌, 행동, 경험의 정확한 표현을 의미한다.

뿐만 아니라 수퍼바이저가 가져야 할 성격적인 특성으로는 신중한 자세, 상담에 대한 헌신적인 태도와 프로 정신, 수련생의 성장과 내담자의 안녕에 대한 관심, 유머 감각, 친밀한 관계를 맺는 자질, 적절한 선택 능력, 자기성찰의 개방성, 책임감 등이 있다(Blocher, 1983). 그리고 수퍼바이저의 바람직한 행동 특성으로는 비위협적이고 비권위적인 태도로 수련생을 옹호하는 것, 자신감 있는 태도와 융통성 그리고 개방성을 들 수 있다. 그러나 자기중심적이고 기회주의적인 태도는 배제되어야 한다. 수퍼바이저가 지녀야 할 이러한 특성들은 동료와 수련생으로부터 수퍼바이저로서의 직업적 권위를 인정하고 존경하게 하는 요인이 되며, 이로 인해 보다 신뢰로운 관계 속에서 수퍼비전이 이루어질 수 있다.

상담자라면 누구나 효과적인 임상 수퍼바이저가 되기 위한 자질에 대해 알고 싶을 것이다. 이에 대한 전문 상담자들의 진술 내용을 요약하면 다음과 같다.

- 전문 상담 분야에 대한 임상적 지식과 전문적 경험을 가진 사람으로서 수퍼비전을 받은 적이 있고 누군가를 수퍼비전한 경험이 있어야 한다.
- 잘 가르쳐야 하고 동기를 이끌어 내는 의사소통 기술이 있어야 한다.
- 지식과 기술을 타인에게 전달해 주려는 욕구가 있어야 한다.
- 유머 감각이 있고 겸손하며, 제한점을 알고 삶에 균형감을 가지고 있어

야 한다.

• 공감과 존중, 구체적인 직면 기술과 즉시성이 있어야 한다.
• 개방성과 자발성, 공평성이 있어야 한다.
• 자신의 태도와 편견을 검토하는 자세를 가져야 한다.
• 법적 · 윤리적 이슈에 익숙해야 한다.
• 신체적 · 정서적 · 영적 건강을 지녀야 한다.
• 수련생의 성장에 대한 관심과 돌봄의 기술이 있어야 한다.
• 비위협적이고 비권위적인 태도를 가져야 한다.
• 수련생과 내담자를 효과적으로 도와줄 수 있는 능력이 있어야 한다.
• 문제해결 기술과 위기관리 기술이 있어야 한다.

위에서 진술한 것과 같이 수퍼바이저는 윤리적이어야 하고 정보를 많이 가지고 있어야 하며, 자신의 이론적 배경에 대한 지식이 있어야 하고, 임상적으로 숙련되어 있으면서 그것을 정확하게 표현할 수 있어야 한다. 또한 훌륭한 경청자로서 공감하고 수용할 수 있어야 하고, 도전적인 자극으로 동기를 유발할 수 있어야 하며, 직면하고 격려하면서 훌륭한 유머 감각을 가져야 하고, 활기차면서도 느긋해야 한다. 물론 위에서 진술한 모든 내용을 동시에 가져야만 하고, 또 해야만 한다는 것은 아니다.

수퍼바이저의 자질을 개인의 자질로 본다면 이 중 어느 것도 가르칠 수 있는 것은 없으나, 상담 기술로만 본다면 이 모든 것은 가르칠 수 있다(Edelwich & Brodsky, 1980, p. 42). 즉, 공감적인 사람이 되도록 훈련될 수는 없어도 공감적 반응을 하도록 훈련될 수는 있다는 것이다. 온정적이고 구체적인 사람이 되도록 훈련될 수는 없어도 온정과 구체성을 드러내도록 훈련될 수는 있다.

수퍼바이저 역할을 맡은 첫날부터 이러한 전문성을 모두 제대로 가지고 있을 것으로 기대되는 수퍼바이저는 아무도 없다. 오히려 수련을 하고 수련에서 제공하는 지식을 적용하면서 이러한 전문성을 지닌 수퍼바이저로 만들어

가야 한다. 따라서 유능한 수퍼바이저로 성장하기 위해서는 다음과 같은 질문에 답할 수 있어야 한다.

- 사람들에게 변화가 일어나는 방법과 관련하여 내가 알고 있는 것은 무엇인가?
- 수퍼비전에서 중요한 변수들은 무엇인가?
- 나는 수퍼비전에서의 성공을 어떻게 측정하는가?
- 내가 그러한 성공에 어떻게 기여하고 있는가?
- 수퍼비전에 대한 학습 목표로 어떤 것을 설정하고 있으며, 이러한 목표를 달성하기 위해 어떤 이론과 기법을 적용하고 있는가?

제3장
수련생

1. 수련생과 수퍼바이저의 관계

수퍼비전은 수퍼바이저와 수련생이 서로 전문적인 상담자로서의 정체성을 확고히 하는 데 목표를 두고 관계를 유지해 가는 것이다. 수련생들이 수퍼비전에서 일어난 중요한 사건(critical incidents)과 관련하여 가장 많이 언급하는 것이 수퍼비전 관계이다(Worthen & McNeill, 1996). 수퍼비전 관계는 상담 관련 이론과 실제를 임상에 어떻게 적용해야 하는지 가르치고, 지도하고, 자문하고, 평가하는 등의 공식적인 관계 및 수퍼바이저와 수련생의 상호 관계라는 대인관계적인 의미를 지닌다.

수퍼비전 관계는 또한 수퍼바이저와 수련생이 갖는 정서적 경험으로서 학습 효과에 지대한 영향을 미친다. 수련생은 변화하려는 욕구와 변화를 두려워하는 마음을 가지고 수퍼비전 관계를 시작하기 때문에 불안을 경험한다. 특별히 수련생은 자신의 상담 수행에 대한 수퍼바이저의 평가를 불안해한다.

수퍼비전 관계의 또 다른 특성은 수련생이 수퍼바이저에게 의존한다는 것이다(Stoltenberg & McNeill, 2009). 수련생은 상담을 수행할 때 수퍼바이저의 상담 관련 지식과 상담 개입 기술 및 상담 관련 경험에 많이 의존하게 된다. 수련생은 또한 수퍼바이저의 전문 상담성에 대한 의존 외에 수퍼바이저의 행정적인 영향력에도 의존하게 된다. 수련생이 석사 혹은 박사 과정에 있는 경우 수퍼바이저는 보통 그 대학의 교수이고, 수퍼바이저의 평가는 학점과 졸업 후의 추천서에 반영되는 경우가 많다. 또한 수련생이 일반 상담 기관에서 상담 활동을 하는 경우에는 수퍼바이저의 평가가 채용과 승진에 영향을 미칠 수 있다. 그러나 초급 수련생이 수퍼바이저에게 어느 정도 의존하는 것은 가능하지만, 고급 수련생이 수퍼바이저에게 너무 의존하게 되면 자신만의 상담 계획이나 상담 수행을 하지 않고 수퍼바이저의 의견을 항상 따르게 되어 수련생의 질적 향상에 저해를 가져올 수 있다.

수퍼비전의 역할 중에서 가장 중요한 것은 관계 맺는 능력을 향상시키는 것이다. 즉, 수퍼바이저와의 관계를 통해 수련생이 상담 관계에서 어떻게 행동할 것인가를 예측할 수 있다. 그리고 수련생은 수퍼바이저로부터 관심, 공감, 수용, 개방성, 자유함을 경험하며, 수퍼바이저가 자신을 수퍼비전해 주는 방식을 통해 자신이 상담 상황에서 내담자를 어떻게 대해야 하는지 자연스럽게 배우게 된다. 이러한 현상을 Ekstein과 Wallerstein(1972)은 평행 과정(parall process)이라고 명명했다. 내담자가 상담자에게 행동하는 방식과 유사한 방식으로 수련생이 수퍼바이저에게 행동한다는 것이다. 즉, 평행 과정으로서 수련생은 수퍼바이저와의 관계에서는 내담자의 역할을 하고, 내담자와의 관계에서는 수퍼바이저의 역할을 한다. 평행 과정과 동형구조에 대한 자세한 설명은 4장과 9장에서 진술된다.

수련생이 수퍼바이저에게 갖는 관계의 질은 수퍼비전에 매우 중요한 영향을 미친다. 수련생과 내담자 간에 치료적 동맹(therapeutic alliance)이 있어야 하는 것처럼 수련생과 수퍼바이저와의 관계에서도 수퍼비전 동맹(supervisory alliance)이 형성되어야 한다. Bordin(1983)은 수련생과 내담자 간에 정서적 동맹과 치료 목표에 대한 동의 그리고 이 목표를 달성하기 위해 필요한 업무 수행에 대한 동의가 있어야 하듯이 수련생과 수퍼바이저 간에도 서로에 대한 신뢰를 바탕으로 정서적인 동맹과 수련생의 동기에 바탕을 둔 수퍼비전의 목표가 있어야 하고, 그 목표를 달성하기 위한 동의가 있어야 한다고 주장한다.

2. 수련생의 발달단계

수련생들은 자신의 상담 발달 수준에 따라 수퍼비전 관계에서 다른 기대를 가지므로 수퍼바이저는 수련생의 상담 발달 수준에 따라 수퍼비전 방식에서도 차이를 두어야 한다(Bernard & Goodyear, 2008). 수련생이 어떤 상담 목표를 가지고 어떤 상담 기술을 사용하는지는 그의 이론적 배경과 밀접한 관계가 있다. 수련생 자신이 내담자에게 가장 적절하다고 판단하는 이론이나 기법이라면 어떤 것이든 수용한다는 절충적 입장을 취한다 할지라도 이것은 자신에게 익숙한 이론과 기법 내에서만 가능한 것이다. 마찬가지로 수퍼바이저가 수퍼비전을 어떻게 구성하고 수퍼비전의 초점을 어디에 맞추는가 역시 그가 선호하는 이론적 배경과 관계가 있다.

수련생의 상담 능력은 자신이 상담을 수행하는 경험과 수퍼비전을 받는 경험을 쌓아 가면서 성장 발달한다. 그러므로 수련생의 발달단계에 따라 서로 다른 수퍼비전 환경이 요구되며, 수퍼바이저가 발달단계별로 수련생의 성장을 어떻게 촉진할 수 있는지에 초점을 두어야 한다(Changnon & Russell, 1995).

수련생의 상담 발달단계는 수련생이 전문 상담자로 성장하기 위해 노력하는 과정이다. 발달단계에 따른 수련생의 발달 수준을 제시하면 다음과 같다.

1) 초급 수련생

초급 수련생은 수퍼비전에서 무엇을 해야 하는지 잘 모르기 때문에 불안하다. 수퍼비전을 처음으로 받는 초급 수련생은 수퍼비전 관계가 대학원 과정에서 경험하는 교수와 학생 간의 관계와 같을 것으로 생각하기 쉽다. 그러나 수퍼비전 관계는 교수와 학생의 관계보다는 비공식적이고 비구조화되어 있으며, 보다 대인관계적인 측면이 크다.

초급 수련생은 수퍼비전에 대한 불안을 가지고 있기 때문에 수퍼바이저 역시 많은 부담이 있지만 이것은 또한 학습 동기를 자극하는 요인이 되기도 한다. 초기의 높은 평가 불안은 일반적으로는 불필요한 감정일 때가 많다 (Weiner & Kaplan, 1980). 그러므로 수퍼바이저는 초급 수련생의 불안과 부담 감에 공감해 주고 전문 상담자가 되는 과정에 대해 설명해 주는 것이 바람직하다. 수퍼바이저가 자신의 초급 수련생 시절의 경험을 수련생과 나누면 초급 수련생은 불안이 줄어들고 자신의 불안 상태가 정상적이라는 것을 알게 되어 전문 상담자로서의 정체성을 수용하는 데 도움이 된다. 뿐만 아니라 수퍼비전에 대한 서로의 기대와 목표를 명확히 밝히는 것은 수퍼비전의 신뢰 관계 형성에 중요한 역할을 한다. 초급 수련생들은 수퍼비전에서 상담 이론 적용 훈련 및 상담 기술 발달, 자신의 상담에 대한 통찰 등을 훈련받기를 기대한다(Heppner & Roehlke, 1984). 그러므로 지지적이고 수용적인 수퍼비전 관계와 실수를 허용하는 분위기가 초급 수련생들의 수퍼비전에 필요하다.

또한 초급 수련생은 자신과 다른 사람에 대해 잘 알아차리지 못하므로 수퍼비전 관계의 과정(progress)을 언급해 주는 것이 좋다. 상담 수행에 대한 피드백에서도 초급 수련생은 자신의 성격적인 특성에 대한 언급을 비난으로 받아들이는 경우가 많기 때문에 각별히 신경을 써야 한다. 뿐만 아니라 수퍼바이저에 대한 의존성이 높기 때문에 수퍼바이저의 피드백을 무조건적으로 수용하는 경우도 많다. 따라서 초급 수련생에게 피드백을 제공할 때는 구체적인 설명을 덧붙이는 것이 효과적이다(Stoletenberg & McNeill, 2009).

2) 중급 수련생

중급 수련생의 과거 수퍼비전 경험은 현재의 수퍼비전 관계에 대한 기대에 영향을 미친다. 만족스럽지 못한 수퍼비전 관계를 경험한 수련생은 보다 만족스러운, 즉 이전과는 다른 수퍼비전 경험을 기대한다. 반대로 만족스러운 관계를 경험한 수련생은 현재의 수퍼바이저에게도 비슷한 기대를 갖게 된다. 중급 수련생이 지나치게 과거의 수퍼비전을 이상화한다면, 이것이 초급 수련생 때 가졌던 수퍼바이저에 대한 높은 의존성 때문은 아닌지 점검해야 한다. 수퍼바이저는 수련생의 과거 수퍼비전 관계를 탐색하는 데 있어서 존중하는 태도를 가지고, 수련생이 현재 수퍼바이저와의 관계에 갖는 기대를 이해하고 수용하는 태도를 보여 주어야 한다(Styczynski, 1980).

수퍼비전의 내용은 중급 수련생의 기대를 고려하여 계획해야 한다. 또한 중급 수련생을 위한 수퍼비전에서는 수련생의 자율성과 자신감을 발달시킬 수 있도록 도와주어야 한다. 중급 수련생은 수퍼비전에서 내담자를 파악하는 사례 개념화에 대한 능력 발달과 다양한 상담 기법을 다루는 것을 선호한다. 즉, 자기통찰과 자기방어기제, 전이와 역전이 감정을 다루어 주기를 원하며, 개방적인 태도를 취하는 경우가 많다(Loganbill, Hardy, & Delworth, 1982). 그러므로 수퍼비전 관계가 가끔 바람직하지 않게 진행될 때는 지금-여기에 초점을 두고 풀어 나가는 것이 필요하다. 이 과정에서 수련생이 수퍼바이저를 모델링하며 상담의 치료적 장면으로 이어질 수 있다.

중급 수련생과 수퍼바이저 사이에는 갈등이 일어나는 경우가 많아 두 사람 모두 스트레스를 경험한다. 중급 수련생은 수퍼바이저가 자신의 자율성을 지지하지 않으면 저항하기도 한다. 자신감이 넘치는 수련생이라면 수퍼바이저가 내담자의 안녕을 걱정하는 것에 대해 지나친 감독이라고 생각할 수도 있다. 이때 중급 수련생은 부정적인 감정을 직접적으로 표현하지 않고 수동-공격적인(passive-aggressive) 행동으로 나타내는 경우가 많다(Stoletenberg et al., 1998). 즉, 자신이 성공적이라고 생각하는 사례만 골라서 발표한다든지 수퍼바이저가 자신이 선택한 상담 개입에 도전할 것이라고 예상되는 사례에 대한 논의를 피하기도 한다. 또한 수련생은 수퍼바이저의 지시에 동의하는 척하고 실행하지 않는 경우도 많다.

수퍼바이저는 수련생의 수동-공격적 행동을 통해 자신이 수퍼바이저로서 인정받지 못하는 것을 알아차리면서 좌절하게 된다. 그러나 수퍼바이저는 중급 수련생의 이러한 부정적 행동을 발달 과정상의 정상적인 행동으로 수용할 필요가 있다. 수퍼바이저는 자기개방(self-disclosure)적 태도로 수련생의 장점을 인정하고, 단점을 수련생의 발달단계와 관련지어 설명하면서 저항을 줄여 가는 노력을 해야 한다.

중급 수련생과의 수퍼비전 관계에서 저항이 자주 나타나는 것은 중급 수련생에게 지지적인 수퍼비전 관계가 필요하다는 것을 알려 주는 신호이기도 하다. 수련생이 자신의 좌절과 시도를 발달 과정상 정상적인 것으로 인정하며 수퍼바이저가 도움을 주려고 한다는 것을 인식하게 되면 그들의 수퍼비전 동맹은 더욱 강화될 수 있다. 수련생이 갖는 보호받는 느낌은 수퍼비전 동맹을 강화하고, 수퍼바이저가 제공하는 수퍼비전 개입을 더 잘 수용하게 만든다. 그들은 이러한 과정을 통해 전문 상담자로서의 정체감(professional identity)을 발달시키면서 성장하게 된다.

중급 수련생은 수퍼비전 관계와 상담 관계가 동형구조라는 것을 인식하면서 자신과 타인에 대한 알아차림으로부터 성장할 수 있다(McNeill & Worthen, 1989). 수퍼비전 관계에서의 빠른 직면과 동형구조에 대한 이해는 수퍼비전 관계의 문제해결에 큰 도움이 되며, 이 과정을 통해 상담에서의 대인관계 측면을 모델링할 수 있다. 그러나 이러한 관계 모델 중심의 수퍼비전 개입이 언제나 관계의 문제를 해결 또는 개선하는 것은 아니다. 수퍼바이저는 수련생이 고급 단계로 올라가서 수퍼비전 관계를 더 잘 풀어갈 수 있도록 준비시키는 데 초점을 두어야 한다.

3) 고급 수련생

고급 수련생은 이미 많은 수퍼비전 경험을 한 상태에 있다. 그러나 과거의 수퍼비전 경험이 부정적이었든 긍정적이었든 현재의 수퍼비전 관계에 많은 영향을 미치기 때문에 수퍼바이저가 과거의 수퍼비전 경험을 탐색하는 것은 여전히 중요하다. 고급 수련생은 자신의 개입에 대해 지지하고 공감하면서 판단해 주는 분위기를 선호하며, 자신의 시도와 좌절이 정상적인 것으로 여겨질 때 만족감을 느낀다. 고급 수련생은 수퍼비전에서 보다 복잡한 성격 발달, 전이, 역전이, 수퍼비전의 평행 과정, 내담자의 저항과 자기방어에 대해 검토할 것을 기대한다(Nelson, 1978). 고급 수련생은 처음에는 자신의 내적 역동을 탐색하거나 내담자와의 상담에 영향을 줄 수 있는 개인적인 문제들을 탐색하려고 하지 않기 때문에 수퍼바이저가 그들의 동기를 자극해 주는 것이 바람직하다. 또한 고급 수련생의 통찰을 향상시키기 위해서 수퍼바이저가 그들의 동형구조나 평행 과정 개입을 사용하는 것이 바람직하다. 그러나 고급 수련생과 수퍼비전 동맹(supervision alliance)이 잘 일어나지 않으면 수퍼바이저가 수련생의 발달단계를 잘못 진단하거나 발달단계를 고려하지 않고 수퍼비전 개입을 수행한 것일 수 있다. 따라서 수퍼바이저는 수련생의 발달과정을 최우선적으로 탐색하여 수퍼비전 관계를 잘 이루어 가는 것이 중요하다 (Rabinowitz, Heppner, & Roehlie, 1986).

수퍼바이저는 고급 수련생의 전문 상담자로서의 발달과 정체성 확립에 주의를 기울여야 한다. 고급 수련생은 이제 전문 수련생으로서 초급 수퍼바이저의 역할을 감당해야 할 시점에 와 있다. 따라서 수퍼바이저는 고급 수련생의 미래 진로를 탐색하는 과정에 도움을 주어야 한다. 그러므로 상호 존경하고 동료로 대하는 분위기의 수퍼비전 관계 속에서 수퍼바이저가 동료 전문인으로서 현명하고 성실한 멘토가 되어 준다면 고급 수련생은 심리적 안정감을 느낄 수 있다. 또한 고급 수련생과 수퍼바이저는 공식적인 수퍼비전 관계가 끝난 후에도 계속적으로 관계를 유지하게 되며, 수퍼바이저는 수련생의 실력이 향상되는 것을 지켜보면서 또 다른 보람 있는 경험을 하게 된다.

Stoltenberg(1998) 역시 수련생의 발달을 세 단계로 나누고, 각 발달 수준에 적합한 수퍼비전 요인을 진술하였다. 초급 단계의 수련생은 수퍼바이저에게 의존적이고 모방적이며 자신과 타인에 대한 자각이 부족하나, 이들은 상담을 처음 수행하게 되어 동기는 높다. 수퍼바이저는 상담 기술 교육, 심리적 지지, 구조화된 수퍼비전을 제공하고 자율성은 제한된 범위에서만 허용하여야 한다. 중급 단계의 수련생은 상담과 자기 자신에 대한 자각 수준이 증가하면서 독립 욕구가 생기지만 여전히 수퍼바이저에게 의존적이다. 이들은 수퍼바이저에게 자기주장을 더 많이 하고 단순히 수퍼바이저를 모방하는 행동은 줄여 간다. 수퍼바이저는 비지시적으로 자율을 허용하고, 수련생을 지지하며, 요청할 때 적극적이고 지시적인 수퍼비전 개입을 하는 것이 좋다. 마지막으로 고급 단계의 수련생은 자율적인 수련생으로서 내담자에 대해 스스로 세운 상담 계획을 갖고 있다. 이들은 자기 자신에 대한 통찰을 지님과 동시에 내담자에게는 공감적이다. 수퍼바이저는 이 단계의 수련생을 동료로 대하고 자율을 허락해야 한다. 수퍼바이저는 수련생에게 직면도 하고 자신의 경험을 예시적으로 공유하기도 한다. 이때 보다 통합된 고급 수련생은 대인관계적·인지적 측면뿐만 아니라 직업적으로도 원숙한 상태에 도달하게 된다. 이 시점에서 수퍼바이저와 수련생은 동료로서의 협동 관계를 유지하게 된다.

Loganbill, Hardy와 Delworth(1982)는 수련생의 발달단계를 정체기, 혼돈기, 통합기로 나누어 설명하고 있지만 저자는 형성기, 혼돈기, 통합기로 분류하여 설명하고자 한다. 우선, 형성기는 수련생 입문기로서 상담자 자신에 대한 자각이 부족하고 이론적 배경이나 기법이 편향적이며, 수퍼바이저에 대해 절대적으로 의존하는 것이 특징이다. 또한 혼돈기의 특징은 불안정, 혼돈, 동요, 갈등이 자주 있다는 것이다. 즉, 이 시기의 수련생은 상담이 잘 될 때와 그렇지 않을 때의 감정의 폭이 크며 기본적인 의사소통 기술은 숙달되어 있으나 그것을 치료적 맥락에서 어떻게 사용해야 하는지에 혼돈을 갖는다. 수퍼바이저에 대한 태도는 아직 의존적이지만 해결책은 수퍼바이저에게서 오는 것이 아님을 깨닫게 된다. 마지막으로, 통합기의 수련생은 현실 문제와 갈등이 근절될 수 없다는 것을 깨닫고, 그럼에도 새로운 각도에서 대응하고자 노력한다. 자신과 자신의 능력에 대해 확고하면서도 현실적인 견해를 가지며 자신의 강점과 약점을 모두 수용한다. 수퍼바이저를 전능한 존재로 보지 않고 그들 또한 장점과 약점을 지닌 한 인간으로 보지만, 적극적인 책임을 가지고 최대한 배우고자 노력한다. 따라서 수퍼바이저는 수련생의 발달 수준을 잘 평가해서 다음 단계로 향상되도록 촉진하는 것이 중요하다.

3. 수련생의 태도 및 개인차

대부분의 상담 전공자는 상담 관련 지식을 이해하는 지적인 잠재능력을 지니고 있다. 그러나 어떤 상담자는 전문 상담자가 되는 데 필수적인 대인관계 기술이나 의사소통 기술, 다른 사람들에게 주의를 기울이는 능력 등이 결여되어 있다. 이러한 비적합적인 수련생은 일시적으로 상담 기술이 부족하여 나타나는 어려움을 지닌 수련생을 의미하지는 않는다. 수련생은 수퍼바이저들이 기대하는 수준에 비해 빠른 성장을 보이지 않을 때도 있다. 상담 기술 역시 사람에 따라 특정한 수준에 도달하는 데에 차이가 있다. 그러나 수련생들은 전문 상담 수련생으로서 어느 수준까지는 성장할 수 있어야 한다. 따라서 수퍼바이저는 전문 상담자로 성장하기에 비적합한 수련생에게 어렵지만 그들이 다른 진로를 찾아볼 수 있도록 돕는 것이 현명할 수도 있다(Hutt, Scott, & King, 1983).

수련생의 역할은 내담자에게 도움을 주는 것이지 내담자를 구원하는 것은 아니다. 수련생 중에는 상담자가 내담자의 구원자 역할을 해야 한다고 믿는 사람도 있다. 물론 내담자가 갖지 못한 자원을 수련생이 어느 정도 제공할 수는 있지만 그들의 인생 전체를 구원하는 역할을 할 수는 없다(Jackson & Sticker, 1989). 가장 흔한 구원자의 역할은 수련생이 내담자에게 부모의 역할을 수행할 때 나타난다. 어떤 수련생은 자신의 내담자에 대해 지나친 책임감을 갖기도 한다. 훈련 첫 학기를 보내고 있는 초급 수련생이 내담자에게 몰입하는 것은 크게 대수로운 일이 아니다. 그러나 중급 수련생이 내담자에게 어머니처럼 행동하는 것은 지나친 행동이다. 이러한 경우 수퍼바이저가 수련생의 내담자에 대한 지나친 보호적 태도를 지적한다면 수련생은 자신의 태도가 내담자를 치유하는 데 효율적이라면서 방어적인 태도로 대응하기 쉽다. 그러나 이러한 태도는 바람직한 수련생의 태도가 아니다.

우리는 누구나 한두 가지 영역에서 미해결 과제를 가지고 있다. 그러나 그 미해결 과제가 상담에 영향을 미치지는 않아야 한다. 예를 들면, 한 수련생이 부부상담을 하게 되었고 처음에는 그 부부와 좋은 관계를 형성하였다고 하자. 그러나 수 회기의 상담이 진행되면서 몇 년 전에 내담자의 남편이 부인을 폭행한 것을 알게 되었다. 남편의 폭력 행동을 알게 된 수련생은 부인에게 더 다치기 전에 이 관계를 벗어나야 한다고 말했다. 이 수련생은 부인에 대해서 대단히 보호적이었고 남편에게는 적대적이었다. 수퍼바이저가 그 이유를 탐색하자 수련생은 자신의 전 남편이 폭력적인 배우자였던 것을 고백하였다. 이 수련생은 상담을 받고 있는 부인이 자신의 동생처럼 여겨져서 강한 역전이 반응을 보였던 것이다.

또 다른 사례에서 한 남성 수련생은 "여자는 믿을 수 없는 존재이며, 언제 마음을 바꾸게 될 지 알 수 없다"면서 여성 전반에 대해 부정적인 시각을 드러냈다. 수퍼비전에서 수퍼바이저가 이 남성 수련생의 반응을 탐색하자, 이 수련생은 성공적이지 못했던 자신의 과거 이성 관계에서 느낀 부정적인 감정을 표현하고 있었다(Stoltenberg et al., 2004). 이러한 미해결 과제는 상담에 부정적인 영향을 주는 역전이 감정이다.

수퍼비전 관계에서 수련생의 태도와 개인차를 아는 것은 수퍼비전 관계를 촉진하는 데 매우 중요하다. 수련생들의 개인차는 다음과 같이 설명할 수 있다. 첫째, 수련생의 불안에 대한 수준 차이이다. 앞 장에서 설명한 것과 같이, 수련생들의 불안은 새로운 상담 수행 과정 및 그 과업 수행에 대한 평가와 관련되어 있다. 초급 수련생의 불안은 정상적인 반응으로 상담에 대한 자신감 및 자기효능감(self-efficacy)과 관련되어 있다. 이때 수퍼바이저는 초급 수련생의 자아를 손상시키지 않도록 주의를 기울여야 한다. 중급 수련생과 고급 수련생은 자기 자신의 수퍼비전 적용 능력 수준과 자아정체감 수준이 높아질

수록 수퍼비전에서 낮은 불안 수준을 보인다.

수련생이 수퍼바이저에게 보이는 애착 역시 수퍼바이저를 불안하게 한다. 적절한 애착 형성은 작업 동맹에 긍정적인 영향을 미치지만 수련생의 불안정 애착(anxious attachment)은 수련생이 불안한 상황에서 항상 수퍼바이저를 찾게 만든다. 가령, 강박적 자기의존(compulsive self-reliance)을 보이는 수련생은 자기 자신에게 강박적으로 의존하고 있기 때문에 수퍼바이저에게 애착을 형성하지 못한다. 또한 강박적으로 돌봄을 제공하는(compulsive care giving) 애착 유형의 수련생은 다른 사람들에게 돌봄을 제공하면서 스스로 애착을 형성한다. 따라서 이러한 애착 유형의 수련생을 수퍼바이저는 매우 불편해할 수 있다(Bernard & Goodyear, 2008).

둘째, 수련생의 상담 스타일의 차이이다. 상담 스타일은 개인이 상담 사례를 체계화하는 특정한 방식이나 상담 접근의 선호도를 의미한다. 수퍼바이저와 수련생이 같은 상담 이론적 접근을 선호하면 수퍼비전 관계에서 갈등이 적을 수 있다. 상담 이론은 인간관과 상담 과정, 상담 개입 기술 그리고 상담 효과를 평가하는 기준 등을 담고 있다. 이러한 상담 이론은 상담 수행에 대한 지도(map)로서, 수퍼바이저와 수련생이 같은 지도를 보며 길을 찾아가는 과정에 비유될 수 있다. 만일 수퍼바이저와 수련생이 같은 상담 이론을 선호한다면 이들은 같은 언어를 가지고 사례를 개념화하게 되기 때문에 서로를 보다 잘 이해할 수 있다.

수퍼바이저의 상담 이론적 접근은 수련생의 이론적 접근보다 수퍼비전에 더 많은 영향을 미친다. 그러나 수퍼바이저는 자신의 이론적 경향에 따라 수퍼비전을 진행하기 때문에 자신과 수련생의 차이를 인식하지 못하는 경우가 많다. 따라서 수퍼바이저는 수련생이 자신과 다른 상담 이론적 접근을 가지고 있는 경우 특별히 주의를 기울여야 한다.

수련생의 인지 스타일에 따라 수퍼비전에 대한 요구는 다르다. 수퍼바이저와 수련생의 인지 스타일이 일치하지 않을 때는 부정적 수퍼비전 관계가 형성되기 쉬우며 서로 좌절을 경험할 가능성이 커진다(Craig & Sleight, 1990). 외향적인 수련생은 수퍼바이저가 자신을 직면해 주고 수퍼비전에서 상담 회기에 대해 토론하기를 요구하지만, 내향적인 수련생은 자신의 상담 회기에 대해 직접적으로 수퍼비전에서 토론하는 것보다 자신의 내적 역동에 수퍼비전의 초점이 맞춰지기를 기대한다.

셋째, 수련생의 성별 차이이다. 수퍼비전 관계에서는 남녀의 성별에 따른 차이를 고려해야 한다. 현재 상담 대학원 전체 학생의 70%에서 90% 정도는 여성이며, 이 여성들의 연령층도 다양하다. 전문 상담자 역시 여성 수퍼바이저의 수가 급증하고 있다. Gilligan(1982)은 남녀 발달 이론에 근거하여 여성 수련생이 보다 관계 중심적이고 수퍼바이저와 더 빨리 관계를 맺으며, 반대로 남성 수련생들은 보다 업무 중심적이라고 진술하였다.

여성 수련생과 남성 수련생은 수퍼비전 관계를 다르게 지각하는 경향이 있다(Worthington & Sterm, 1985). 남성 수련생은 수퍼바이저의 성별과는 상관없이 자신이 수퍼바이저와 보다 좋은 관계를 유지하고 있다고 인식한 반면, 여성 수련생은 남성 수퍼바이저의 성차별적 태도를 이유로 여성 수퍼바이저를 선호하였다. 또 다른 연구에서는 여성 수련생이 남성 수련생에 비해 수퍼바이저의 영향을 더 많이 받는 것으로 나타났다(Cacioppo & Petty, 1980). 그러나 이러한 경향은 초급 단계에서 두드러지게 나타나며, 수련생이 고급 단계로 발달하면서 이러한 성별 차이는 점차 줄어든다.

수련생의 성별 차이뿐만 아니라 수퍼바이저의 성별 차이도 수퍼비전 관계에 영향을 미친다. 여성 수퍼바이저는 수퍼비전에서 수퍼비전 관계를 보다 양육적으로 이끌어 갔고 수련생의 문제에 보다 공감적이었다. 반면에 남성 수퍼바이저는 수련생보다 내담자의 문제에 주의를 기울였다(Sells et al., 1997). 한편, 남녀 수퍼바이저 모두 여성 수련생에 대해 자신이 수퍼바이저로서 권위가 있다고 느꼈으며, 여성 수련생에게 보다 강하게 영향을 미치는 메시지를 보냈다(Nelson & Holloway, 1990). 연구에 따르면, 수련생은 자신과 같은 성의 수퍼바이저를 선호하고 나이는 자신과 비슷하거나 약간 많은 편을 선호한다(Hoffman, 1990).

여성은 대부분 치료 기관에서 치료와 관련된 책임을 지는 반면, 남성은 대부분 이론과 정책 입안에 대한 책임을 진다. 또한 여성은 관계, 연계감 및 호의에 가치를 두고 남성은 자율성, 원칙, 구조에 가치를 두는 것으로 보고된다(Gilligan, 1992). 가장 큰 성별 쟁점은 전통적인 패턴으로 여성의 복종적이고 유혹적인 행동, 남성의 권위적이고 유혹적인 태도, 남성 수련생이 여성 수퍼바이저를 진지하게 대하지 않는 태도 등이 있다. 남성은 여성보다 힘을 더욱 가치 있게 생각하는 경향이 있으며, 이처럼 내재적인 힘의 역동성에 기인하는 성별 불평등은 수퍼비전 관계에 커다란 영향을 미친다. 따라서 남성끼리의 수퍼비전은 힘을 겨루는 갈등의 형태를 띨 수 있다.

여성의 정서적 과잉몰입과 남성의 과소몰입은 수퍼비전 종결에 영향을 미친다. 남성은 수퍼비전 종결을 너무 일찍 하는 경향이 있고, 반면에 여성은 관계의 종결을 어려워한다. 즉, 여성은 수퍼비전에서 "안녕히 가세요."라고 말하기를 어려워하는 반면, 남성은 그것을 말하는 것이 너무 쉽다(Stoltenberg & Delworth, 2004). 그러므로 수퍼비전 관계에서 여성은 양육과 자기개방, 유연성, 언어 사용 능력, 의존, 상황적 · 관계적 사고, 순종적 · 비경쟁적 · 주관적 · 전통적 여성의 역할이 우세하고 남성은 성취, 자율, 추상적 사고, 원칙, 지배, 육체적 활동, 감정의 부정, 경쟁적 · 모험적 역할이 우세하다(Kaplan, 1985).

그러나 수퍼비전에서는 정형화된 역할의 영향을 감소시키고 자기충족적 기대보다는 실제 행동에 기반을 둔 현실을 인식하는 것이 중요하다. 수퍼바이저는 수퍼비전 장면에서 수련생이 갖고 있는 정형화된 타입과 역할기대를 수련생 스스로가 이해하도록 지도해야 하고 수퍼바이저 자신도 그것의 중요성을 아는 것이 필요하다. 예를 들면, 수퍼비전 환경에서 여성 수련생에게는 인지적 개입을 강조하고 남성 수련생에게는 정서적 개입을 강조함으로써 정형화된 역할의 영향이 상쇄될 수 있도록 지도한다. 그러나 성별에 의한 정형화된 타입의 수퍼비전보다 개개인의 정형화된 타입에 초점을 둔 수퍼비전이 더 중요하다.

수퍼바이저는 여성 수련생이 내면의 목소리와 직관을 표현할 수 있도록 도와주어야 하고 남성 수련생이 힘에 가치를 덜 두도록 도와주어야 한다. 또한 여성 수련생에게는 스스로의 분노와 갈등을 표현하도록 허용해야 하고 자기개방의 과잉을 막기 위해 경계를 명확히 해야 하며, 전통적인 양육자(caretaker) 역할은 피해야 한다. 상황과 성별 쟁점을 고려하는 것 그리고 남성과 여성 수련생의 정형을 구체화하는 것 등의 균형점을 찾는 것이 수퍼비전의 기술이다. 성별 차이를 부정하는 것은 근시안적이지만, 모든 남성과 여성을 제한하여 범주화하는 것 또한 선입견적이고 성차별적일 수 있다.

따라서 모든 수퍼바이저는 자신이 갖고 있는 성별 편견에 대해 충분히 인식하고 있어야 하며, 수련생의 성별에 대한 편견이 아닌 수련생 개개인이 지닌 편견과 행동에 맞는 수퍼비전을 해야 한다. 뿐만 아니라 수퍼바이저와 수련생은 자신의 성에 따른 태도(gender attitude)가 상담 회기에서뿐만 아니라 수퍼비전에서 어떻게 나타나는지 인식하고자 노력해야 한다. 성별에 따른 차이를 줄이기 위해서는 수련생은 자신과 다른 성별을 지닌 수퍼바이저에게 수퍼비전을 받아 보고, 수퍼바이저는 자신과 다른 성별을 지닌 수련생에게 수퍼비전을 실시해 보는 것이 바람직하다.

제2부

가족치료 수퍼비전 모델

제4장
정신역동 가족치료 수퍼비전

1. 정신역동 가족치료의 수퍼비전 패러다임

개인 심리치료 분야의 기초였던 정신역동 모델은 한 세대 전에 그 인기를 잃었으나 근래 들어 다시 각광을 받고 있다. 이러한 상황의 변화는 치료모델이 겪는 상황적 변화와 관련이 있다. 정신역동 모델은 전이와 역전이 그리고 대인관계에 대한 분석을 강조하면서 점진적으로 발달하였다. 정신역동적 입장을 취하는 임상가들 사이에는 수퍼비전과 치료의 경계에 대한 관점에서 여전히 차이가 있다. 어떤 학자들은 그 둘을 서로 얽혀 있는 것(Fiscalini, 1985)으로 보는 반면, 다른 학자들은 그 둘을 분리된 과정으로 다룬다(Issacharoff, 1982). 후자의 관점이 점점 더 인정을 받으면서 수퍼바이저는 치료 기법의 어려움에 집중하게 되었고 수퍼바이저와 수련생은 역전이 및 나른 개인 내적 문제들을 더 심도 있게 다루게 되었다.

정신역동 가족치료의 본질은 현재의 가족관계를 왜곡하는 무의식적 충동과 그것에 대항하는 방어기제를 자아심리학 및 대상관계 이론에 기초하여 인식하고 해석하는 것이다. 여기서 대상관계의 기초는 초기의 관계 대상에 의해 형성된 관계 경험의 토대 위에서 현재의 사람들과 부분적으로 관계하게 되는 것이다. 이러한 초기 대상의 관계 경험에 대한 잔재(residue)는 자신과 타인의 관계에서 얻어진 경험과 기대를 형성하여 내적 대상(internal objects)으로 남아 있게 된다.

Fairbairn(1952)은 대상을 이상적 대상(ideal object)과 거부적 대상(rejecting object), 자극적 대상(exciting object)으로 분류하였다. 아이와 대상의 관계 결과에 따라서 아이의 내면화된 자아구조는 이상적 대상(ideal object)에 의해 만족하고 수용하는 중심자아(central ego)를 형성하고, 거부적 대상(rejecting object)에 의해 화나고 좌절하는 거부적 자아(rejecting ego)를 형성하며, 자극적 대상(exciting object)에 의해 항상 갈망의 상태에 있는 자극적 자아(exciting ego)를 형성한다.

어떤 상황에서든지 인간은 다른 사람과 직면했던 과거의 관계 경험에 기초하여 상호작용한다. 따라서 어린 시절 초기 대상인 어머니와의 상호작용은 아이의 자아체계에 결정적인 영향을 미치게 되며, 애정적인 어머니와의 관계에서 좋은 나(good me), 좌절시키는 어머니와의 관계에서 나쁜 나(bad me), 불안정한 어머니와의 관계에서 내가 아닌 나(not me)를 형성하게 된다(Sullivan, 1953).

이와 같이 자아체계의 형성 과정은 대상과 자아의 관계에 의해 영향을 받는다. 즉, 초기 대상과의 상호작용 경험은 무의식적 잔재로 남아 미래의 대상관계에 영향을 미치게 된다. 뿐만 아니라 아이의 타고난 잠재적 가능성은 무관심 속에서는 성장하지 않는다. 아이의 잠재력이 성장하기 위해서는 적당한 환경을 조성하는 것이 필요하다. 이러한 환경은 아주 이상적인 환경을 의미한다기보다는 좋은 모습을 특징지을 수 있는 평균적 기대환경 혹은 충분히 좋은 환경(good enough environment)을 의미한다(Winnicott, 1965). 충분히 좋은 어머니는 부드럽고 친절하게 반응하고 아이의 모든 의존성을 먼저 수용한다. 그리고 시간이 지남에 따라 아이의 자율성 성장을 지지하고 타인과의 대인관계를 통해 아이가 자기감을 갖도록 도와준다. 그러므로 어린 아이가 자기감을 발달시킬 수 있도록 충분한 안정감을 제공함으로써 아이가 그것을 느낄 수 있게 해 주어야 한다. 어머니와의 초기 관계가 안정적이고 어머니에게 충분한 애정을 받은 아이는 점진적으로 어머니를 단념할 수 있으며, 동시에 좋은 어머니에 대한 이미지를 좋은 내적 대상으로 보유할 수 있다. 이 과정에서 대부분의 아이는 어머니와의 분리 또는 상실감을 완화시켜 줄 수 있는 전이대상(transitional object) 또는 중간대상이 필요하고, 이를 수용할 수 있어야 한다(Winnicott, 1965).

유아기에 맺은 좋은 대상과의 관계는 안정되고 잘 분화된 자아정체감을 갖게 한다. 즉, 부모의 꾸준한 사랑과 지지를 받으며 자라는 아이는 자기 자신에 대한 가치를 느낀다. 이러한 가치감은 아이에게 충동을 억제하고 욕구 좌절을 극복하며 자아기능을 원활하게 할 수 있는 능력을 갖게 만든다. 그러한 아이는 응집력과 일관성 있는 자아감을 가지고 타인과 잘 지낼 수 있을 뿐만 아니라 혼자 독립적으로 잘 지낼 수도 있게 된다. 따라서 좋은 대상관계 경험을 보유하고 있는 아이는 친밀감 형성과 분리감에 잘 적응할 수 있는 능력을 지니고 성장하게 된다. 그러므로 어머니와 자녀 간의 초기 애착은 아이의 자아감 발달에 결정적 요인이 된다(Bowlby, 1969). 어머니 대상에 대한 신체적 근접성이나 애착은 아동기와 성인기의 건강한 대상관계를 위한 필수 조건이다. 그러므로 성공적인 분리-개별화(separation-individuation)는 어머니의 신뢰와 애정적인 지지에서 형성된다고 할 수 있다(Mahler, 1952). 어머니의 충분한 사랑과 보호 속에서 아이는 부모와 자신을 동일시하고 타인을 사랑하는 능력을 지닌 독립적이면서도 책임감 있고 현실감이 있는 성숙한 성인으로 성장할 수 있다.

2. 정신역동 가족치료 수퍼비전의 실제

정신역동 수퍼비전의 주요 목표는 치료 중에 '전이와 역전이 상황'을 인식하는 것이며, 이때 수련생에 대한 내담자 가족체계의 전이와 수련생의 내담자 가족체계에 대한 역전이를 이해하는 것이 중요하다(Gill, 1994; Mitchell, 1993). 뿐만 아니라 수퍼바이저는 어떤 상황을 이해하는 데 있어서 그 상황이 수련생의 내담자 가족체계에 관한 것인지 수련생에 관한 것인지 혹은 그들의 상호작용에 관한 것인지를 구별하는 데 도움을 주어야 한다. 수퍼바이저는 수퍼비전 상황에서 보이는 것들이 내담자에게 어떻게 영향을 미칠지 생각하면서 수련생을 수퍼비전해야 한다. 또한 수퍼비전 내용은 사례 개념화, 많은 사례 중 해당 사례를 선택한 이유, 수련생의 전이와 역전이, 전지전능감, 불안, 방어, 권위와 친밀감에 대한 주제, 감정적 충동이나 적대감 그리고 성적인 감정 등을 포함해야 한다. 뿐만 아니라 집단으로부터 받는 피드백을 어떻게 받아들이는가 역시 수퍼비전의 중요한 내용이 된다. 따라서 수퍼바이저는 수련생에게 경청하고 수련생의 무의식적 갈등과 역동에 대해 추론하며, 수련생을 향한 자신의 반응이나 수련생과의 수퍼비전 관계에서의 경험을 점검해야 한다. 직접적으로는 수련생으로부터, 간접적으로는 내담자의 가족체계로부터 갖게 되는 경험과 생각, 추론 등을 분류하는 것은 수퍼바이저와 수련생 모두에게 복잡하지만 중요한 일이다.

1) 수퍼비전의 구조화 및 수퍼비전 동맹

(1) 수퍼비전의 구조화

수련생이 내담자의 가족체계와 상담구조화를 확립하고 유지하는 것처럼 수퍼바이저 역시 수련생과의 수퍼비전 구조화를 확립하고 유지해야 한다(Langs, 1994). 수퍼비전 구조화는 만나는 횟수, 시간, 장소, 방해받지 않는 것

등을 계획한다. 수퍼비전의 구조화로부터 계획되지 않은 것은 상담구조화로 부터 계획되지 않은 것과 같이 신중하게 고려되어야 한다. 수퍼비전은 수련 생을 통해 내담자 가족을 치료할 뿐만 아니라 수련생의 성장 발달을 돕는 중 심 기능을 한다.

정신역동모델의 수퍼비전은 두 개인, 수련생과 내담자 그리고 수련생과 수 퍼바이저 간의 전이 및 역전이를 다루게 되며, 수퍼바이저는 두 사람 간의 상 호작용에 대해 다음과 같은 질문들을 고려해야 한다.

① 수련생의 저항을 유도하는 정서적·성격적 갈등은 무엇이며 수퍼바이 저는 이러한 갈등을 어떻게 다루어야 하는가?
② 수퍼비전 과정에서 해결되지 않은 개인의 심리 내적 갈등을 어떻게 다 루어야 하는가?
③ 수퍼비전에서 수련생의 역동을 얼마나 다루어야 하는가?
④ 수퍼비전과 치료 사이의 경계는 어떻게 설정해야 하는가?
⑤ 수련생에게 개인 심리치료를 하는 것 또는 권장하는 것이 수퍼바이저의 역할에 포함되는가?

(2) 수퍼비전 동맹

정신역동 이론은 상담 장면과 수퍼비전 장면에서의 치료 동맹 혹은 작업 동맹에 오랫동안 주의를 기울여 왔다. Bordin(1983)은 상담 장면에서의 치료 동맹에 대한 모델을 제안하였고, Wool(1989)은 수퍼바이저의 역할로 '수퍼 비전 동맹'을 강조했다. 상담의 치료 동맹과 마찬가지로 수퍼비전 동맹 역시 세 가지 차원으로 진술한다. 첫 번째는 수퍼바이저와 수련생 간의 정서적 유 대감 및 신뢰이고, 두 번째는 목표에 대한 상호동의(goal agreement)이다. 이 는 상담 수련생이 수퍼비전을 통해 얻고자 하는 것과 수퍼바이저가 수퍼비전 을 통해 수련생이 성취해야 할 목표로 설정한 것에 동의하는 것이다. 수퍼바 이저와 수련생이 서로 다른 기대를 가지고 있으면 수퍼비전에 대한 서로의 기대가 일치하도록 초기에 타협 및 조정을 해야 한다. 만약 상담 수련생이 수퍼비전에서 무엇을 기대해야 하는지 모를 때는 수퍼바이저가 수퍼비전에 대한 목표를 교육해야 한다. 그리고 세 번째는 활동 작업에 대한 동의(task agreement)로, 이는 수퍼바이저와 수련생이 수퍼비전 목표를 달성하기 위해 어떤 일을 구체적으로 할 것인가에 대한 동의이다. 여기서는 구체적인 치료 기법의 숙달, 수련생과 내담자의 상호역동 이해, 상담 과정에 영향을 미치는 미해결 과제 및 수퍼비전과 성장을 방해하는 개인적 장애 요인의 파악, 개념과 이론에 대한 심도 있는 이해 및 연구 등을 중시한다. 수퍼바이저는 이러한 작업을 수련생이 성취할 수 있도록 지도해 주어야 한다.

정신역동 수퍼비전은 수련생의 수퍼바이저 및 내담자와의 관계에서 개인 내적 역동과 개인 간 역동의 치료적 과정에 초점을 두어야 한다. 이것은 역동을 알아차리는 것(dynamic awareness)으로 현재 상황에서 다시 떠오르는 과거의 경험을 이해하는 것과 역동의 변화를 관찰하는 것 그리고 상담에서 역동을 치료적으로 사용하는 것 등을 포함한다. 뿐만 아니라 수퍼바이저는 수련생이 치료에 관한 특정한 태도를 내면화할 수 있도록 전이, 역전이 그리고 방어기제에 대한 민감성이 발달되도록 지도해야 한다.

2) 가족역동 이해

가족구성원 간의 관계역동에 대한 통찰 및 가족역동 변화에 대한 이해는 수퍼비전 과정상의 목표로서 수련생이 치료적 역동을 변별하고 그 의미를 해석하는 것에 초점을 두어야 한다. 그리고 가족역동의 변화 조장 및 역동의 치료적 사용은 수퍼비전의 목표로서 내담자 가족에게 그 치료 효과가 나타날 수 있도록 역동을 사용해야 한다. 수련생이 수퍼비전을 통해 자신의 개인 역동을 이해하고 통제할 수 있게 되면 내담자 가족의 역동에 영향을 미칠 수 있고 이를 치료적으로 사용할 수 있다(Bradley, 1989).

수퍼바이저는 수련생들이 내담자 가족의 변화를 이끌어 내기 위한 시도를 하기 전에 그 가족에 대한 이해를 먼저 하고, 내담자 가족의 역동을 통해 가족구성원의 저항과 전이, 꿈 등을 분석하도록 지도한다. 초기 단계에서 내담자가 억압된 감정 및 생각을 회상할 수 없거나 표현하는 것을 주저한다면, 이것은 내담자가 보이는 일종의 저항 현상이므로 내담자가 자신의 부정적 감정이나 고통을 해결하고자 하면서도 무의식적으로 이와 같은 저항 현상을 나타낸다는 것을 수련생이 알도록 지도한다. 즉, 사람들이 자신의 억압된 충동이나 감정을 지각할 경우 그 불안을 견뎌 내기가 힘들기 때문에 그 불안으로부터 자아를 방어하려는 경향으로서 저항 현상을 보인다는 것을 이해하도록 지도한다. 수련생은 또한 내담자 가족구성원이 부모와의 상호작용에 대한 어린 시절의 기억이나 마음속에 떠오르는 생각을 말할 때 그들의 대상관계에 따른 영향력과 방어기제, 자아상태 등을 적극적으로 분석해야 한다. 예를 들면, 내담자가 어릴 때 특정한 중요 인물이나 대상에 대해 가졌던 사랑 또는 증오의 감정을 수련생에게 전이시킬 수 있으므로 수퍼바이저는 전이분석을 할 때 내담자가 그 자신의 과거 경험과 갈등에 대한 통찰을 갖도록, 그리고 전이관계의 참된 의미를 점차 깨달아 갈 수 있도록 수련생을 지도해야 한다. 그리고 이때 내담자 가족이 해결되지 않은 특정한 갈등을 털어놓고 그들 자신의 초기 관계 경험을 재연할 수 있도록 수퍼바이저가 아주 안정된 분위기를 조성해야 한다.

수련생이 안정된 분위기에서 내담자 가족구성원과 진정한 정서적 교감을 갖게 되면 내담자 가족은 자신의 감정을 솔직하게 표현하게 된다. 수퍼바이저는 특히 가족이 사용하는 방어기제 뒤에 숨어 있는 가족의 비밀과 갈등을 찾아내기 위해 의식적이고 신중한 직면기법(confrontive techniques)을 활용할 수 있다. 사람들은 항상 자신의 고통이나 당혹감을 회피하려는 경향이 있으므로 때로는 가족구성원이 그들 자신의 마음을 열고 마음속에 있는 것을 진실하게 털어놓을 수 있도록 가벼운 농담이나 유머를 사용하여 자극을 줄 수도 있다.

대상관계 관점에서 보면 결혼이란 숨겨진, 그리고 내면화된 대상 간의 상호 거래이다(Dicks, 1963). 따라서 배우자의 원가족 속에 존재했던 부모와의 관계 및 부모의 부부관계를 반영하는 내적 대상은 부부의 상호작용에 대한 무의식적 근거로 이해되고 해석되어야 할 것이다. 부부는 자신의 부모의 모습으로 무의식적으로 동화(assimilation)되어 갈 수 있기 때문에 동화된 내적 대상은 그들 부부생활의 한 부분을 차지하면서 배우자를 지배하게 만들 가능성이 있음을 인식하고 발견하도록 지도해야 한다. 내면화된 대상의 특정한 측면은 현실에서 배우자에게 의식적으로 표현되기도 한다. 그러므로 이와 같은 지각된 부모 모델에 대한 직접적인 동일시 또는 부정적인 이미지에 대한 과대 보상을 의식적으로 요구할 수 있음을 수련생이 깨닫도록 지도해야 한다. Skinner(1981)는 가족은 일반적인 발달단계를 한 세대에서 다음 세대로 전수시킨다고 진술하였다. 따라서 수퍼바이저는 부부가 스트레스를 받을 때 그들은 예전 자신의 부모의 부부갈등을 재경험할 뿐만 아니라 그때 부모가 대처했던 방식으로 대처하는 경향이 있음을 수련생이 알도록 지도해야 한다. 뿐만 아니라 수련생이 부부가 공유하고 있는 의식적·무의식적 대상의 이미지를 끌어낼 수 있도록 지도해야 한다.

내담자는 자기보호와 자아노출에 대해 걱정하기 때문에 수련생은 그들에게 충분한 안전성을 제공해야 한다. 안전성은 분석을 위한 특정한 사건이나 가족 상호작용에서 필수적이다. 수퍼바이저는 내담자가 어린 시절에 내면화한 대상관계 이미지를 드러냄으로써 충분히 안정된 분위기를 형성하여 미해결 과제들이 노출될 수 있도록 수련생과 내담자 가족 간에 서로 신뢰할 수 있는 상호작용이 이루어지게 지도해야 한다. 수련생은 내담자의 말을 방해하지 않고 들어주어야 하며, 내담자의 불평도 자아통합을 위협하는 공격으로 인정하지 않고 자신의 감정 변화에 대한 요구로 받아들이는 것이 필요하다. 일단 안정된 분위기가 형성되면 수련생은 투사기제를 규명할 수 있으며, 가족 구성원에게 투사한 부분들을 통찰할 수 있다. 부부갈등 역시 어린 시절 내면화된 대상에 대한 상호투사(mutual projection)의 결과로 보이기 때문에 마음속에 내재된 부모와의 미해결 과제를 해결하도록 돕고, 원가족으로부터 온 오래된 갈등이 현재의 문제점과 어떻게 그들의 무의식 속에서 결합되어 나타나고 있는지를 탐색하도록 돕는다. 수퍼바이저는 수련생이 그들 자신의 역전이뿐만 아니라 내담자 부부가 서로에게 하는 투사와 수련생에게 갖는 전이 반응들을 인식하도록 지도해야 한다. 이러한 작업은 지지적이고 안정적인 분위기에서 진행될 수 있다(Nichols & Schwartz, 2005).

수퍼바이저는 수련생들이 내담자 가족의 행동 이면을 직시함으로써 내재된 동기를 끌어낼 수 있도록 도와주어야 한다. 꿈과 자유연상은 겉으로 드러나는 문자 그대로의 의미보다는 그 속에 내재된 내용의 의미를 분석하고 해석하도록 돕는다. 자유연상(free-association)은 내담자로 하여금 마음속에 떠오르는 것이면 무엇이든지 이야기하도록 하는 방법으로 사전 조사나 계획 없이도 동시에 사건이 일어난 것처럼 그들의 사고를 표현하게 한다. 이 기법들은 무의식적인 사건을 표면으로 끌어내는 최고의 방법이다. 수련생은 내담자의 문제를 표면으로 끌어내기 위해 필요한 질문들을 하지만, 그보다는 주로 관심을 가지고 듣는 것이 중요하다. 따라서 표출된 가족 상호역동을 통하여 그 이면에 숨겨진 내용과 의미를 해석하기 위해 과거로부터 숨겨진, 무의식적인 다른 사건을 노출시키도록 도와주어야 한다.

3) 수퍼비전 주제

정신역동 수퍼비전에서 다루어야 할 중요한 주제는 전이와 역전이다. 상담 관계에서 표출된 쟁점과 같이 전이 및 역전이는 수퍼비전에서도 동일하게 일어날 수 있으며 수퍼비전 과정에도 영향을 주기 때문에 수퍼비전에서 정기적으로 다루어야 한다.

(1) 전이

전이(transference)는 수련생을 향한 내담자의 비합리적인 태도로서, 이러한 태도는 현재 상황에서 유발되기보다는 내담자가 경험한 과거 또는 현재의 대인관계로부터 유래한다. 내담자는 수련생을 부모, 배우자, 형제, 친구로도 볼 수 있고, 경쟁자, 권위적인 대상, 지지자 또는 성적 대상으로도 볼 수 있다. 뿐만 아니라 전이는 대부분의 관계에서 나타날 수 있으며 상담 회기의 역동뿐 아니라 개인의 외모나 태도 때문에 우연히 생길 수도 있다. 이러한 전이 감정과 관련하여 수퍼바이저는 수련생에 대한 내담자의 전이 감정을 수련생이 해결할 수 있도록 도와주어야 한다. 전이는 또한 모든 관계에서 어떤 형태로든 나타나는 자연스러운 현상이기 때문에 수련생과 수퍼바이저 사이에서도 나타나게 된다. 이러한 전이 현상을 다루는 데 있어서 수퍼바이저는 자신의 관계 모델을 통해 수련생이 전이관계를 경험할 수 있도록 기회를 제공한다(McKinney, 2000). 그러나 수퍼비전 관계에서 수퍼바이저는 수련생에 대해 분명한 권위를 가지고 있고, 둘 사이의 힘의 관계에 있어서 수련생은 수퍼바이저를 권위자로 보아야 한다. 수련생은 과거에 경험한 권위자와 관련된 이미지를 수퍼바이저에게 투사할 수 있다. 수퍼바이저에 대한 이러한 전이 반응은 성별, 문화, 인종, 능력, 나이, 성 지향성, 종교, 사회경제적 지위 등 여러 부분에 있어 서로 다른 점으로부터 비롯된 불편함을 반영하는 것일 수 있다. 수퍼바이저가 이러한 잠재적 역동과 수련생의 전이에 대한 의식적 또는 무의식적 반응을 인식하지 못하면 매우 혼란스러워진다. 더 위험한 것은 수련생과 수퍼바이저의 문제가 내담자의 문제로 연결되는 경우다.

Watkins(1995)는 애착 이론과 수퍼비전 과정을 연결하여 수퍼비전에서 나타나는 세 가지 병리적 애착유형을 강박적 자기신뢰(compulsive self-reliance), 불안한 애착(anxious attachment), 강박적 돌봄(compulsive caregiving)으로 분류하였다. 강박적 자기신뢰를 보이는 수련생은 수퍼바이저의 도움에 대해 거절 또는 저항하거나 수퍼바이저를 향한 도전 및 분노 등을 거리감 또는 경멸 등의 회피 방식으로 반영한다. 때때로 독립성을 강조하는 것이 의존성을 감추고 있는 것처럼, 강박적 자기신뢰는 도움과 인정에 대한 간절한 소망을 감추고 있을 때가 많다. 반면에 불안한 애착을 보이는 수련생은 동료 집단에서 수퍼바이저의 눈에 들기 위해 수퍼바이저에게 매달리거나 수퍼바이저의 돌봄 및 유용성(availability) 등에 직간접적인 방식으로 다양하게 의지하려는 경향을 나타낸다. 강박적으로 돌보는 사람은 수퍼바이저의 개인적 혹은 전문가적 사안들에 대해 염려를 표현하는 방식으로 자신의 문제를 수퍼비전 관계에서 드러낸다. 그러므로 만약 전이가 의심된다면 반드시 그것을 다루어야 한다. 수퍼비전에서는 수련생의 외상 혹은 발달 경험을 다루는 것뿐만 아니라 감정적 혼란을 해결하기 위한 내적 딜레마 및 발달 방식을 배우는 것도 중요하다(Ekstein & Wallerstein, 1958). 따라서 수퍼비전에서 대부분의 전이 현상은 직접적이고 교육적인 방식으로 다루어지는 것이 바람직하다.

(2) 역전이

역전이(countertransference)는 전이의 반대 현상으로 수련생의 해결되지 않은 주제가 내담자에게 투사되는 반응이다. 전이와 마찬가지로 수련생이 내담자에게 역전이적 반응을 나타내는 것 역시 흔한 일이다. 역전이는 내담자에 대한 수련생의 감정으로서, 오랫동안 지속되어 온 심리 내적인 문제인 경우가 많고, 매우 어려운 문제이다. 역전이 반응을 알려 주고 그 과정을 간결하게 다루어 주면 수련생과 내담자가 오랫동안 치료적인 관계를 유지할 수 있다. 그러나 깊이 자리 잡은 정신 내적인 주제에 대한 역전이적 반응이라면 외부 치료자에게 의뢰하는 것이 바람직하다.

근래에 역전이가 상담에 효과적인 요인이라는 것이 증명되면서(Gelso & Hayes, 2001) 수퍼비전에서의 역전이 개념이 중요하게 부각되고 있다. 초기 정신분석은 역전이를 수련생의 무의식적 과정으로만 설명하였고, 초기 고전적 역전이는 수련생 자신의 심리적 문제가 상담 과정에 개입되어 나타나는 상담의 방해물로 간주되었다(Hedges, 1992). 그러나 신프로이트학파는 역전이를 무의식적인 과정과 의식적인 과정을 포함하는 보다 광의의 개념으로 정의했다. 즉, 전이가 과거의 중요 인물들과의 경험을 수련생에게 투사하는 내담자의 반응이라면, 역전이는 수련생 자신의 정신적 갈등을 반영하는 것 혹은 내담자의 태도, 성격 및 행동에 대한 수련생의 반응을 의미한다고 주장한다. 그러므로 현대적 역전이는 내담자가 상담 관계에서 보이는 대인관계적인 요구에 대한 수련생의 정서적 반응이라고 볼 수 있다(Frawley-O'Dea & Sarnat, 2001).

대인관계적 관점은 수련생의 역전이가 수련생의 무의식적 환상의 산물일 뿐만 아니라 수련생 고유의 심리사회적 역사를 반영하는 것이라고 본다. 이러한 관점은 가족관계적 요인들, 특히 인생 초기 양육자와의 관계 방식이 성인기의 사회적 행동에 큰 영향을 미치게 된다고 본다. 따라서 수퍼비전을 통해 수련생이 보이는 무의식적인 반응을 관찰하고, 수련생이 가족 관계에서 습득한 습관적인 대인관계 방식이 상담 관계에서 어떻게 재현되고 있는지를 밝히는 작업이 필요하다. 역전이를 수련생이 수용하지 못한 무의식적 환상으로 보는 관점을 취하든 수련생의 초기 대인관계 방식의 반복으로 보는 관점을 취하든, 대부분의 수퍼바이저는 역전이가 상담의 효과에 방해가 된다고 생각한다.

그러나 수련생은 역전이를 통해 내담자의 내면을 이해하는 데 도움을 얻을 수 있다. 이러한 형태의 역전이는 Melanie Klein(1975)의 개념과 관련하여 투사적 역동일시라고 부른다. 대상관계 관점에서 보면 사람은 누구나 안정된 자아개념이 위협받는 것을 막기 위해 어떤 특정 감정 반응이나 인식을 부인한다. 투사적 동일시는 원치 않는 감정을 다른 사람에게 투사하거나 부인하고 싶은 성격, 감정, 경험, 동기를 다른 사람들이 가지고 있다고 인식할 때 발생한다. 이때 우리는 자신이 투사하고자 하는 감정 및 원하지 않는 감정을 다른 사람이 가진 것으로 인식할 뿐만 아니라 다른 사람이 그러한 감정을 경험하거나 행동하도록 유도하기도 한다. 그렇게 함으로써 원치 않는 감정이나 경험을 부정할 수 있기 때문이다.

Rogenberg와 Hayes(2002)는 역전이의 전형적인 원인들, 즉 가족문제, 해결되지 않은 욕구와 성취 불안으로부터 역전이의 징후 및 결과에 이르기까지 다양하고 유익한 정보를 제공하였다. 숙련된 전문 상담자들에게도 역전이는 흔하게 일어난다. 우리는 역전이가 대부분 무의식적으로 일어난다고 생각하기 때문에 그것이 흔히 일어날 수 있는 일이라는 사실을 간과하게 된다. 그러므로 수퍼바이저는 수련생이 역전이를 유용하게 활용할 수 있도록 역전이의 행동적 징후에 대한 정보와 그것이 상담과 수퍼비전의 상호작용에 어떻게 영향을 미치는지, 그리고 복잡하게 얽힌 문제들을 풀어 나가는 데 어떻게 영향을 미치는지를 지도해야 한다.

① 역전이 요인

역전이의 요인은 내담자 개인의 미해결된 문제들과 수련생의 대인관계 방식에 대한 내담자의 반응, 즉 방어적이고 수동적이며 회피하는 행동, 너무 신중한 행동, 내담자의 의미 없는 말 또는 중요한 말 등으로서, 이것은 수련생의 역전이에 대한 무의식적인 자각으로 나타나기도 한다(Ladany, Constantine, Miller, Erickson, & Muse-Burke, 2000). Bernard와 Goodyear(2008)는 주제방해(theme interference)에 대한 역전이와 관련하여 다음과 같이 진술하였다. 주제방해는 수련생이 내담자와 비슷한 사람과의 사이에서 겪은 개인적인 경험을 지나치게 일반화하여 내담자에 대한 객관성을 잃을 때 일어난다. 남성적인(masculine) 내담자에게 극도의 공포를 느끼는 여성 수련생의 경우 내담자와 비슷한 남자와의 부정적인 경험이 기저에 깔려 있을 수 있다. 이럴 때는 주제방해를 극복하기 위한 수퍼비전 전략으로서 내담자에 대한 경험을 수련생의 고정관념으로부터 분리시키거나 고정관념 그 자체를 직면시키는 작업이 필요하다. 학습에 대한 열정이 있고, 공감적이며, 피드백에 민감하고, 자기관찰이 가능한 수련생에게는 수퍼비전에서 자기성찰을 독려하고 수련생 자신이 개인분석이 필요한지 여부를 스스로 결정할 수 있도록 해야 한다. 그러나 역전이를 인정하지 않으려 하고 방어적인 수련생에게는 수퍼바이저가 개인상담 또는 개인분석을 받노록 권유하는 것이 바람직하다.

일반적으로 수퍼바이저에게 일어나는 모든 역전이 사건은 유해하다고 간주되지만, Ladany 등(2000)은 연구에 참가한 대부분의 수퍼바이저가 수퍼비전 관계가 약해지는 것을 초기에 발견함으로써 자신들의 행동을 수정할 수

있게 되어 결과적으로 수련생과 더 건강한 유대관계를 형성하였다고 보고한
다. 즉, 수퍼바이저가 수련생의 전이에 대한 반응으로서 자신의 역전이를 인
식할 때 수퍼비전의 효과는 배가 된다는 것이다. 그러므로 수련생이 내담자
의 무의식적인 투사에 의해 투사적 역동일시를 깨달을 수 있는 것처럼, 수퍼
바이저 역시 수련생의 무의식적 갈등에서 비롯되는 투사적 역동일시를 탐색
할 수 있어야 한다. 이때는 수퍼바이저가 자신의 반응에 대해 지나치게 설명
하기보다는 느낌을 약간만 알리는 것이 보다 교육적이다. 수련생은 수퍼바이
저가 되기 전에 수퍼비전을 받을 기회가 충분히 많다. 또한 수련생은 다양한
자기이해와 대인관계 패턴에 대해 알아가는 과정 중에 있다. 그러므로 훈련
중인 수련생 대부분은 자신의 상담수행에 대해 수퍼비전을 받음으로써 상담
자로서의 자신에 대한 역전이 반응을 충분히 탐색하는 기회를 갖는 것이 중
요하다.

그럼에도 역전이 개념은 복잡하고 이해하기가 어려우며, 역전이가 개입된
주요 사건을 다루는 일은 쉽지 않다. 역전이에 섣불리 접근하는 것은 상담자
로 하여금 모든 수퍼바이저의 도움에 저항하게 하는 결과를 낳을 수도 있다
(Hunt, 2001). 그러나 역전이 반응을 이해하고 해결하는 것은 성숙한 상담자
와 수퍼바이저로 성장하는 데 꼭 필요한 일이다. 따라서 효율적인 수퍼바이
저는 계속해서 자기통찰을 촉진하는 활동을 수행해야 하며 개인적인 성장 발
달과 전문가로서의 발달적 상호작용에 가치를 두어야 한다. 역전이와 투사적
역동일시가 수퍼비전에서 동시에 일어날 수도 있으므로 이 두 사건을 이해하
고 해결하는 것에 시간을 투자하는 것은 수련생의 전문 상담자적 성장 발달
을 촉진시키고 수퍼비전 수행에 대해 보다 많은 만족감을 얻게 만들 것이다.

② 역전이 다루기

정신역동 모델에서 수퍼바이저는 수련생이 역전이 때문에 내담자의 중요
한 임상적 자료를 다루지 못하고 있음을 그 자신이 알아차릴 수 있도록 수련
생을 지도해야 한다. 관계적 수퍼비전은 수퍼바이저와 수련생이 서로의 주관

적인 상황 안에서 상호 협력적인 태도를 통하여 각자 느낀 경험에 대해 함께 의미를 만들어 내는 작업이다. 관계적 수퍼비전에서 전이와 역전이 현상은 불가피하며 상호 보완적이다. 수퍼비전 관계에서 수퍼바이저와 수련생은 퇴행적 경험 및 관찰 가능한 발달 경험 사이를 오고 간다. 구성주의 관점은 수퍼바이저가 수련생보다 많은 상담지식을 가지고 있다거나 수련생이 가진 것 이상의 것들을 가지고 있다고 가정하지 않는다. 그러므로 수퍼바이저의 권위는 사회적으로 허용된 역할보다는 수련생과의 관계 속에서 드러나는 상호 주관적인(intersubjective) 경험과 지혜에서 비롯된다(Frawley-O'Dea & Sarnat, 2001).

숙련된 수련생일수록 수퍼비전에서 전이와 역전이에 중점을 두는 것을 가치 있게 여긴다. Martin, Goodyear와 Newton(1987)은 역전이를 인식하고 그것을 다루는 것이 수퍼바이저와 수련생 모두가 인정한 최고의 수퍼비전 회기였다고 진술하였다. 그들은 수퍼비전 관계에서의 언어적 의사소통 과정이 상담 관계의 언어적 의사소통을 반영한다고 보았다(Friedlander, Siegel, & Brenock, 1989). 예를 들면, 수퍼비전에서 수퍼바이저와 수련생의 관계가 상하 지배적이라면 상담자와 내담자의 관계 역시 상하 지배적이고, 수퍼바이저와 수련생의 관계가 상호 협력적이고 양육적이라면 상담자와 내담자의 관계 역시 양육적인 태도를 보인다는 것이다.

일반적으로 정신역동모델의 수퍼비전 전략은 수련생의 감정을 탐색하여 역전이의 성격을 파악하고 그 원인을 밝히는 것이다. 그렇게 함으로써 수련생은 새로운 이해를 통해 상담 과정을 개념화하고 내담자가 문제상황으로부터 한발 물러설 수 있는 계획을 수립할 수 있다. 역전이 사건은 두 가지 중요한 상호작용 단계를 포함하는데, 역전이에 초점을 맞추는 것과 평행 과정에 주의를 기울이는 것이다.

수퍼비전에서 역전이 사건을 이상적으로 다루기 위해서는 반드시 상호 신뢰와 존중을 바탕으로 한 긍정적인 관계가 충분히 확립되어야 하고, 수련생의 사적 영역이 상호 명확하게 구분되어 있어야 한다. 그러나 이러한 최상의 상황이 언제나 가능한 것은 아니다. 때때로 역전이는 수퍼비전 관계가 형성되기 전, 수퍼비전 초기부터 상담 관계를 방해하기도 한다. 수련생은 내담자의 무의식적인 자료에 대해 적절한 때가 되기 전에 해석하는 것을 가능한 한 피해야 하지만, 내담자의 복지가 위태로울 때는 수퍼바이저가 수련생의 역전이에 초점을 맞추어야 한다. 종종 수련생은 수퍼비전에서 언제 개인적인 문제를 이야기해야 하는지 알지 못할 때가 많고 개인적인 문제를 드러내는 것을 두려워한다. 그리고 상담 관계에서 역전이처럼 보였던 것이 때로는 수퍼비전 관계의 전이 또는 역전이로 밝혀지기도 한다.

수련생 자신이 내담자에게 반응하는 감정이 다른 누군가에게 가진 감정을 반영하는 것임을 알고 있다면, 수련생은 수퍼바이저에게 이러한 감정을 정리할 수 있도록 도움을 요청할 필요가 있다. 예를 들면, "그 내담자가 너무 싫어요. 그는 제가 피하고 싶은 그런 부류의 사람이에요!" 등과 같은 반응이다. 이때 수퍼바이저는 이러한 감정이 수련생 자신의 개인적인 문제나 관계를 반영한다는 것을 수련생이 알 수 있도록 지도해야 한다.

역전이 사선을 다른 사건과 구분하기 위해서는 관계상의 문맥, 대화, 수련생의 알아차림 수준 등을 모두 살펴보아야 한다. 주로 논의되는 역전이의 지표는 수퍼비전이나 상담 관계에서 보이는 수련생의 언어적 진술 및 행동이다. 예를 들어, 지나치게 수동적이거나 적극적인 행동, 유혹하는 행동, 중요한 사실의 망각, 늦게 도착하는 것 등이 모두 역전이의 신호가 될 수 있다. 수련생의 분명한 성격적 특성과 관련이 없는 행동이 아마 가장 명확한 역전이의 지표가 될 수 있을 것이다. 그러나 앞서 제시한 어떤 특정한 양상이 다른 내담자와의 관계에서도 정기적으로 나타난다면 그것은 기술적 어려움을 의미하는 것이거나 역전이가 아닌 다른 문제를 의미하는 것일 수 있다. 따라서 역전이는 한 상담 관계 안에서 독특하게 일어나는 현상이라고 말할 수 있다. 수퍼바이저가 역전이라고 인식하면 역전이 작업은 명확해진다. 역전이 작업은 역전이를 밝히고 그것을 수련생에게 이해시키고, 또 역전이가 상담을 지나치게 방해하지 않도록 해야 한다. 역전이 관계를 성공적으로 해결하면 수련생은 내담자와의 관계 및 전문 상담에서 성장하게 된다.

역전이 작업의 세 단계는 다음과 같다. 우선, 첫 단계는 수련생이 인식하지 못했던 상담 관계 양상을 탐색하는 것이다. 즉, 역전이를 촉발하는 요인들을 노출시킨다. 다음은 수련생이 현재의 내담자 혹은 그와 비슷한 이전의 내담자에게 가졌던 감성과 내조적인 현재의 감정을 관찰함으로써 자신이 보이는 역전이의 성격을 파악하게 한다. 이것은 수련생의 새로운 자기 이해로 이어지게 된다.

두 번째 단계는 수퍼바이저와 수련생이 역전이를 일으키는 내담자의 특정한 행동을 밝히는 것이다. 역전이에 대한 해석 수준은 수련생의 자기인식 수준과 수련생이 수퍼바이저에게 얼마나 편하게 자신의 개인적인 문제에 대해 진술하는가에 달려 있다. 수련생이 수퍼바이저를 신뢰하고 수퍼비전과 상담 간의 경계를 분명히 인식하고 있다면, 이 단계에서 개인적인 어려움이나 관계적인 문제에 대한 논의를 확장할 수 있다.

세 번째 단계에서는 평행 과정을 해석한다. 이 단계는 지금까지 밝혀진 것과 상관없이 앞으로의 상담 회기에 대한 계획을 포함한다. 평행 과정 단계는 선택적이며 오직 상담 과정과 수퍼비전 과정에서 눈에 띄는 유사성이 존재할 때에만 필요하다. 평행 과정을 해석할 수 있는 근거가 있을 때는 이 단계를 다루어 주는 것이 좋으며 이를 통해 수련생이 무의식 과정의 영향력에 대해서 배울 수 있기 때문이다.

평행 과정에 대한 역전이를 극복할 수 있는 수행계획에는 다음 두 가지 수준의 과정이 있다. 첫째, 수련생이 의식적인 수준에서 역전이를 야기하는 것들을 극복할 수 있는 방법을 확인해야 한다. 이때 수퍼바이저는 수련생이 내담자와의 어려운 상황에 직면할 수 있는 자신감을 갖도록 도와주어야 한다. 극히 강박적으로 돌보는 상황의 수련생의 경우에는 수퍼바이저의 역할이 역전되어 수퍼바이저가 수련생의 도움에 의존하기도 한다. 둘째, 수퍼바이저의 역전이 반응은 수련생이 너무 과묵하거나 활발할 때, 수퍼바이저에게 심한 불안을 표현할 때, 또는 수퍼바이저에게 환심을 사려는 행동을 할 때 나타날

수 있으므로, 이러한 징후에 대하여 수퍼바이저는 수련생에게 일반적인 수퍼
비전 경험과 특정 수퍼비전 관계 경험을 탐색하도록 지도한다.

이 과정에서 수퍼바이저는 수퍼바이저의 역전이가 수퍼비전 관계 내에서
비롯된 것인지 상담 관계 내에서 비롯된 것인지를 탐색해야 한다. 수퍼바이
저의 역전이는 오랜 성격적 갈등이 원인이 되어 나타날 수도 있고 특정 수련
생에 대한 반응으로 나타날 수도 있다(Bernard & Goodyear, 1998). 또한 수퍼
바이저가 수련생의 동일시 대상 혹은 좋은 부모처럼 되고 싶은 마음으로 수
련생과 직면하기를 피하는 것, 수퍼비전 그룹에서 좋아하는 수련생들만을
선택하여 다른 수퍼바이저와 경쟁을 하는 것, 또는 수련생을 자신의 후계연
장(extension)으로 보는 것 등 역시 수퍼바이저에게 역전이의 요인으로 작용
한다.

(3) 평행 과정

역전이와 관련된 수퍼비전 현상 중 가장 많이 논의되는 주제는 평행 과정
과 동형구조(isomorphism)이다. 평행 과정은 '상담에서의 현상이 그대로 수
퍼비전에서 나타나는 것'이라고 정의한다. 또한 동형구조는 '내담자가 상담
자에게 행동하는 방식과 유사한 방식으로 수련생이 수퍼바이저에게 무의식
적으로 행동하는 것'을 의미한다. 즉, 둘 다 내담자와 수련생의 역동이 수련생
과 수퍼바이저의 역동으로 재현된다는 것을 의미한다. 전통적인 평행 과정은
수련생의 내담자에 대한 무의식적인 동일시로부터 비롯된다(Searles, 1955).
평행 과정은 수련생의 개인적인 성장과 전문가로서의 성장을 촉진시키는 작
업으로서의 가치를 지닌다(Ekstein & Wallerstein, 1958; McNeill & Worthen,
1989). 평행 과정에 대해 논의한 최초의 분석가인 Searles(1955)는 이것을 반
추과정(reflection process)이라고 불렀다. 대부분의 현대 정신분석학자는 평행
과정이 수퍼비전 과정과 상담 과정의 관계에서 비롯될 수 있다는 것을 알고
있지만, 초기의 학자들은 이것을 엄격히 '상향반동(upward bound)', 즉 상담
에서의 현상이 그대로 수퍼비전에서 나타나는 것이라고 보았다(Frawley-O'

Dea & Sarnat, 2001, p. 17).

이 모델의 기저에는 치료와 수퍼비전 사이에는 구조적이고 역동적인 유사성이 있다는 가정이 있다. 수련생, 내담자 그리고 수퍼바이저는 동일한 구조를 가진 관계 속에 연결되어 있으며, 그것은 곧 유사한 역동 사이에 있는 일련의 복잡한 상호작용이다. 역동에는 내적 역동과 대인 역동이 있다(Ekstein et al., 1972). 내적 역동은 개인 내의 보이지 않는 행동, 태도, 신념, 감정, 생각, 인식 등으로 이루어져 있다. 개인이 변화에 저항하는 것은 내적 역동 안에서 갈등이 일어나는 것에 대한 반응으로 무의식적인 것이 많다. 따라서 수퍼바이저는 수련생이 자신의 내적 갈등 또는 억압된 갈등(inner or repressed conflict)을 이해할 수 있도록 도와주어야 한다(Bernard & Goodyear, 2009).

대인 역동은 내담자와 수련생, 수련생과 수퍼바이저, 수퍼바이저와 내담자 사이에서 일어나는 역동이다. 수련생은 내담자의 역동을 민감하게 해석하여 치료적으로 사용할 수 있어야 하고, 수퍼바이저는 수련생에게 자신이 수련생과 같은 역할을 한다는 것을 알려 줌으로써 수련생이 대인 역동을 이해하도록 도와주어야 한다. 그리고 수퍼바이저와 내담자는 직접적인 역동을 갖지는 않지만 수련생을 통해 간접적인 역동관계를 갖는다(Mueller & Kell, 1972).

평행 과정은 상담 혹은 치료 장면에서 일어나는 역동이 수퍼비전 과정에서도 나타나는 역동의 반복으로, 수련생과 내담자 사이의 역동이 수퍼바이저와 수련생 사이의 역동으로 재현된다(Doehrmann, 1976). 즉, 수련생은 내담자가 자신에게 보여 준 역동을 수퍼비전에서 무의식중에 재연한다. 그리고 이 평행 과정은 역방향으로 일어날 수도 있다. 수퍼바이저가 수련생에게 태도와 행동으로 보여 주는 역동을 수련생이 무의식중에 혹은 의식 중에 모방하여 내담자를 만나는 장면에서 그대로 되풀이할 수 있다는 것이다(Muller, 1982). 따라서 평행 과정 또는 동형구소에 대한 해석은 수퍼비전 과정이 중요한 핵심 이슈이다. 그러므로 수퍼바이저는 내담자와 수련생 사이의 관계 양상들이 수퍼비전 관계 안에서 재현되고 있다는 것을 이해하고 이러한 통찰력을 수련생과 공유하는 것이 중요하다.

평행 과정을 수퍼비전에 적용하여 얻을 수 있는 장점은 두 가지로 설명할 수 있다. 첫째, 수련생이 내담자와 수퍼바이저의 관계에서 역동이 평행 또는 반복되는 경향이 있음을 이해하고, 내담자의 부적응이 어떻게 증폭되는지를 이해할 수 있다. 둘째, 수련생 자신의 치료적 과정에 대한 이해가 증가하면서, 수퍼바이저가 치료적으로 수련생을 대하듯이 내담자에게 보다 치료적으로 대응할 수 있다. 사람은 어떤 하나의 관계에서 경험한 것을 다른 관계에서도 똑같이 경험할 수 있는 경향성을 가지고 있다(Cediman & Wolkenfeld, 1980). 그러므로 정신역동 수퍼비전 모델에서 수퍼바이저와 그 수련생은 통상적으로 발생하는 중요한 심리적 사건에 대한 평행적 재현을 관찰하고 이것을 고려할 수 있도록 훈련받아야 한다.

수련생에 대한 수퍼바이저의 이해는 수련생으로 하여금 내담자의 가족 안에서 통찰력을 갖게 한다. 수퍼바이저가 수련생에게 반응하는 방식 역시 수련생이 내담자의 가족체계에 반응하는 방식의 모델이 될 수 있다. 따라서 수퍼바이저가 무엇을 말하고 어떻게 행하였는지는 단순한 경험 차원의 것이 아니라 수퍼비전과 치료양상에 큰 영향을 미치는 것이 된다. 정신역동적 수퍼비전 모델은 수련생이 수퍼비전 경험을 통해서 내담자의 역동을 보다 잘 이해하여 치료에 활용할 수 있도록 돕는다는 장점을 지닌다. 그러므로 수련생과 수퍼바이저 사이에 신뢰와 협동의 분위기가 형성되고 수련생이 내적·외적 갈등들로부터 자유로워질 때 수퍼비전의 효과는 더욱 커질 것이다.

3. 수퍼바이저의 역할

정신역동 모델에서 수퍼바이저는 수련생이 전이와 역전이를 알아차리도록 지도하는 역할을 한다. 이때 수퍼바이저는 수련생이 역전이를 알아차리지 못하면 내담자의 중요한 임상적 쟁점도 다루지 못할 수 있다는 것을 알도록 지도한다.

　수퍼바이저는 수련생과 함께 수퍼비전의 목표, 기대 수준과 결과 평가, 개입 방법 및 스케줄을 정하고 기대에 못 미치는 것에 대한 제재 등 행정적이고 공적인 문제들에 대한 계약을 한다. 정신역동 모델의 수퍼바이저는 수련생이 그들 자신의 역동을 이해하고, 자신을 치료에서 중요한 정서적인 힘으로 사용할 수 있도록 도와주어야 한다. 그리고 수련생에게 버텨 주는 환경을 조성함으로써 수련생의 지속적인 성장 및 수련생의 상호 대인관계의 발달을 촉진하는 것에 초점을 둔다.

　이를 위해 수퍼바이저는 수련생을 그들의 발달 수준에 따라 수퍼비전해야 한다. 수퍼비전의 첫 단계에서 수퍼바이저는 수련생과의 관계에서 그들이 자신의 기대와 희망, 두려움과 불안 등을 탐색할 수 있도록 도와주어야 한다. 수련생은 이러한 구조화된 훈련을 통해 상담 경험에서의 역동을 탐색하는 것을 배우며, 개인 내적인 심리상태와 대인 간의 관계역동에 초점을 두는 것을 배운다. 수퍼비전이 진행됨에 따라 수퍼바이저는 수련생이 자기탐색과 통찰 및 수퍼비전에서 주고받은 내용들을 사용하여 수련생 자신만의 스타일을 치료적 도구로 발달시킬 수 있도록 도와주어야 한다.

　두 번째 단계에서는 수련생의 자기애적 문제들에 대한 탐색을 도움으로써 성장이 촉진되도록 한다. 이 단계에서 수련생은 자신감을 얻고 새로운 접근을 시도할 수 있다. 수퍼바이저는 수련생이 더 많은 탐색을 할 수 있도록 비지시적인 안내자와 동기 부여자의 역할을 한다. 이 과정을 통해서 수련생은 자기 자신만의 치료모델을 발달시킨다. 그러나 수퍼바이저와의 시각 차이, 힘겨루기, 실망감 등이 나타날 수 있다. 변화와 성장에 대한 저항은 이 단계에서 부정적인 요인만은 아니며 성장의 한 과정이다. 수퍼바이저는 이러한 장애물들을 공감과 인내로 지지해 주는 것이 매우 중요하고, 권위적이어서는 안 된다.

　세 번째 단계는 수퍼비전의 마지막 단계로서 수퍼바이저는 수련생이 안정적으로 그들 자신만의 고유한 전문가적 정체성을 가지고 다른 초급 수련생들에게 수퍼바이저의 역할을 할 수 있게 도와주어야 한다. 뿐만 아니라 수퍼바이저들은 내담자와 수련생 및 수퍼바이저가 가지고 있는 문제들을 조직화하는 능력 그리고 수퍼비전 이론, 수퍼비전과 관련된 윤리적이고 법적인 문제들에 대하여 계속해서 지도할 필요가 있다. 수퍼바이저 자신의 개인적인 성향과 치료 이론 그리고 자신의 전문적이고 개인적인 경험에서 나온 수퍼비전 이론의 통합적 모델을 따를 때는 수퍼바이저 자신의 수퍼비전 기능과 수련생의 훈련 정도, 내담자가 처한 상황 등의 맥락을 고려해야 한다.

Mead(1990, p. 30)는 수퍼바이저의 역할을 다음과 같은 질문을 통하여 점검할 수 있다고 진술한다.

- 내담자에 대한 수련생의 치료 행위가 수퍼바이저의 지도로 변화했는가?
- 이 변화는 수퍼바이저의 수퍼비전 개입으로 인한 것인가 아니면 상담개입으로 인한 것인가?
- 수련생의 상담 기술 수준이 수퍼비전 이후에도 진전을 보였는가?

무엇보다도 수퍼바이저는 모든 이론에서 제시하는 기술들을 배워야 하고, 특히 특정 과업을 수행하면서 상담 기술을 배우는 것이 좋다. Mead(1990)는 수퍼비전의 경계를 명확하게 규정하기 위해서 다음과 같은 지침을 두어야 한다고 진술한다.

첫째, 내담자와의 신체적인 접촉은 치료적으로 지지하는 경우에만 필요하다. 수련생이 내담자와 접촉하는 경우 남성이든 여성이든, 나이가 많든 적든, 매혹적이든 아니든 간에 자기충족보다 치료를 위한 접촉이라는 것을 알 때 그 접촉이 적절하게 사용될 수 있다(Silverstein, 1977).

둘째, 허용되지 않는 개인적인 접촉은 이루어져서는 안 된다. 수련생과의 접촉이 동료에게 관찰되어 당황스러웠다면 수퍼바이저는 접촉의 의미에 대해 자기 자신에게 질문해야 한다. "왜 그 내담자를 가까이 했는가? 그것은 나에게 무엇을 의미하는가?" 수퍼바이저는 자기 자신에게 적극적으로 솔직하게 질문하고 답해야 한다.

수퍼바이저는 또한 수련생의 역전이 감정과 비윤리적인 태도 및 위험하게 표출되는 감정을 예방할 수 있도록 다음과 같은 내용들을 지도할 수 있다.

- 치료에서 부적절한 행동이 보일 때 수퍼비전에서 수련생의 그러한 행동의 이유를 알게 한다.
- 수련생이 상담을 수행하기 전에 자신의 잠재적인 역전이 주제를 알고 그것을 해결할 수 있도록 돕는다.
- 수련생의 자기인식 확장은 훈련과 지속적인 임상 수퍼비전에 의해 이루어진다는 것을 수련생 자신이 알 수 있도록 도와준다.

제5장
Bowen 가족치료 수퍼비전

    사람이 성장하여 독립하면 과거의 원가족으로부터 자유로워진다고 대부분의 사람들은 생각한다. 그러나 Bowen(1976)은 누구에게나 원가족의 흔적은 남아 있어 부모 곁을 물리적으로 떠나든지 떠나지 않든지 부모에 대한 미해결의 정서적 반응을 대인관계에서 같은 패턴으로 반복하게 된다고 진술한다. Bowen의 이러한 관점은 인간을 폭 넓은 시야로 보려고 노력한 결과물이다. 모자간의 애착에 관한 그의 초기 관심은 가족을 한 구성단위로 보게 만들었고, 이러한 관점이 확장되면서 다세대 가족에 관심을 갖게 되었다. 그는 핵가족이 이전 세대의 결과물로서 지속적으로 영향을 주는 기능을 한다고 이해하였으며, 과거와의 연관성을 보지 않는다면 핵가족을 이해할 수 없다고 진술하였다.

    따라서 Bowen의 가족치료 수퍼비전에서는 원가족과의 해결되지 않은 관계성의 문제인 분화의 개념에 초점을 둔다. 즉, 수퍼바이저는 내담자의 분화과정 이해에 초점을 두고, 내담자의 가족사를 반영하는 가족구성원의 관습적 역할이나 정서, 가치, 신념 등을 탐색하도록 지도해야 한다. 이 과정에서는 수련생이 자신의 자아분화에 대한 경험적 자각을 내담자 가족에게 제공할 수 있도록 수련생의 다세대 전수 과정의 패턴을 확인하면서 원가족과의 분화 작업을 지도하는 것이 바람직하다.

1. Bowen 가족치료의 수퍼비전 패러다임

가족은 하나의 '체계'이지만, 특별히 '정서'의 영향을 받는 '정서체계(emotional system)'이다(Bowen, 1976). 따라서 가족관계는 가족구성원 안에서 발생하는 다양한 관계의 역동에 의해 영향을 받으며, 가족역동은 가족의 정서체계에 의해 영향을 받는다. 이처럼 가족관계를 좌우하는 '정서체계'는 인간의 주변 환경이나 관계적 맥락에서 본능적이며 자동적으로 반응하게 하는 인간의 기본적인 생명력과 자기보호 본능에 의해 추동되고 조절되는 '체계'이다. 이러한 본능적 측면이 강한 '정서'와는 다르게 인간의 '감정(feeling)'은 사회화 과정의 영향을 받으며, 사회문화적 관계의 맥락에서 분노, 질투, 환희, 슬픔, 부끄러움 등의 감정을 자각하게 된다.

인간의 자기보호적인 정서적 감정은 정서의 맨 윗부분에 있는 감정의 층에서 본능적으로 반응한다. 이러한 정서와 감정체계를 넘어 인간이 다른 동물들과 구별되는 독특한 영역은 생각하고 이해하며, 의사소통할 수 있는 '사고(thinking)'의 영역이다. Bowen에 따르면, 인간의 사고영역은 대부분 감정과 정서 과정에 의해 작용하며, 이들은 상호작용 과정에서 서로 영향을 주고받는다. 정서적이고 감정적인 반응의 지배를 받는 '주관적 사고'는 자동적 혹은 반사적으로 반응하며, 특히 타인의 생각을 무시하는 반응을 보일 때는 이것이 지적인 사고를 통해 나타나는 반응처럼 보이지만 사실은 인간 내면의 정서 또는 감정에 의해 먼저 결정되어진 것이다. '객관적 사고', 즉 객관성에 대한 능력은 종종 정서적이고 감정적인 과정에 의해 격렬하게 혹은 천천히 압도된다고 Bowen(1976)은 진술한다.

이와 같이 인간은 정서체계(emotional system)와 감정체계(feeling system) 그리고 지적체계(intellectual system)의 상호작용을 통해 관계를 형성하는 관계적 존재이다. 또한 가족은 서로 감정적으로 얽힘과 동시에 독립하려고 하는 복잡한 과정을 가진 살아있는 체계이다. 예를 들면, 부부는 서로 애정을 교류하면서 하나가 되려는 노력을 하지만 동시에 부부관계로부터 자유롭고자 하는 본능적인 측면을 가지고 있다. 자녀 또한 부모에 대한 정서적 의존 상태로 인생을 시작하지만 성장하면서 부모로부터 독립하려는 경향을 나타낸다. 이처럼 가족관계는 다른 사람과 함께하려는 힘인 '연합성(togetherness)' 및 자신이 되고자 하는 힘인 '개별성(individuality)'의 상호역동과 관련되어 있다. 그러므로 이러한 연합성과 개별성이 균형있게 잘 이루어진 개인은 '분화(differentiation)'가 잘 된 사람이다. 그러나 인간은 가족관계의 변화나 생활환경의 변화 혹은 스트레스 상황에서의 적응에 직면할 때 관계적 맥락에서 갈등증상을 보이게 된다. 이렇게 인간의 감정과 행동은 가족의 영향을 받고, 그러한 가족 안에서 형성된 관계나 행동유형은 지속적으로 반복되는 경향이 있다. 이러한 관점에서 Bowen 모델의 수퍼비전의 전제는, 첫째, 가족은 세대 간에 가치를 부여하기 때문에 가족의 역사적 정보는 매우 중요하다. 둘째, 과거의 관계역동 패턴은 현재와 미래의 관계역동 패턴에 영향을 미친다. 따라서 Bowen의 가족치료 수퍼비전 역시 세대 간의 관계역동과 원가족 안에서의 관계역동에 초점을 둔 분화 작업의 수퍼비전이 이루어져야 할 것이다.

1) 분화작업과 수퍼비전

Bowen의 가족치료 모델의 핵심은 분화 개념이다. 분화는 개인이 주변 환경과의 교류에 관여할 수 있는 선택 능력 또는 감정 조절이나 행동 통제를 의미한다. 또한 분화는 지적 기능이나 정서적 기능의 균형, 개인과 가족 또는 집단 안에서의 균형을 의미한다. 분화의 개념은 많은 단계로 구성되어 있다. 분화의 단계란 지적 또는 정서적 기능을 선택할 수 있는 능력으로, 두 사람

사이의 관계균형은 감정과 지적 기능을 선택하는 범위에 달려 있고, 이것은
여러 요인에 의해 결정된다. 그중 가장 중요한 요인은 가족이다. 즉, 한 개인
의 생각과 정서의 균형은 그 사람의 가족의 역사 및 현재의 주변 환경과 연관
되어 있다. 따라서 정서가 불안한 역기능적 가족의 정서체계는 제대로 분화
되지 못한 가족관계들로 둘러싸인 긴장의 장이다. 정서(emotion)는 감정과는
구분되며 문제가 되는 스트레스 환경에서 불안이 이끌어 낸 반응으로, 정서
체계에서 가장 큰 추동력인 불안은 극도의 의존과 융합을 반영한다. 따라서
개인의 융합의 힘은 결국 지적 기능을 해치고 감정의 기능을 고조시키는 경향
이 있다. 즉, 융합하는 힘은 인간의 정서적 기능은 강화하지만 지적 기능은 약
화시킨다. Bowen은 또한 이러한 분화의 개념을 "정신 내적 수준(intrapsychic
level)"과 "대인적 수준(interpersonal level)"으로 분리하였다. 정신 내적 분화는
사고로부터 감정을 분리할 수 있는 능력이고, 대인적 분화는 자신과 타인을 분
리할 수 있는 능력이다.

　위에서 진술한 것과 같이 Bowen의 분화 개념은 개인과 가족 및 주변 환경
간 복잡하게 얽힌 관계들을 설명하고 있다. 이에 여기서는 Bowen이 진술한
분화의 개념을 자기분화와 가족분화로 나누어 좀 더 단순화하여 설명하고자
한다. 첫째, 자기분화는 Bowen의 정신 내적 분화 수준을 의미하는 것으로,
지적 기능과 정서적 기능 간의 균형을 이루기 위해 자기 자신의 감정을 자신
의 사고로부터 분리하는 능력이다. 즉, 자기 자신의 감정이나 행동을 자신의
사고능력이 통제하는 기능을 의미한다. 그러므로 자기분화는 한 개인이 자기
자신과 내적 균형을 이루기 위해 지적 기능과 정서적 기능을 선택하는 능력
이다. 따라서 자기분화 수준이 낮은 사람들은 감정으로부터 사고를 구별하기
어렵고 객관적인 사고를 거의 할 수 없다. 그들은 자기 자신과 정서적으로 융
합되어 있어, 이성적 사고보다는 주로 감정적인 의사결정을 한다. 반면, 자기
분화 수준이 높은 사람은 사고와 감정이 균형잡혀 있으며, 충동적 감정에 좌
우되지 않는 객관적 사고기능을 유지한다.

　둘째, 가족분화는 개인이 주변 환경과의 교류 중 가장 중요한 가족과의 교

류에 관여하는 능력으로 개인이 가족 안에서 균형을 유지하려는 능력이다. 가족분화 수준이 낮은 사람은 가족 안에서 자신의 의견을 제시하지 않으며, 다른 가족구성원의 의견을 중요하게 여긴다. 가족구성원에게 맹목적인 추종을 강요받거나 분노에 의한 거부 등 고조된 감정의 지배를 받으며, 특히 중요한 쟁점에 대해 자신과 가족을 분리하기 어려워한다. 또한 가족구성원의 인정을 추구하고 가족규칙과 그들의 요구에 민감하게 반응하며 의존적이다. 한 개인이 자기 자신 및 가족과 융합하는 힘은 개개인의 생명을 건강하게 유지하기 위해 필요한 힘이다. 그러나 자기 자신 또는 가족과의 과잉융합이나 빈약한 융합은 개인과 가족 모두에게 문제를 일으킬 수 있다. 자기 자신과의 과잉융합은 때때로 자신을 너무 감정적으로 만들어 이성적인 사고나 행동에 어려움을 갖게 하고 자기분화 수준이 낮아 가족과도 과잉융합할 가능성이 높다. 그들은 가족구성원 모두에게 너무 감정적이고 때로는 가족으로부터 독립할 능력까지 손상되며 행동도 가족에 의해 결정된다. 따라서 가족과의 과잉융합은 가족이 없이는 작동할 수 없는 공생의 관계로 발전하기 쉽다. 자기 자신 또는 가족과의 과잉융합은 자신이 결정하지 않은 방향과 활동들을 하게 만들고, 때로는 자신에게 해로운 것까지도 하게 만든다. 그러나 개인 또는 가족과의 융합의 압력이 줄어들면 개인은 개별화와 자율성을 향하여 자연스럽게 움직이게 된다. 즉, 자기분화는 개인이 자기 자신과의 융합 압력에도 자율성을 유지하고자 하는 능력이며, 이것은 개인 내적이다(Bowen, 1988). 그리고 가족분화는 가족과의 융합 압력에도 개인이 가족으로부터 독립하고자 하는 능력, 가족과 가까이 할 수 있는 능력과 동시에 거리를 둘 수 있는 능력 간의 균형을 유지하려는 능력이다. 그러므로 자기분화가 잘 된 사람은 자기 자신과 융합 및 분리를 균형 있게 할 수 있는 사람이고, 가족분화가 잘 된 사람은 가족과의 관계에서 융합 및 분리를 균형 있게 선택할 수 있는 사람이다.

따라서 Bowen 가족치료 수퍼비전은 내담자가 자기 자신으로부터 분화하는 것과 가족의 연결성으로부터 분화하는 것, 즉 분화개념에 초점을 두어야 한다. 첫째, 자기 자신으로부터의 분화는 자기 자신의 입장을 지키는 능력으로 자신의 개인적 능력과 한계를 명확하게 이해하는 것이다. 그러므로 수퍼바이저는 수련생이 자신과 내담자의 정서적 기능 및 중요한 경험에 대한 개인적인 반응에서 나타나는 감정 및 정서를 구분할 수 있도록 지도해야 한다. 뿐만 아니라 수퍼바이저는 수련생이 내담자가 그 자신의 문제에 대해 느끼는 스스로의 감정을 탐색하게 하고 수련생의 과도한 자기 방향성(self-directedness)과 자기 친밀성(intimate self)이 역기능적임을 알아차릴 수 있도록 지도해 주어야 한다.

둘째, 내담자의 가족분화 작업이다. 가족분화 작업은 자기분화의 연결선상에서 이루어진다. 낮은 자기분화로 인한 수련생의 과도한 자기방향성과 친밀성은 내담자 가족구성원들의 주관적인 경험을 통합하지 못하게 한다. 그러므로 수련생이 내담자 가족의 정서적 긴장으로부터 분화된 상태를 유지하게 하기 위해서 수퍼바이저는 수련생이 원가족으로부터 분화될 수 있도록 분화 작업에 초점을 두어야 한다. 가족분화에 대해 작업할 수 있는 가장 이상적인 곳은 자신의 원가족이다. 원가족과의 접촉은 중요한 타인에 대한 민감성을 반영해 줄 수 있고, 자동적으로 반응하는 불안감을 줄여 준다. 가족은 개인이 타인에게 가질 수 있는 유대감과 애착을 비교적 자유롭게 배울 수 있는 곳이다. 가족 안에서의 분화, 즉 가족분화는 가족을 그 체계 안에서 한 개인이 해야 할 일이나 맡은 역할에 대해 배울 수 있게 하는 최적의 공간으로 만든다. 그러므로 Bowen 모델의 수퍼비전에 있어서 가장 중요한 개념은 수련생 자신의 자기분화와 가족분화이다.

2) 삼각관계와 수퍼비전

삼각관계는 상호 대인적 체계요소로서 세 사람은 가족이나 직장 혹은 사회 집단에서 안정적인 관계를 맺을 수 있는 최소의 단위이다(Bowen, 1988). 두 사람으로 구성된 관계는 기본적으로 안정적이지 못하며 두 사람이 한 단위로 기능할수록 개인의 자율성은 떨어진다. 또한 이 관계에서 과잉 친밀함이나 극도의 거리감이 요구될 때는 압박감이 있게 된다. 압박감은 두 사람 중 한 사람 또는 두 사람 모두 불안과 긴장이 높아질 경우 그중 불안과 긴장이 더 높은 쪽이 자동적으로 세 번째 사람 또는 일, 음주 등을 관여시켜 삼각관계를 만든다(Nichols & Schwartz, 2002; 송정아, 최규련, 2002). 이와 같이 삼각관계는 지속적인 감정적 신장을 통해 특정 구성원들의 행동 또는 고통스럽게 얽힌 과거의 가족사건에 초점을 맞춘다. 삼각관계 안에서 긴장은 세 명 이상의 가족구성원을 포함하며 대개 그중 한 명은 자녀이다(Friedman, 1991). 따라서 삼각관계는 불안과 긴장 감소에 다소 도움을 줄 수는 있지만 기존의 가족갈등은 무감각하게 되어 오히려 가족의 정서체계를 더욱 혼란스럽게 한다.

그러므로 Bowen 모델의 수퍼바이저는 수련생과 내담자 가족구성원들 사이에서 일어나는 상호작용의 반복주기를 주시해야 한다. 특히 그 반복주기가 수련생에 의해 지각되지 못하고, 오히려 수련생이 그들의 문제 중심으로 자주 이끌리게 되는지 관심을 갖고 관찰해야 한다. 이러한 순환 고리가 존재한다면 그것은 보다 심화된 탐색이 이루어져야 함을 나타낸다. 수련생과 가족구성원들 사이에 계속 존재하는 순환 고리는 치료자의 불안을 자극하는 원가족 경험을 반영하는 것으로 Bowen 이론은 간주한다(Todd & Storm, 2002). 같은 맥락에서 수퍼비전은 수련생이 갖는 회기 내에서 그 자신의 행동, 문제적 삼각관계와 고통스러운 이슈에 대한 개인적인 반응, 치료적 상황에서 발생하는 불안에 대한 이해를 높이기 위해 수련생과 내담자 가족 간의 상호작용에 초점을 둔다.

삼각관계는 또한 가족의 상황적·발달적 과제들이 그 가족관계를 통해 세대를 거쳐 전수되는 것으로 본다. 장기간에 걸친 사건들에 대한 이론적 구성은 Bowen 모델이 갖는 특성으로, 역기능적 가족관계 패턴은 대개 두 세대 전부터 시작하여 현재의 가족에까지 오랜 시간 확장된 가족체계의 가계도를 형성한다. Bowen(1988)은 병리적인 삼각관계는 우연히 발달하는 것이 아니라 어떤 외상적인 사건 또는 상실과 같은 미해결된 스트레스 요인들이 지속적으로 쌓인 만성적 불안으로부터 발생한다고 진술한다. 따라서 Bowen 모델의 수퍼바이저는 임상적 문제를 갖고 있는 내담자 가족뿐만 아니라 수련생의 현재 원가족과의 상호작용 패턴, 감정역동, 체계구조에도 초점을 두어야 한다(Roberto, 1992). 삼각관계의 가족구성원들은 자신들의 결속력에 파괴적인 영향을 끼치는 외상적 사건 또는 상황적으로 위험했던 과거의 미해결된 갈등의 영역을 가지고 있다. 이러한 갈등은 쉽게 가족의 신념체계로 통합될 수 없고, 개방적으로 다루지 못해 불안과 비밀 그리고 문제해결의 장애물을 계속해서 만들어 낸다. 삼각관계는 이러한 징후와 관련된 몇몇 가족구성원들과 융합함으로써 다른 가족구성원을 단절시키며, 비밀리에 유지되는 암묵적 삼각관계를 이끌어 나가게 된다.

예를 들면, 부모와 자녀가 삼각관계를 이룬 경우에 부모는 부부 둘이 싸우는 것 대신에 자녀에게 관심을 쏟는다. 부모의 긴장이 커질수록 한쪽 부모와 자녀의 관계에서는 강렬한 융합으로 삼각관계가 나타나게 되고, 그 결과 가장 취약한 위치인 자녀에게 증상이 유발된다. 일반적으로 가족구성원의 자기분화 수준이 낮을수록 가족 내에서의 삼각관계 형성 가능성은 커지고, 관계가 중요할수록 삼각관계 형태는 더욱 강해진다. 이와 같이 가족분화 수준이 낮은 가족은 어떤 일을 결정할 때 과잉 친밀감을 근거로 하여 삼각관계에 관여된 중요한 타인에게 더 예민하게 반응하며, 분리된 개인으로 행동하기보다는 하나의 구성단위로서 같은 행동을 하도록 압력을 가하거나 받는다. 그러나 잘 기능하는 가족은 긴장의 삼각관계가 일시적이고 고정되어 있지 않다. 대신 가족구성원들은 적절한 자기방향성을 가지고 충분히 분화되어 있고, 문제해결에 필요한 공감, 갈등에 대한 해결 능력, 타인의 자율성에 대한 배려, 가족 안에서의 역할 및 사회적 역할에 유연성을 가지고 있다(Roberto, 1992).

따라서 수퍼비전에서 개인적 맥락을 가르칠 때 수퍼바이저는 변형적인 치료적 삼각관계를 형성하여 그 안에서 수련생이 내담자 가족 및 수퍼바이저와의 삼각관계를 통해 자기 자신과 자신의 역할을 경험할 수 있도록 지도해야 한다. 문제를 가진 가족의 신념이나 전통과 결합된 미해결된 스트레스의 수직축은 가족에게 불안감을 가중시키고 가족원들의 적응능력을 손상시키면서 가족생활주기의 수평축과 교차한다(Carter & McGoldrick, 1980). 그러므로 수련생은 최적 수준의 정서적 거리감을 가지고 중립적이면서 객관적인 자세를 유지하는 것이 중요하다. 최적 수준의 거리감은 수련생이 부부 상호작용의 부정적인 면과 긍정적인 면의 양면을 볼 수 있는 지점으로, 이러한 객관성은 관계성 질문을 함으로써 나타나고 촉진된다. 따라서 성공적인 치료를 위해 수련생은 가족이 형성하는 삼각관계에 말려들지 않고 부부와 의미 있는 치료적 삼각관계를 맺는 것이 중요하다. 즉, 내담자 가족과 융합을 형성하지 않으면서 그들의 삼각관계 안팎을 드나들며 삼각관계를 깨뜨릴 수 있어야 한다. 다음은 삼각관계 작업에 대한 사례이다.

> 수련생은 부부상담을 하면서 자신도 모르게 내담자 부부 중 아내의 편을 들고 있었으나 자신은 그것을 알아차리지 못했다. 수퍼비전을 받는 도중 수련생은 이 부분에 대한 질문을 받게 되었다. 내담자가 상담 장면에서 상담자를 끌어들여 자기 편을 만들어서 삼각관계를 이루려는 시도가 보였으므로 수퍼바이저는 수련생이 중립을 지킬 수 있는 부부 공동의 과제를 주는 것에 대해 논의하였다. 수련생은 내담자 부부가 연합할 수 있도록 둘이 집에서 공동으로 작업해야 하는 과제를 주었고 이것은 성공적이었다. 즉, 부부가 연합하여 수행하는 공동 과제는 수련생을 끌어들여 삼각관계를 이루려는 아내 내담자의 의도를 깨뜨리면서 남편과의 공동작업에서 더 큰 효과를 이끌어 낼 수 있었다.

3) 핵가족 정서과정과 수퍼비전

핵가족 정서과정은 가족 내에서 반복되는 패턴으로 작용하는 정서적 압력에 관한 것이다(Nichols & Schwartz, 2002; 송정아, 최규련, 2002). 일반적으로 핵가족은 두 배우자의 결혼을 통하여 시작되며, 이때 비슷한 분화 수준의 배우자를 선택하게 된다. 부부 각자는 독자적인 생활방식과 원가족에서 형성된 자기분화 수준을 지니고 함께 살게 되며, 가족 투사 과정을 통하여 자녀에게 낮은 분화를 가져오게 한다. 그러므로 수퍼바이저는 내담자 가족이 원가족으로부터 가족분화가 잘 되지 않은 경우, 수련생으로 하여금 이들이 부모와 정서적 단절을 하고 배우자에게 융합하거나 원가족과 과잉융합하여 배우자와 거리감을 갖는 경향이 있음을 깨닫게 한다. 결혼 전의 가족분화 수준이 낮을수록 부부간의 융합도는 증가하거나 축소한다. 이러한 부부의 새로운 융합은 불안정하기 때문에 핵가족의 핵심인 부부관계에 불안감을 야기한다. 부부관계에서 불안수준이 낮을 때는 그것이 쉽게 관측되지 않지만, 불안수준이 높아지면 자동적으로 나타나 부부간의 정서에 대응적 거리감을 보이면서 부부갈등을 표출하고 역기능적인 배우자 역할을 하며 자녀에게 문제를 투사하게 만든다. 이때 수퍼바이저는 이 문제들의 강도가 부부의 자기분화 수준과 가족분화 수준, 원가족과의 정서적 단절 수준, 체계 내의 스트레스 수준 등과 관련이 있다는 것을 수련생이 알게 한다(Nichols & Nichols, 2002).

  예를 들면, 어머니가 부부관계에서 불안감을 느낄 때 자녀는 어머니에게 불안하게 반응하고, 어머니는 이것을 다시 자녀의 문제로 인식하게 되면서 자신의 불안을 자녀에게 투사하게 된다. 이때 자녀의 기능은 위축된다. 이와 같은 정서과정을 통해 어머니는 자녀를 과잉 통제하게 되며, 이는 어머니의 불안을 줄일 수는 있으나 자녀에게는 정서적인 손상을 주게 된다. 그리고 심리적 손상을 입은 자녀는 다른 형제보다 가족의 정서체계에 더 융합되어 부모로부터 더 많은 관심과 보호를 필요로 하는 가족패턴을 갖게 되거나 오히려 반대의 패턴을 갖게 된다. 이와 같이 모자간의 정서적 융합은 따뜻하고 의존적인 유대 형태 또는 반대로 분노와 갈등이 많은 싸움의 형태로 나타나게 된다. 그러므로 수퍼바이저는 부부가 핵가족 정서과정의 친밀함과 거리감의 균형을 유지하지 못할 때 부모와 자녀 간의 삼각관계가 시작된다는 것을 수련생이 깨닫도록 알려 주어야 한다.

4) 정서적 단절과 수퍼비전

정서적 단절은 사람들이 부모와의 관계에서 해결하지 못한 세대 간 미분화 및 그와 관련된 정서적 긴장을 관리하는 방식을 의미한다(Nichols & Schwartz, 2002; 송정아, 최규련, 2002). 가족 내의 부모 또는 다른 중요한 타인과의 관계에서 자율성을 잃지 않기 위해 개인은 거리감을 유지한다. 그러나 거리감은 개인을 미분화의 영향으로부터 보호할 수는 있을지 몰라도 개인의 자기분화 수준이나 가족분화의 수준을 높이지는 못한다. 수퍼바이저는 수련생에게 세대 간 정서적 융합이 클수록 가족의 정서적 단절 가능성 역시 커지며, 정서적 단절은 흔히 자녀가 부모로부터 멀리 떠남으로써 거리를 두거나 같이 살면서도 자신을 부모에게서 격리시키고 부모를 거부하는 대화를 하는 방식으로 나타난다는 것을 알게 한다. 정서적 단절의 특징은 가족과의 정서적 친밀감에 대한 부정과 독립성에 대한 과장이다. 이것은 자녀가 부모와의 관계는 독립적으로 처리하는 것처럼 보이게 하지만 중요한 관계에서는 취약한 자율성의 상태에 남게 만든다.

이들은 자신의 결혼생활에 문제가 생겼을 때 배우자와의 거리감 또는 정서적 단절로 멀리 달아나거나 거부 및 격리, 고립화 등의 현상을 보이기도 한다. 그러므로 수퍼바이저는 수련생의 내담자 부부가 원가족과의 관계 위치에 정서적으로 매여 있는 한 그들의 자기분화나 가족분화 수준의 성장은 기대하기 어렵다는 것을 수련생이 깨닫도록 알려 주어야 한다.

5) 가족 투사 과정과 수퍼비전

가족 투사 과정은 부모의 미성숙과 미분화 수준이 자녀에게 전달되는 과정으로, 가족의 특정한 증상이 세대 간에 전수되는 과정을 의미한다(Nichols & Schwartz, 2002; 송정아, 최규련, 2002). 예를 들면, 부모와 자녀 사이에서 일어나는 긴장의 내재적 흐름은 가족구성원 중 한 자녀 또는 그 이상의 자녀들로 구성된 삼각관계 안에서 미해결된 가족관계 이슈들로 증상을 진전시킬 가능성이 높다. 이처럼 치료관계에서 강한 투사 과정을 보이는 가족은 초보 수련생을 정서적 삼각관계로 이끄는 경향이 있다.

가족 투사 과정에서 나타나는 부부간의 미분화로 인한 정서적 융합은 부부간의 갈등, 정서적 거리감 또는 과다기능이나 과소기능을 초래한다. 예를 들면, 원가족으로부터 정서적으로 단절된 남편은 그 아내와 매우 냉정하고 소원한 방식으로 관계를 맺고, 그 결과 아내는 자녀에게 더욱 몰입하게 된다. 즉, 그 아내는 남편과의 거리감이 클수록 자녀에게 강도 높은 정서적 에너지를 쏟게 된다. 그리고 가족 투사 과정의 대상이 된 자녀는 긴장 상태의 어머니에게서 태어나 성장한 첫째 또는 막내 자녀일 수도 있고, 어머니에게 정서적으로 특별한 자녀, 장애가 있는 자녀 또는 한쪽 부모와 꼭 닮은 자녀일 수도 있다. 이러한 가족 투사 과정은 건강한 양육적 관심과는 달리 불안하고 밀착된 병리적 관심이다.

어느 가정에서나 부모의 불안수준은 자녀에게 흘러들어간다. 이 과정에서의 가상 핵심요인은 부모의 분화수준이다. 부모의 자기분화 및 가족분화 수준이 낮으면 그 부모는 자녀의 현실을 객관적으로 보기 어렵다. 그들의 감정 상태는 부부 관계와 부모-자녀 관계에 영향을 미치고, 자율성에 손상을 입은 자녀는 가족의 정서적 융합의 한 대상이 된다. 뿐만 아니라 자녀가 태어나기 전부터 갖게 된 자녀에 대한 불안은 투사 과정을 통해 작동한다. 부모는 자녀의 실제적인 요구보다 훨씬 큰 불안을 기반으로 자녀와 더 연관되어 있으며, 이 과정은 또한 자녀가 부모를 염려하는 행동방식으로 상호 연결되어 있다. 아버지가 어머니와 어떻게 관계하며 어머니가 아버지에 대해 어떻게 관계하는가 역시 가족 투사 과정에서 매우 중요한 요소이다. 가족 투사 과정의 대상이 되어 온 자녀는 덜 관여된 형제보다 더 낮은 수준의 자기분화와 가족분화를 나타내는 경향이 있다. 다음 사례는 가족 투사 과정에 대한 수퍼비전 내용이다.

회사 승진 시험을 앞두고 불안수준이 너무 높아 공부를 전혀 하지 못하는 내담자와의 상담에서 단순히 현재의 불안을 어떻게 해소할지에 초점을 맞추고 있는 수련생에게 수퍼바이저는 내담자의 불안수준이 보통의 수험생과 비교하여 현저히 높은 원인이 무엇인지 물어보았고, 가계도를 통해서 내담자를 더 많이 탐색할 것을 지도하였다. 그러자 수련생은 내담자의 어린 시절과 원가족에 집중하여 정보를 탐색하였고, 내담자는 어머니와 강하게 융합되어 있으며 내담자의 어머니는 삶의 의미가 전적으로 자녀인 내담자에게 있는 정서적 융합 관계임을 발견하였다. 수련생은 어머니가 성장 과정에서 부모를 모두 잃고 외로운 가운데 결혼을 하였으나, 남편과의 갈등관계에서 위로를 전혀 받지 못하면서 딸과의 융합을 통해 위로를 받고 있음을 인식하게 되었다. 수퍼바이저는 수련생이 내담자와 그 어머니의 정서적 융합관계를 인식할 수 있도록 지지해 주었고, 다른 누군가에게 융합하려고 하는 분화되지 못한 어머니를 보게 함으로써 불안의 근본 원인이 내담자와 어머니의 자기분화 및 가족분화 수준이 낮은 데서 오고 있음을 인식하게 하였다. 이를 통해 수련생은 가족투사 과정에 대하여 새로운 통찰을 갖게 되었다.

6) 가족 전수 과정과 수퍼비전

가족 전수 과정은 정서적인 문제가 현재의 개인과 가족을 넘어 다음 세대의 가족에게까지 영향을 미치는 다세대 전수 개념이다. 다세대 가족 전수 과정은 자신과 비슷한 분화수준의 배우자를 선택함으로써 자녀에게 낮은 분화를 가져오게 하는 가족 투사 과정을 통해 일어난다. 세대를 통하여 작동하는 가족 전수 과정은 보다 높은, 또는 낮은 분화수준의 가족을 낳게 만든다. 만약 어떤 사람이 가족 전수 과정의 결과로 부모보다 낮은 분화수준으로 성장하여 다른 비슷한 수준에 있는 사람과 결혼을 한다면 다음 세대는 부모세대보다 더 낮은 분화수준의 가족을 갖게 될 것이다. 이런 방식으로 세대를 거쳐 전수되는 가족의 정서는 더 높은 또는 더 낮은 분화수준의 가족을 낳게 만든다.

그러므로 현재의 핵가족구성원들의 상호작용 패턴은 과거 원가족들의 사건을 반영할 뿐만 아니라 현재의 가족을 통해 다음 세대 가족구성원들의 가치와 행동 및 정서 패턴을 형성하는 데도 많은 영향을 미치게 된다. 자녀의 문제는 그 부모와의 정서적 관계성의 결과이고, 이는 또 그 조부모와의 정서적 관계성의 결과로서 수세대를 거슬러 이어질 수 있다. 따라서 Bowen의 가족치료 모델 수퍼비전은 현재의 증상적 행동뿐만 아니라 세대를 넘어 전수되는 암묵적 가치, 문화적 유산, 신념 등을 비롯해 장기간에 걸친 관계의 역동에 기초하고 있음을 수련생은 알아야 한다.

가족 전수 과정 수퍼비전은 수련생이 원가족에서 경험한 문화적 · 상황적 요인의 중요성과 가족체계가 가지고 있는 역사 및 문화적 독특성을 강조한다. 즉, 구체적인 가치 설정, 가족생활주기 쟁점, 개인적 은유, 발달적 과제 그리고 수련생의 목표와 수퍼비전 스타일을 형성하는 성적 · 문화적 쟁점은 각 개인과 가족의 현실에 내재해 있다는 것이다. 다음 사례는 가족 전수 과정에 대한 내용이다.

내담자는 매주 어머니를 보기 위해 지방으로 내려가고 있으며 한 주라도 어머니를 보지 못하면 불안하여 일상생활을 하기 어렵다. 특히 어떤 큰 일이 다가오면 그 불안감은 고조되어 아예 그 일을 포기하게 된다. 수련생은 내담자의 가계도를 그리면서 내담자 어머니의 어린 시절의 외로움과 결혼 후 남편의 분노 표출로 인한 거리감 등이 내담자와 강한 융합관계를 형성하게 하였고, 이는 내담자가 분화되지 못하는 중요한 요인이 됨을 알게 되었다. 또한 내담자의 어머니는 시부모를 모시는 집안일과 밖에서의 일을 과도하게 해 내는 강한 모습을 지녔지만 그것 역시 불안에서 나온 것임을 알게 되었다. 어머니는 자신의 부모님이 일찍 돌아가신 것과 관련하여 버림받았다는 생각을 갖게 되었고, 이렇게 과도하게 일을 해 내지 않으면 여기에서도 버림받을 것이라는 불안감을 가지고 있었다. 그러한 어머니의 불안감은 내담자에게 전이되어 어릴 때부터 내담자는 '이런 힘든 상황에서 엄마가 도망가면 어떻게 하나?' 하는 불안감을 가지고 살아 왔다. 어머니는 종종 자신의 불만들을 내담자에게 드러내면서도 내담자가 자신을 받아 줄 수 있도록 자신의 감정을 크게 표출하지 않으려고 노력하였다. 그러나 내담자가 엄마인 자신을 인정해 주지 않을 때는 도망갈 수도 있음을 암시하면서 내담자에게 계속적인 양가감정으로 불안감을 조장해 온 것이다.

현재 내담자와 어머니의 관계는 과도하게 융합된 관계로 상담자는 우선 내담자를 잘 지지해 주고 신뢰 관계를 형성하는 것이 중요하며, 그 이후에는 내담자 안에 있는 어머니에 대한 부정적인 감정을 조금씩 직면시켜 줄 수 있도록 지도해야 한다. 또한 수퍼바이저는 수련생이 내담자 어머니의 윗 세대에 대해 탐색하게 함으로써 내담자 어머니의 상황과 내담자 자신의 상황을 대비시켜 내담자 자신이 그렇게 싫어했던 어머니의 모습으로 살아가고 있다는 사실을 인지하게 할 필요가 있다는 것을 강조하였다. 수련생은 그렇게 싫어했던 어머니의 그 어떤 모습이 내담자의 현재 모습에 어떻게 영향을 미치고 있는지 등을 질문함으로써 내담자가 그 자신을 들여다보게 하고, 치환이야기 기법을 통해 내담자 스스로가 그 자신을 통찰하도록 도울 수 있었다.

Bowen은 또한 미분화된 부모들이 십대의 문제 행동에 불안하게 대응하는 상황에서 사회는 어떻게 대응하는지와 관련하여 사회의 정서적 과정에도 관심을 가지게 되었다. 또한 어떤 상황에서든지 사회에서의 정서적 과정은 가족의 기능에 영향을 미친다는 것과 기본적으로 비슷한 과정, 연합성과 개별성의 반영이 사회와 가족 안에서도 진행된다는 것을 인식하게 되었다. 그러므로 이 접근에서 수퍼바이저는 수련생이 임상에서 불안한 가족들의 감정적 기능에 매몰되지 않으면서 관계를 맺을 수 있을 때 그 내담자 가족을 도울 수 있다. 이때 가족체계를 수정하려 하기보다는 가족에 관심을 가지고 이해하려고 집중할 때 가족이 자신들의 문제에 대한 해결책을 찾을 수 있음을 인식하도록 지도하는 것이 중요하다.

2. Bowen 가족치료 수퍼비전의 실제

1) 가계도

가계도(genogram)는 3세대 이상에 걸친 가족 및 가족구성원들에 대한 정보와 그들 간의 관계성을 도식으로 표시한 그림이다. 이러한 가계도의 주요 기능은 가족체계의 진단 및 사정 과정에서 가족 정보 자료를 조직화하여 가족의 관계역동과 중요한 삼각관계를 추적하는 것이다. 그러므로 수련생이 수퍼비전에서 가계도 작업을 하기에 앞서 자기 가족의 가계도를 통해 자신의 가족관계 맥락 내의 자기와 가족관계를 먼저 탐색하고 이해하는 것은 매우 중요한 일이다.

수퍼바이저는 수련생이 내담자 가족에 대한 치료 과정뿐만 아니라 수련생 자신의 가계도를 작성하도록 함으로써 가족관계 맥락에서 오늘의 수련생 자신을 형성하게 한 이슈들을 탐색하고 가족관계 맥락에서의 자기이해를 하도록 도와야 한다. 그리고 수련생의 어떤 관계적 기능이나 역할 패턴이 원가족 관계를 통해 형성되고 그것이 세대를 넘어 반복되고 있는지, 혹은 어떤 과거의 미해결 과제 또는 정서적 삼각관계 등이 반영되고 있는지 수련생 자신의 가계도를 통하여 탐색하고 적절한 대안을 만들어 내도록 요구할 필요가 있다.

이러한 이유로 Bowen 가족치료 수퍼바이저들은 가계도를 수련생의 자기이해뿐만 아니라 치료적 가설을 설정하는 도구로, 가족구성원들을 치료 과정에 참여시키는 방법으로, 나아가 가족치료를 위한 훈련도구로 사용하도록 지도한다. 이러한 과정을 통하여 수퍼바이저는 수련생에게 체계적 사고와 자기분화 및 가족분화를 시도하는 치료접근을 가르친다. 상담 기법보다 더 중요한 것은 수련생 자신이기 때문에 가계도는 수련생으로 하여금 치료적 상황을 정서적으로 수용하고 대응하는 것에서 벗어나 보다 확대된 시각에서 자신을 돌아볼 수 있게 하는 도구가 된다. 이러한 가계도 접근을 통하여 수퍼바이저는 수련생이 자신의 원가족 관계 경험을 통하여 자신의 자기분화 수준과 가족분화 수준의 높은 상관성을 발견하고, 내담자 가족의 성장 발달에 도움을 줄 수 있다는 확신을 갖도록 지도한다.

수련생은 부모부터 조부모 세대까지의 가계도를 통하여 원가족과의 세대 전수 과정이 현재의 정서적 융합관계 패턴에 어떻게 영향을 미쳤는지 탐색하도록 요구받는다. 탐색과제에는 면접하기, 기억할 만한 큰 사건들 확인하기, 가족이 살던 집 방문하기, 원가족의 문화와 원가족 유산에 대한 수련생의 이해도 높이기, 세대 간 규칙과 가족상호작용 패턴의 근거 명료화하기 등이 포함된다(Roberto, 1992).

이러한 가족체계의 특성을 고려하여 수퍼바이저는 원가족과 관련된 각종 자료들을 현재 가족의 관계적 맥락에서 탐색할 것을 수련생에게 요구하고, 가족구성원 안에 내재하고 있는 역기능적인 가족의 역할이나 기능의 패턴에는 어떤 것들이 있는지, 그것이 어떻게 반복되고 있는지, 또는 세대를 넘어 어떤 역기능적인 관계패턴이 연속적으로 나타나고 있는지 등을 수련생이 탐색하도록 돕는다. 다음 사례는 가계도를 통한 수퍼비전 내용이다.

내담자는 현재 가족구성원들에게 많은 분노를 쏟고 있는 거친 이미지의 소유자이다. 수련생은 부모에 대해서 불편함을 가지고 있는 내담자에게 더 깊이 들어가면 어떤 반응이 나올지 두려워하여 더 이상의 질문을 하지 못하고 있다. 이러한 수련생에게 수퍼바이저는 상담 상황에서 구체적인 질문을 하지 않고 넘겨 버리는 경향에 대해 수련생 자신의 가계도를 그리면서 탐색해 보도록 요구했다. 수퍼바이저는 수련생에게 그의 3대까지의 가계도를 그려 보게 하였고 수련생은 어머니와 친척들에게 정보를 수집하여 3대에 걸친 자신의 가계도를 그렸다.

수련생은 이러한 과정을 통해 처음으로 어릴 때 일찍 돌아가신 아버지에 대해 알아보게 되었다. 수련생의 생각과는 달리 어머니와 친척들이 기억하는 아버지는 선량하고 따뜻한 분이셨다. 그러나 수련생은 아버지 없는 어머니의 고된 삶으로 인해 자녀들 사이에서는 '아버지에 대해 묻지 않는 것이 상책이다' 라는 가족규칙이 무언중에 만들어졌음을 알 수 있었다. 그리하여 수련생은 가계도를 통해서 자신이 무엇이든지 주로 추측할 뿐이지 구체적으로 정확하게 잘 물어보지는 않는다는 것을 알게 되었고 상담 상황에서도 구체적인 질문을 잘 하지 않는다는 것을 알게 되었다. 수퍼바이저는 수련생에게 내담자 가족의 가계도를 3대까지 그리게 하였고, 이러한 작업을 통해 수련생은 내담자에게 그동안 가지고 있었던 불편한 감정을 털어 내고 내담자를 이해할 수 있게 되었다. 이러한 탐색과정을 통하여 수련생은 수퍼바이저와 내담자에 대한 불편한 감정들까지도 털어 버릴 수 있었다.

가계도 작업에서 수퍼바이저는 수련생이 내담자 가족에게 가계도의 중요성을 설명하고 가계도 작업을 잘 할 수 있도록 불분명한 부분과 애매한 부분을 구체적으로 알아 올 수 있게 하였으며, 그 작업을 하면서 느껴지는 감정들까지도 이야기할 수 있도록 격려해 주었다. 수련생은 이러한 작업들을 하면서 내담사가 갈등을 겪고 있는 가족과의 관계에서 그럴 수밖에 없는 상황들을 이해하도록 도울 수 있었고, 내담자의 감정을 더 잘 이해할 수 있게 되었다. 수련생은 자신의 가계도와 내담자 가족의 가계도를 그려 본 후에야 이것이 얼마나 중요한 작업인지 알게 되었다. 그러나 이러한 가계도 작업을 할 때는 수련생과 내담자 가족의 신뢰 관계에 문제가 생기지 않도록 수련생이 적절한 질문을 하는 것이 중요하다.

2) 코칭

코칭은 장기간의 관계적 긴장을 탐색하고 해결하기 위해 가족과의 개인적인 접촉을 활용하는 행동지향적 방식으로(Roberto, 1992), Bowen은 1960년대 조지타운 대학교에 있을 때 이 '코칭' 이라는 용어를 처음으로 사용하였다. 수련생 코칭에 대한 Bowen의 시도는 개인과 가족의 성장 발달에 뚜렷한 효과를 가져왔다(Bowen, 1988). Bowen의 가족치료에서는 간접적ㆍ전략적 기술은 거의 사용하지 않는다. 이는 수퍼바이저와 수련생 그리고 내담자 가족 사이의 경계의 투과성을 높이려는 의도다(Todd & Storm, 2002). 수퍼바이저는 수련생이 자신의 원가족 관계를 이해하고 수정할 수 있도록 코칭에서 수련생의 원가족 관계도를 사용한다.

코칭은 수련생이 삼각관계의 정서적 과정을 이해하도록, 개인의 정서적 삼각관계를 와해하도록, 그리고 친밀한 관계의 질을 개선하도록 돕는다(Kerr, 1981). 개인의 자기분화 및 가족분화 수준을 높이기 위해 삼각관계를 와해하는 기술과 명확한 경계선 긋기 등은 Bowen 가족치료의 기본적인 치료 기술로 간주된다(Nelson, Heilbrun, & Figley, 1993). Carter와 McGoldrick(1980)은 코칭단계에서 수련생에게 자신이 가족체계 '밖'에 있는 것이 아니라 자신의 가족체계 '안'에 있으며, 이러한 체계는 구체적이고 독특한 방식으로 규칙에 의해 지배된다는 점을 관찰하도록 요구한다.

코칭에서 수련생은 내담자 가족에게 개방성을 가지고 직접 접근하여 내담자가 가족문제에 대처하도록 도우면서, 할 일을 설명하는 것이 아니라 내담자가 가족의 정서적 과정과 그 안에서의 자신의 역할을 명확하게 알도록 돕기 위하여 과정 질문을 한다. 즉, 수련생은 내담자 가족에게 반응하기보다는 그들이 문제를 직접 생각해 보도록 질문하고, 문제가 있는 관계 속에서 자신의 역할을 어떻게 변화시킬 것인지를 질문한다. 이러한 Bowen의 질문은 관계성 패턴을 수정하기 위하여 거의 항상 순환적인 형태로 나타난다. 그러나 Bowen 학파의 다른 치료자들은 때때로 도전이나 직면 또는 설명을 하기도 하고 과제를 줌으로써 진행 속도를 촉진시키기도 한다.

과제의 대부분은 사람들이 삼각관계에서 벗어날 수 있도록 의도된 것들이다. 예를 들면, 방문하는 과세나 진화를 거는 과제, 해결되지 않은 문제에 대해 편지를 쓰는 과제 등이 있다. 그리고 내담자들에게 편지를 써서 가져오게 하여 그들의 분노와 정서적 대응이 감소되도록 돕는다. 코칭의 목표는 내담자가 자신에 대한 이해를 증진하고, 자기 자신에게 초점을 맞추며, 가족구성원과의 사이에서 더 기능적인 안정애착 관계를 발전시키도록 돕는 것이다. 이 기법은 상대방에게 책임을 추궁하지 않고 자신의 현재 감정 상태를 표현할 수 있도록 돕는다. 그리고 말하는 사람의 상태를 이해하게 하며 대응적이고 악순환적인 대화에서 벗어나 해결 방법을 찾도록 지도한다. 따라서 수련생은 내담자에게 '나 입장'을 취하도록 격려하고 수련생 자신도 그렇게 하도록 지도받는다.

3. 수퍼바이저의 역할

Bowen은 불안이 적을 때 변화가 일어나며 행동보다는 이해가 변화를 가져온다고 믿었다. 불안은 정서적 융합을 가져오기 때문에 치료 시 먼저 불안을 낮춤으로써 정서적 대응성(emotional reactivity)을 감소시키도록 노력해야 한다. 따라서 수퍼바이저는 수련생이 객관성과 정서적 중립성을 유지할 수 있도록 감정적으로 대응하지 않으면서 내담자 가족의 정서적 동요를 진정시키는 방법을 지도해야 한다. 수련생의 역할은 '코치' 또는 '자문역할'로 표현된다. 이 역할은 수련생이 삼각관계를 피하기 위한 이상적인 방법인 동시에 정신역동의 '전이와 역전이 반응'을 관리하는 것으로 알려져 있다. 그리고 수련생의 높은 자기분화와 가족분화는 내담자 가족과의 정서적 삼각관계를 예방하기 위해 필수적이다.

수퍼바이저는 수련생이 원가족 안에서의 삼각관계와 정서적 단절로 차단된 관계를 회복시킬 수 있는 방법 및 가족가치를 탐색함으로써 가족회복력을 키우고, 결속과 친밀감을 증진시키기 위해 가족구성원들과 상호작용할 수 있도록 돕는다(Todd & Storm, 2002). 이때 가족회복력은 네 가지 차원, 즉 세대 간 관계 패턴, 세대 간 신념과 가치, 가족 상호작용과 가족경험을 탐색하게 하는데, Bowen 모델은 이러한 가족경험의 네 영역 모두에서 자료를 수집하는 복잡한 모델이다.

Bowen의 영향을 받은 Friedman(1991)은 수퍼비전의 목표를 상담치료적 접근의 목표와 유사하다고 보았고, 이것을 다음의 세 가지로 진술하고 있다. 첫째, 다세대적인 맥락에서 작용하는 정서체계와 그 현상을 개념화하는 것, 둘째, 그러한 맥락에서 내담자 가족에 대한 수련생의 정서적 반응을 이해하는 것, 셋째, 수련생과 내담자 가족의 분화를 돕는 것이다. 따라서 Bowen 가족치료의 수퍼바이저는 수련생으로 하여금 이러한 수퍼비전 목표에 초점을 맞추면서 동시에 수퍼바이저와의 분화된 관계를 구축할 수 있도록 돕는다. 이러한 관계는 수련생이 내담자 가족과의 관계에서 자기분화를 유지하도록 하는 데 도움이 된다.

수퍼바이저는 수련생에게 위에서 설명한 이론에 기초하여 다음과 같은 치료 기술들을 가르친다(Nelson, Heilbrun, & Figley, 1993).

- 자신의 원가족 역동 이해하기
- 삼각관계 인식하기
- 가계도와 가족의 역사적 자료 활용하기
- 삼각관계 해체하기
- 자기분화와 가족분화 코칭하기
- 가족 충성도 사정하기
- 세대 간 갈등의 근거 밝히기
- 개인의 분화수준 사정하기
- 가족체계의 돌봄기능 확장하기
- 가족의 미해결 갈등에 접근하기

결론적으로 인간은 다양한 만남과 관계의 망(relationship net) 안에서 살아간다. 그중에서도 인간의 모든 만남과 관계의 틀을 형성하는 데 핵심적인 영향을 미치는 가장 중요한 관계적 맥락은 가족이다. 가족 안에서 성장하면서 겪은 모든 좋은 경험과 아픈 경험은 수련생 자신과 내담자 가족을 이해하는 데 중요한 힌트를 제공한다. 이때 가족과의 관계에서 발생하는 관계의 역할과 기능, 정서적 융합관계 등은 세대를 넘어 다음 세대에 전달되고 다양한 양상으로 반복된다. 가족관계 내의 정서체계에 깊은 관심을 가졌던 Bowen은 가족관계의 맥락에서 정서적 과정을 지켜보며 내담자 가족의 정서적 과정을 분석하기보다는 가족구성원들을 개별화하고 분화하도록 도움으로써 가족관계와 정서체계를 변하게 만드는 코칭적인 접근을 구축하였다. 이런 맥락에서 수퍼비전에 임하는 수련생은 자기분화와 가족분화를 통해 내담자 가족에 대한 치료적 접근과 그 과정에서 발생하는 정서적 융합에 대한 전이 및 역전이 이슈에 체계적으로 대처함으로써 자기성장을 도모하게 된다.

제6장
구조적 가족치료 수퍼비전

오늘날 가족치료 훈련과 수퍼비전은 가족치료 분야의 전문적인 치료 이론과 기술, 가치 체계를 전달하기 때문에 가족치료 분야에서 필수적인 과정이 되었다. 이 중 구조적 가족치료 모델에서의 수퍼비전은 가족 문제의 일차 진원지인 가족의 기능적 구조를 탐색하는 가족구조 이론에 바탕을 두고 있다.

가족은 상호 영향을 미치는 집단이며 가족 안에서 일어나는 복잡한 상호작용은 때로는 예측할 수 없는 방향으로 문제를 야기한다. 그러므로 수련생은 처음에 자신의 생활을 숨기려는 가족구성원 간의 복잡한 상호작용 때문에 당황하게 된다. 그러나 구조적 가족치료자는 이와 같은 가족 상호작용에서 지속적이고 반복적이며 조직적인 가족 행동의 패턴을 찾아 패턴의 의미를 제공해야 하고, 이를 통해 가족이 일정한 하나의 구조를 지닌다는 것을 알게 되어야 한다(Nichols & Schwartz, 2007).

체계론적 접근의 가족치료는 대부분 가족세대에 나타나는 증상을 보는 반면, 구조적 가족치료는 정보의 흐름과 의사결정에 저해되는 가족체계의 구조적 문제를 먼저 본다. 또한 구조적 가족치료는 가족구성원 간의 친밀감과 거리감, 개개인의 포함과 배제, 경계의 융통성 및 경직성 그리고 위계적 배열과 같은 공간적 형태를 포함한다. 만약 경계가 지나치게 경직되거나 유동적이고 불분명하면 힘의 한계 및 책임이 모호하여 의사소통에서의 오해와 갈등이 생길 수 있다. 그러므로 수퍼바이저는 수련생이 내담자 가족으로 하여금 가족 내 하위체계 구조 에서의 힘의 균형이 어떻게 흘러가는지 발견하도록 도와줌으로써 그들 스스로가 치료자가 될 수 있도록 도와주어야 한다. 즉, 구조적 가족치료 모델은 비록 수련생의 정신적 쟁점에는 관심을 기울이지 않지만, 내담자와 수련생 간의 역동에 관심을 기울이는 것을 지향한다는 특징을 지닌다.

1. 구조적 가족치료의 수퍼비전 패러다임

구조적 가족치료자들은 가족의 문제는 역기능적 가족구조에 의해 유지된다고 믿으며, 정보의 명확한 흐름과 의사결정을 방해하는 가족체계의 구조적 문제를 봄으로써 치료의 방향을 결정한다. 구조적 가족치료는 가족구조를 변형시켜 가족구성원이 자신의 경직된 습관에서 벗어날 수 있도록 새로운 구조를 고안하고, 그들이 자신의 문제를 해결할 수 있도록 방향을 제시하는 데 초점을 둔다. 따라서 궁극적인 가족치료의 목표는 가족구조의 변화이다(송정아, 2011b). 구조적 가족치료자는 가족구성원이 그들 자신의 가족구조를 변화시킬 수 있도록 돕기 위하여 가족체계에 합류한다. 따라서 수련생은 경계선을 변화시키고 하위체계를 재정렬함으로써 내담자 가족구성원의 행동과 경험을 변화시킨다. 모든 가족은 독특하지만 거기에는 공동의 문제가 있고 그들만이 갖는 특수한 구조적 문제 역시 있다(Minuchin & Fishman, 1981). 그러나 수련생이 이들의 문제를 직접 해결하는 것은 아니다. 문제해결은 가족구성원이 스스로 해야 하며, 수련생은 단지 그들이 그 문제를 해결할 수 있도록 가족구조를 수정하고 가족기능을 향상시키는 데 도움을 줄 뿐이다.

따라서 구조적 가족치료자는 내담자 가족체계의 구조를 수정하는 것에 초점을 두어야 하는데, 이때 가족의 구조는 그들의 가족체계 역기능의 특성과 표현된 문제에 따라 규정된다. 이에 대해 구조적 가족치료자는 가족구성원 간의 친밀감과 거리감, 가족구성원 개개인의 포함과 배제, 경계의 융통성과 경직성, 위계 구조와 배열, 힘의 분배와 말하는 순서 등에 초점을 두어 해결책을 찾고자 노력해야 한다(Siddle, 1985; 송정아, 2011b).

구조적 가족치료자는 가족의 효과적인 경계 유지를 위해 그 가족의 구조패턴을 수용하기도 하고, 또는 거부하기도 한다. 또한 가족에 합류하여 가족구성원이 되기도 한다. 이때 치료자는 리더로서 치료 원칙의 확고함과 융통성의 균형을 이루어야 한다. 뿐만 아니라 구조적 사례에 맞는 특정한 개입을 선택하여 치료 계획을 구성하고, 발달단계에 맞게 훈련하고 수퍼비전하며, 구조적 가족치료 관점의 전문적인 기술을 사례에 일관되게 적용할 수 있도록 해당 기술을 습득해야 한다(Colapinto, 1983; 송정아, 2011a).

따라서 구조적 가족치료의 훈련과 수퍼비전은 구조적 치료 접근의 이론이 실제 사례에 구체적으로 개입될 수 있게 한다. 라이브수퍼비전과 비디오 수퍼비전에서는 개념을 명확하게 이해하고 치료 과정 중에 행하는 치료 기법에 집중하기 위해 수련생을 이론적으로 괴롭히지 않으면서 Minuchin이 말한 '춤의 스텝'을 가르친다(Liddle & Saba, 1983). 이때 이론적인 통합은 수련 과정을 거치면서 치료에 대한 불확실성이 감소되고 어느 순간 '아하!'를 경험하는 단계에 이르는 치료 과정에서 자연적인 결과로 나온다.

이러한 경험은 이론과 실제가 통합되는 과정이 자발적 과정임을 보여 준다. 이론과 실제의 균형을 위해서는 이론을 실제에 적용하여 함께 경험할 수 있는 훈련을 하는 것이 필요하다. 치료 기술을 습득하는 과정은 교사가 깊은 애정을 가지고 학생들을 가르치는 것과 같은 과정으로, 구조적 가족치료 모델에 대한 개념 이해와 실제 사례의 적용은 치료실에서 실질적인 사례를 가지고 배울 때 효과적이다.

1) 가족구조 인식과 수퍼비전

구조적 가족치료의 수퍼비전은 수련생이 내담자 가족의 구조 변화를 위해 어떤 방식으로 효율적인 치료를 하였는가에 초점을 두며, 가족구성원이 보여 주는 사고와 행동에서 서로 연결되지 않은, 또는 혼란스러운 것들이 어떻게 일관된 의미를 산출해 내는가에 관한 구조 패턴을 본다. 그러므로 가족의 구조에 변화를 가져오는 능력은 가족의 구조를 인식하는 능력에 달려 있다. 이러한 가족구조에 대하여 송정아(2011b)는 다음과 같은 방법으로 분별하여 인식할 수 있다고 진술하고 있다.

(1) 행동 관찰

가족구조는 가족의 행동 관찰을 통하여 인식할 수 있다(Nichols, 2011)는 것을 수퍼바이저는 수련생에게 지도한다. 가족구성원의 실제적인 상호작용을 시간을 두고 관찰할 때 그 구조는 분명해진다. 어떤 행동은 특별한 환경의 영향을 받으며, 특히 반복되는 행동은 그 가족구조의 행동패턴을 드러낸다. 가족구성원이 상호작용하는 조직화된 패턴으로 나타날 때 그 가족구조는 가능한 결과를 설명할 수 있게 된다. 즉, 같은 행동이 반복될 때 가족은 지속적인 패턴을 형성하게 되고, 이렇게 반복되는 패턴은 가족구성원이 언제, 어떻게, 누구와 관계할 것인지를 예측할 수 있게 만든다.

(2) 가족 정보

수련생들은 내담자의 가족 정보를 수집하여 지속적이면서도 반복적으로 나타나는 가족행동의 패턴을 탐색한다. 반복적인 행동패턴은 수퍼바이저가 수련생에게 가족이 하나의 일정한 구조를 가진다는 것을 알려 주면서 가족 정보를 통하여 구조적인 개입을 하도록 요구하게 만든다.

예를 들면, 12세 소년의 폭력 사례를 담당한 수련생은 첫 면접에서 소년의 아버지가 2년 전에 사망했다는 사실을 알게 되었다. 그리고 아버지의 상실로 인한 병리적 애도에 초점을 둔 가설을 세웠다. 또한 어머니의 우울과 절망감, 무기력증 역시 배우자의 상실에 대한 병리적인 애도라고 보고, 이로 인해 부모로서의 기능을 잘 할 수 없게 되었다고 보았다. 따라서 수련생은 사별 문제를 먼저 다룬 후에 아들을 양육할 수 있도록 돕는 치료 전략을 세웠다.

그러나 수퍼바이저는 수련생에게 가족의 구조가 미해결 과제로 남겨진 애도에 어떻게 영향을 미쳤는지, 그리고 어머니의 아들 양육방식에 어떻게 영향을 미쳤는지 탐색하도록 요구했다. 수련생은 치료를 통하여 어머니의 남동생이 모든 일을 도맡아 하고 있음을, 즉 삼촌이 소년의 아버지 역할을 하고 있음을 알게 되었다. 그래서 삼촌이 참여한 두 번째 회기에서 수퍼바이저는 수련생이 삼촌의 보완적인 역할에 먼저 감사를 표한 후에 가족 간의 역동을 보도록 도와주었다. 수련생은 어머니가 사소한 문제에도 남동생을 불러내어 도움을 요청하고, 그것으로 인한 남동생의 반응에 우울해하면서 부모의 역할도 제대로 할 수 없는 패턴에 놓이게 된 것을 보게 되었다. 수련생은 이러한 역기능적 구조를 수정하는 데 목표를 두고 치료 계획을 세우게 되었다. 이와 같이 가족 정보는 가족구조를 인지하는 중요한 방법 중 하나이다.

(3) 가계도

수련생이 가족구조를 인지하는 또 다른 방법은 복잡한 가족구조 패턴을 가계도를 통하여 탐색하는 것이다. 즉, 가계도를 통하여 가족구성원 간의 경계와 하위체계 간의 경계 그리고 가족발달주기에 의한 가족구조 패턴 등을 탐색한다.

앞의 사례를 예로 들면, 수련생은 병리적인 애도에서 벗어나 가족발달주기 단계에서 나타나는 중년기 어머니와 청소년기 아들의 모자체계 구조패턴에 초점을 두었다. 그리고 구조패턴 탐색의 방향이 바뀌자 치료는 성공적으로 진행되었다.

이 치료에서 나타난 가장 큰 발전은 가족발달단계에서 청소년 아들과 어머니의 관계역동에 초점을 두는 일이었다. 수련생은 수퍼바이저로부터 치료 회기에서 중학교 1학년인 12세 아들과 중년기의 어머니에 초점을 두어, 그들에게 적합한 가족발달 과업이 무엇인지, 아들과 어머니 사이에 어떤 관계역동이 일어나야 하는지, 또는 무엇이 일어나서는 안 되는지를 계속 생각하며 치료하도록 지도받았다.

수련생이 이러한 관점으로 위 가족을 보게 되자 모자(mother-son)체계의 관계역동을 볼 수 있었고 건강하고 명확한 경계설정이 필요함을 알게 되었다. 위 사례에서 아들은 어머니를 향해 많은 것을 요구하고 있었지만 어머니는 아들의 필요를 충족시키기에 너무나 부족하고 무능했다. 과거에 그 모든 것은 아버지의 일이었고 남편의 일이었다. 아들과 어머니 모두 사망한 아버지 그리고 사망한 남편과 연결되어 있어 여전히 함께 살고 있는 것 같았다. 이와 관련하여 아버지의 상실, 남편의 상실로 인한 가족구조 패턴을 재구조화하기 위해 그들의 건강성과 잠재능력에 초점을 둔 치료가 이루어지면서 치료는 성공적으로 진행되었다.

이와 같이 "잃어버린 가족구조 패턴"의 강점 지향성에 대한 노력은 구조적 가족치료 수퍼비전의 특성이다. 많은 가족은 전환기에서 도움을 요구한다. 그러므로 수련생은 그 가족이 새로운 상황에 적응하기 위해 그들 자신의 가족구조를 수정하는 과정에 있다는 것을 인식하고 도와주어야 한다. 이때 가계도를 통하여 가족의 배경과 내력에 대한 정보를 수집하는 것 그리고 진단에 대한 가족체계의 자원과 단점을 사정하는 것이 중요하다.

(4) 경계

가족구조는 가족구성원 및 하위체계 안에 있는 상호경계에 의하여 인식된다. 상호경계는 명확한 경계 설정이 지속성을 가지고 유지될 때 안정적이며, 가족구성원이 환경의 변화에 적응할 수 있는 융통성을 갖게 만든다. 증상적 행동은 융통성이 없는 가족구조 안에서 상황변화에 적절하게 순응할 수 없을 때 일어난다. 예를 들면, 부부적응은 부부 사이의 경계뿐만 아니라 외부와의 경계, 즉 친가, 시가, 처가로부터 그들 자신을 분리시키는 작업에 대하여 협상해야 하는 것이다. 뿐만 아니라 가족구성원들 중 한 명이라도 외부적 긴장 또는 전환기적 발달단계에 직면하면 가족구조 안에 변화가 필요하게 된다. 그러므로 상보적 관계 차이를 증폭시키는 것이 아니라 전체 체계 안에서 부분들이 균형을 잘 잡아갈 수 있도록 조절해야 한다.

가족구성원의 증상적 행동은 역기능적 가족을 표현하는 한 부분이다. 예를 들어, 청소년 자녀의 식욕감퇴 행동은 부모와 자녀 간의 경계를 상호 침범하는 것과 관련이 있을 수 있고, 가출행동은 가족 비밀에 대한 표출일 수 있다. 즉, 역기능적 가족은 하위체계 간의 경계 침범을 통해 가족의 발달을 저해하며, 경직된 가족은 경직된 채로 경직된 체계 안에서 계속 유지되어 간다. 그러므로 구조적 관점에서는 표출된 증상에 초점을 두기보다는 증상이 나타나는 구조의 기능 결핍에 초점을 두는 것이 좋다. 예를 들면, 아이의 잦은 짜증이 부부갈등을 회피하게 하는 것이 아니라 부부갈등 회피가 아이의 짜증을 유발한다는 것이다.

(5) 위계 구조

Minuchin(1974)과 Haley(1990)는 가족 내 파괴적인 위계와 세대 간 연합의 수정을 중요시한다. 여기에는 자녀와 지나치게 제휴하거나 상대방의 배우자 앞에서 한쪽 배우자 편을 드는 것과 같은 수련생의 옳지 못한 자세를 바로잡는 것이 포함된다. 또한 수퍼바이저는 치료를 제한하는 숨겨진 동맹관계에 들어가거나 위계구조를 훼손하는 자신의 행동과 경향을 경계해야 한다. 따라서 구조적 가족치료에서 중요한 목표는 효과적인 위계질서의 창조이다. 부모에게는 자녀와 다른 책임이 요구되며 자녀는 부모가 응집력 있는 집행적 하위체계의 기능을 잘 수행할 수 있도록 기능해야 하는데, 수련생은 이를 위해 부모와 자녀를 돕는다.

이때 수련생은 부모와 자녀가 발달단계에서 성취해야 할 과업 및 욕구가 무엇인지를 알아야 서로의 권위를 보호하면서 자녀의 자율성을 지원해 줄 수 있다. 또한 수련생은 자녀의 세계를 부모에게, 부모의 세계를 자녀에게 설명해 주는 해석자의 역할을 감당할 수 있어야 한다. 그뿐 아니라 수련생은 가족 내의 하위체계와 가족 외부 세계의 경계를 분명히 할 수 있어야 한다.

수퍼바이저는 수련생이 가족구조 내의 하위체계들을 협상시키고 적응시킬 수 있도록 도와주어야 한다(Minuchin, 1978). 수련생은 힘이 약한 부모의 하위 체계에 합당한 권위를 부여함으로써 그들이 관계할 수 있도록 도와주어야 하고, 과도한 통제는 비효과적이라는 사실도 알려 주어야 한다. 수련생이 가족의 규칙을 결정하는 부모의 책임과 의무를 지지함으로써 아동은 권리와 의무를 보장받게 되고, 아동의 자율성 또한 성장·발달할 수 있게 된다.

수련생은 개인적인 변화를 추구하거나 특정한 해결책의 규범을 강조하지는 않는다. 그러나 수퍼바이저는 수련생으로 하여금 가족의 구조를 수정하도록 하여 가족구성원 간의 역동을 풍성하게 하고 융통성 있는 가족이 되도록 도와주어야 한다. 수퍼비전의 목표는 수련생이 가족의 잘못된 구조패턴을 발견하도록 돕고, 그 문제의 해결을 위한 새로운 구조패턴을 발견하도록 돕는 것이다. 따라서 수퍼바이저는 수련생이 가족 개개인의 기능이 회복되도록 새로운 상황을 제공하는 작업을 돕는다. 뿐만 아니라 중립적 조언자의 역할을 강조하는 다른 접근과 달리 구조적인 시각은 수련생들이 해결책을 구상하며 적극적인 참여를 하도록 요구한다. 구조적 가족치료자는 가족구성원이 서로 더 좋은 관계를 맺는 방법을 찾도록 코치의 역할을 하면서 때로는 직선적이어야 하고 원칙을 선호해야 한다.

(6) 맥락적 상황

수련생은 전 가족의 상호작용을 주시함으로써 그 가족구조의 패턴을 정확히 알 수 있다. 가족문제는 전 가족구조에 영향을 미치므로 정확한 사정(assessment)을 위해서는 가족구성원 모두가 치료 과정에 참여하는 것이 중요하다. 예를 들면, 아버지가 아이의 잘못된 행동에 대해 불평하는 경우 그 아이만을 단독으로 치료하는 것은 비효율적이다. 그것은 아버지와 아이 사이의 관계 규칙을 분명히 규정하고 그 규칙을 효과적으로 강화시키는 것을 도와줄 수 없기 때문이다. 그러나 아버지와 아이를 함께 보는 것 역시 완전하다고 말할 수는 없다. 만일 어머니가 아버지의 권위를 깎아내리는 행동의 일환으로 아이에게 불평을 한다면, 어머니와 아버지 사이의 관계 규칙을 먼저 분명히 해야 할 것이다.

그러나 때로는 전 가족을 주시하는 것도 충분하지 않을 때가 있다. 구조적 가족치료에서는 사회체계 상황의 중요성에 대한 인식이 필요하다. 어떤 문제는 가족과 관련된 상황이 아닐 수도 있다. 예를 들면, 어머니의 우울증은 가족과의 관계보다는 직장에서의 관계가 더 문제일 수도 있다. 자녀들의 학교문제 역시 가족 내의 구조적 상황보다는 학교에서의 구조적 상황이 더 큰 문제일 수도 있다. 그러므로 수퍼바이저는 수련생이 내담자가 당면한 문제들을 경감시키기 위해 관련된 가족과 사회체계 상황들을 자세히 탐색할 수 있도록 해야 한다(Nichols & Schwartz, 2007).

가족구성원의 문제는 내담자 자신과 가족구성원들이 주고받는 상호작용 안에, 또는 그의 사회적 상황 안에 있다. 따라서 어떤 특정 체계만을 중요시하고 개인을 무시하는 것은 위험한 일이다. 수련생들은 간혹 어떤 문제는 개인적인 차원에서 가장 적절하게 처리될 수 있다는 가능성을 간과해서는 안 된다. 특히 어린이들의 개인적 경험을 무시해서는 안 된다. 가족을 면접하는 동안 부모들이 어떻게 자녀들을 양육하는지, 어떤 자녀가 심리적인 문제를 가지고 있는지, 또는 누가 학습장애를 지니고 있는지를 주목할 필요가 있다. 예를 들면, 아이가 학교에서 문제가 있을 때는 대체로 그 가족 안에 또는 학교상황 안에 문제가 있을 수 있다.

2) 합류하기 훈련과 수퍼비전

구조적 가족치료에서 Minuchin과 그의 동료들은 합류(joining)를 신중하게 사용할 것을 강조한다(Minuchin, 1974; Minuchin & Fishman, 1981). 합류는 수련생이 가족 안에 들어가 그 가족의 상호작용 패턴에 적응하여 가족의 재구조화에 영향력을 행사하는 것이다. 그러므로 만일 수련생이 가족과 합류하지 못하면 개입이 어려워지므로 가족은 수련생을 거부하게 된다. 반대로 수련생이 내담자 가족에게 너무 밀착되어 있으면 오히려 그들과 동화됨으로써 가족은 개입 이전의 상호작용 패턴으로 회귀할 가능성이 높다. 둘 중 어느 것도 가족구조 변화가 일어날 가능성은 희박하다. 따라서 수퍼바이저는 수련생이 가족에 합류하여 융통성과 변화의 가능성을 탐색해 보고 잠재력을 활성화시켜 변화를 창출하도록 도와야 한다.

수련생의 내담자 가족과의 합류와 적응은 가족 재구조화의 전제 조건이다. 수련생은 내담자 가족에 합류하기 위하여 먼저 가족으로부터 수용되어야 하고, 그들의 행동방식을 존중해야 한다. 이것은 마치 문화인류학자가 어떤 문화를 연구하기 전에 먼저 그 문화에 합류해야 하는 것과 같다(Minuchin, 1974). 수련생은 역기능적 가족의 문제를 해결하는 데 있어서 선택적 동맹을 번갈아 가며 수행하는데, 즉 역기능적 위계 구조 패턴을 깨뜨리기 위해 붙잡아 주기도 하고 재촉하기도 한다. 수련생은 때때로 가족구성원들 간의 심리적 거리를 개선히기 위해 소극적으로 노력하기보다는 관찰자의 객관성과 합류자의 적극성을 가지고 꾸준히 역할을 바꾸며 작업을 주도하기도 한다. 따라서 구조적 가족치료자가 가족에 합류하여 리더의 위치에서 가족과의 치료적 시스템 구성에 적극적으로 동참하는 것은 필수적이다(Minuchin & Fishman, 1981). 그러므로 가족치료자는 초기에 가족의 방어기제를 해제하고 그들의 불안을 없애야 한다. 이것은 가족구성원 모두에 대한 이해와 수용으로 이루어질 수 있다.

송정아(2011b)는 수련생들이 흔히 갖게 되는 합류에 대한 잘못된 태도를 다음과 같이 진술하고 있다. 첫째, 합류가 치료의 시작일 뿐이라고 생각하는 오류이다. 이러한 사고를 가진 수련생은 가족구성원들의 즉각적인 피드백에 대해 조급한 반응을 보이는 경향이 있어 그들의 생각을 느긋하게 기다리지 못하며, 기다려 주라는 수퍼바이저의 요구에도 성급하게 반응하게 된다. 또한 가족은 항상성 패턴(homeostatic pattern)을 견고하게 유지하고 있기 때문에 효과적인 치료를 위해서 때로는 강한 도전과 직면을 요구한다. 가족의 습관적 패턴에 대한 수정은 수련생이 영향력을 행사할 수 있는 위치에서 가능하며 효과적이다. 가족치료자가 가족구성원에 합류하여 수용되었을 때 치료자는 영향력을 행사할 수 있는 위치에 서게 된다.

둘째, 합류를 너무 가볍게 생각하는 오류이다. 합류를 가볍게 생각하는 수련생은 웃으면서 즐거운 분위기로 치료를 시작하지만 피상적이고 획일적인 치료관계를 가져오게 되어 나중에는 가족과의 관계에 합류되지 못함으로써 그 가족에 의해 조종당하기 쉽다. 다음 사례는 합류를 경시함에 따라 경험할 수 있는 어려움을 보여 주고 있다.

> 치료 초기에 나는 내담자 가족구성원 개개인과 인사하면서 치료하는 것이 그리 어렵지 않았다. 가족은 나를 좋아하는 것 같았다. 그러나 얼마 지나지 않아 나는 그들이 나의 치료에 호의적이지 않고, 나의 권고를 따르지 않으며, 의미 있는 변화도 일어나지 않음을 알게 되었다. 치료자로서 나는 가족구성원 각자에게 유용한 위치를 만들면서 성공적인 치료를 기대했지만, 치료 과정에서 가족구성원과의 밀고 당김으로 나의 기대는 완전히 무너졌다. 가족구성원으로의 성급한 합류가 나의 치료에 많은 방해가 되고 있다는 것을 수퍼비전을 통하여 알게 되었다.

위의 사례에서 수련생은 자신의 자발성을 많이 신뢰했지만 변화를 이끌어 낼 수 있는 가족과의 합류에 실패함으로써 의미 있는 가족구조 패턴의 변화를 볼 수 있는 기회를 놓치게 되었다. 성공적인 합류는 치료 초기단계에서 내담자 가족구성원들과의 상호작용을 용이하게 할 뿐만 아니라 치료 종료단계에까지 치료 효과에 많은 영향을 미친다. 그러므로 수퍼바이저는 앞에 놓인 문제를 서둘러 해결하려는 경향이 있는 수련생에게는 천천히 진행할 것을 요구하고, 문제에 들어가기 전에 가족구성원들과의 합류가 우선임을 알게 해야 한다. 수퍼바이저는 수련생이 더 효과적으로 합류를 할 수 있도록 내담자 가족이 다음 회기에 계속 나오도록 지도해야 한다.

셋째, 수련생이 한쪽 편에 서 있는 관계이다. 예를 들면, 수련생이 아이들 편에 서 있을 때 아이들은 수련생을 좋아하지만 부모는 수련생을 신뢰하지 않을 수 있다. 위 사례의 치료 과정에서 수련생은 무의식적으로 치료실 안에 있는 어머니의 존재에 부담감을 갖게 되어 가끔 무시하거나 아버지의 존재에 대해서도 무관심하게 대했다. 수퍼바이저는 수련생이 내담자 어머니에게 먼저 인사말을 건네면서 회기를 시작하도록 했고, 어머니를 통해서 딸에 대한 정보를 얻도록 지도했다. 수련생은 처음에는 동의하고 치료를 진행했지만, 몇 분도 안 되어 어머니가 자기 딸에 대해 불만을 토로하자 아이의 편에 서서 치료자로서의 자기우월감을 가지고 아이를 옹호하고 있었다. 그러자 수퍼바이저는 다시 수련생에게 아이의 구원자 또는 옹호자로서의 역할이 아닌 치료자로서의 지위와 역할에 충실하도록 수퍼비전을 했다. 이와 같이 수련생이 가족 안에서 희생양이 된 아이들에게 밀착관계를 보이며 그들을 보호하려고 할 때 합류에 어려움이 있게 된다. 이때 수퍼바이저는 자녀의 편에 서있는 수련생에게 치료자의 역할에 대한 수퍼비전을 지도할 수 있다.

넷째, 내담자 가족에 대한 수련생의 부정적인 시각이다. 수련생이 내담자 가족에 대해 부정적인 시각을 가지고 있을 때는 아무리 능숙한 치료 기술을 적용한다 해도 가족구성원들과의 합류는 어렵다. 합류는 능숙한 기술의 결과가 아니라 가족을 향한 긍정적인 태도의 자연적인 결과이다. 수퍼바이저는 수련생이 가족구성원들의 잠재력에 대한 긍정적인 관심과 신뢰감의 필요성을 깨닫도록 도와주어야 한다. 수련생은 수련 기간을 통해서 자기중심성을 지속적으로 확인해 볼 필요가 있다. 어떤 수련생은 새로운 문제가 표면화되었는데도 치료 중에 일어나는 것에 대해, 또 잘못되어 가는 것에 대해 전혀 관심이 없어 보인다. 이는 이들이 내담자의 자원을 불신하는 부정적 사고를 갖고 있는 경우일 수도 있고 자신의 자기중심성으로 인해 자신의 생각에 몰두해 있는 경우일 수도 있다.

따라서 치료에 대한 수련생의 기본적인 태도는 치료 기술 습득 훈련뿐만 아니라 맥락적인 과정에도 관심을 두어야 한다. 이때 수퍼바이저는 수련생이 가족구성원들의 잠재능력 수준을 파악하도록 도와주어야 한다. 또한 수퍼비전 기간에 가족구조의 형태와 가족의 자원을 탐색하고 향상시키도록 도와주어야 한다. 다음의 진술은 수퍼비전 과정을 통해 치료 전문가로서 성장·발전해가는 수련생의 모습을 보여 준다.

> "처음에는 가족치료에 대해 회의적이고 부정적이었지만, 수퍼비전을 통하여 내담자 가족의 잠재적 자원을 보면서 관점이 긍정적으로 바뀌게 되었고 변화할 수 있다는 가능성에 자극되어 스스로도 새롭게 변화할 수 있었다."

수련생이 내담자 가족의 잠재적 자원에 관심을 두고 진행하는 가족치료는 수퍼바이저가 수련생의 잠재력에 초점을 두고 진행하는 수퍼비전과 동일한 구조의 효과를 만들어 낸다.

3) 시연 훈련과 수퍼비전

구조 변화를 위한 접근 방식에서 가족자원의 활용은 수련생이 단순한 해석자로서보다는 가족구성원의 한 주체로서 능동적으로 관여해 줄 것을 요구한다. 가족구성원들이 기존의 방식과 다른 방식으로 화해할 수 있도록 동기를 부여하는 과정에서 수련생은 실제상황에 대한 가족의 인식 및 그 실제상황에 대한 가족의 반응에 대해 문제를 제기해 볼 필요가 있다. 따라서 송정아(2011b)는 시연 훈련 수퍼비전에서 다음과 같은 작업이 요구된다고 진술하고 있다.

첫째, 수련생이 문제를 인식하고 정의하게 한다. 예를 들면, 어머니가 딸에게 친구처럼 말할 때 어린 아들은 자리를 떠나는 것이 관찰되었을 때, 이 상황에 대해 가설을 세워 보도록 지도한다. 수련생은 아마도 어머니와 딸의 관계는 밀착관계일 것이며 아들과의 관계는 유리된 관계일 것이라고 가설을 세워볼 수 있을 것이다.

둘째, 이 상황에서 수련생이 내담자 가족에게 시연하게 하도록 지시한다. 이는 시연을 통하여 수련생의 가설을 검증할 수 있기 때문이다.

셋째, 수련생이 가족에게 그 시연을 수정하게 하도록 지도한다. 시연에서 수련생의 가설이 타당하지 않을 때 수퍼바이저는 수련생에게 가족을 위하여 새로운 구조 선택을 고안하게 해야 하며 새로운 행동귀결에 대한 선택도 구상해 보도록 지도한다. 많은 가족치료자들이 일반적으로 범하는 실수는 변화에 대한 선택을 제공하지 않고 자신이 본 것을 문제로만 분류하여 단순히 평가한다는 사실이다. 시연을 분석한 후에 수련생은 무엇이 잘못되었는지 설명하고 계속해서 시연을 수정해 보도록 요청한다.

구조적 모델에서 가족에 대한 문제를 정의하는 능력은 수퍼바이저와 수련생 모두에게 가장 어려운 부분이다. 합류와 마찬가지로 문제인식 능력 역시 훈련 과정을 통하여 나타나는 자연스러운 결과이며, 기술로 가르치거나 배울 수 있는 것은 아니다. 수퍼바이저는 수련생이 경계선과 위계질서의 잠재적인 문제들에 초점을 두어 개입하도록 지도한다.

예를 들면, 과잉통제를 하는 어머니에게 소극적이고 수동적인 사춘기 아들을 향해 다음과 같은 내용의 메시지를 보내도록 지시한다. "엄마에게 뭐라고 반응해 봐. 너에게서 엄마를 밀어내 봐." 그러나 시연에서 어머니가 아들에게 별로 기대를 하지 않는 것처럼 보인다면, 이와 같은 상황에서는 치료 기술을 시행하기보다 청소년기의 가족발달 과정에서 나타나는 가족의 문제에 초점을 두어 시연해 보도록 요청하는 것이 더 바람직하다. 합류와 시연은 변화에 대한 수련생의 긍정적 신념과 가족의 잠재적 자원에 대한 확신을 표현하며, 때로는 치료적 개입에서 동시다발적으로 요구되기도 한다. 그렇다고 할지라도 시연에 대한 도전은 수련생과 내담자 가족 사이의 동맹이 강화되어 있는 상태에서 시도해야 한다.

가족구조는 가족이 표현하는 문제와 그들이 보여 주는 가족구조를 통하여 진단하게 된다. 진단에 대한 어떤 틀이나 계획이 없으면 수련생은 방어적이고 수동적이게 될 가능성이 높다. 수련생은 가족구조에 대한 계속적인 관찰을 통해 가족구성원들이 제기하는 다양한 숨겨진 내용의 문제들을 볼 수 있도록 도와주어야 한다. 예를 들면, 수련생이 가족의 습관화된 패턴에 도전할 때 수퍼바이저는 수련생이 지닌 가족구조 변화에 대한 신념을 지지해 주어야한다. 그렇지 않으면 수련생이 가족의 강한 저항에 부딪혀 불안해할 수 있기 때문이다.

또 다른 예로, 어떤 무단 결석생의 아버지는 아내와의 불화를 회기에 적용함으로써 아버지로서 가져야 할 책임을 피하고 싶어 한다. 이때 수퍼바이저는 이전에 아이 문제를 가정불화와 관련하여 치료하도록 훈련받은 수련생에게 아버지의 역할과 책임에 초점을 두어 치료하도록 요구한다. 또한 수퍼바이저는 무단 결석하는 학생의 요구를 무시하고 학생에 대한 책임을 강조하는 학교의 정책을 찬성하면서 수련생에게 아버지에 대해 더 도전적인 입장을 취하도록 요구한다.

가족문제의 정의 및 구조인식 태도의 훈련은 수련생의 도전적인 태도를 지지해 줄 때 수련생을 성장시킬 수 있다. 수련생은 내담자 가족이 당연한 것으로 여기는 구조패턴에 대해 '왜' 또는 '어떻게' 라고 질문하면서 가족구성원들 간의 상호작용을 관찰하도록 훈련받는다.

예를 들면, "아들이 학교에서 '경고'를 받아 오는 것에 대해 아버지가 어떻게 마음을 쓰지 않을 수 있나요?" "어떻게 아버지가 아들의 친구들에 대한 정보가 하나도 없어요?" 등이다. 이와 같은 '왜' 또는 '어떻게' 방식은 역설적 개입을 통하여 습관화된 가족패턴이 특정한 방향으로 달라져야 한다는 것을 의미한다.

치료실에서 가족구성원들에게 무엇인가를 시행해 보라고 요청하는 것은 간단하게 보일 수 있지만 그 과정은 결코 쉽지 않다. 그리므로 수련생들은 시연에서 두 가지 관계 패턴을 염두에 두어야 할 것이다. 첫째, '변화할 필요가 있는 관계 패턴은 무엇인가?' 둘째, '변화된 패턴은 가족에게 바람직하고 유익한 가족 경험이 될 수 있는가?'이다. 수퍼바이저는 수련생들이 이 두 기능을 명백하게 이해하도록, 또 시연에 대한 이해를 증진할 수 있도록 훈련시켜야 한다. 시연을 지도하는 수퍼바이저는 분명한 목표가 있어야 하고, 시연에 대한 지시를 목표와 관련하여 계속 관찰해야 한다.

구조적 가족치료자는 시연(enactments)과 자연적 결과(spontaneous sequences)라는 두 종류의 상호작용으로 작업한다. 즉, 수련생은 가족구성원들 중 몇 사람을 지정하여 기대되는 역할을 하게 한다. 그리고 가족구성원들은 맡은 역할을 표현하기 위해서 무엇을 해야 하는지를 수련생에게서 듣는다. 일단 가족이 상호작용하기 시작하면 문제적 상호교류가 나타난다. 이때 주시할 것은 내용이 아니라 과정이다. 가족구조는 누가 누구에게 어떤 방식으로 말하는가에 따라 나타난다. 그들의 대화에서 남편은 점점 주도적이고 비판적이며 아내는 점점 침묵하고 위축되어 가고 있다면, 수련생은 무엇이 잘못되어 가고 있는가를 인식하게 된다. 이 경우 수련생은 '아내가 이야기하지 않는 것이 문제가 아니라 남편의 직선적 대화 양식이 문제일 것이다' 라는 가설을 세워 볼 수 있다. 즉, '남편이 잔소리하는 것이 문제가 아니라 직선적 설명(linear explanation)이 문제' 라는 것이다. 문제는 남편이 잔소리를 하면 할수록 아내는 더 위축되고, 아내가 위축되면 위축될수록 남편이 더 잔소리를 하는 것이다. 이러한 부부 문제의 해결책은 시연을 통하여 상호작용 패턴이 수정되도록 강화훈련을 하는 것이다.

2. 구조적 가족치료 수퍼비전의 실제

저자는 Minuchin이 설립한 필라델피아 아동가족치료 훈련센터(Philadelphia Child & Family Therapy Training Center)에서 2009년 한 해 동안 엑스턴 프로그램(Extern Program)을 수료한 바 있다. 이 절에서는 그곳에서 훈련받은 수퍼비전 내용을 중심으로 구조적 가족치료 수퍼비전의 실제를 진술하고자 한다.

1) 엑스턴 프로그램

(1) 세팅

필라델피아 아동가족치료 훈련센터는 Minuchin이 1925년에 설립한 기관으로, 가족치료에 관심을 가지고 있는 치료 전문가들에게 구조적 가족치료 접근을 제공한다. 이 훈련센터는 미국결혼가족치료협회(AAMFT)의 가족치료 전문가와 펜실베이니아주 전문치료자를 위한 훈련센터로, 임상심리사, 가족치료사, 사회복지사 외에도 정신과 의사 등을 위한 인턴 및 엑스턴 프로그램을 제공한다. 엑스턴 프로그램은 인턴과 레지던트쉽 훈련을 비롯하여 워크숍과 콘퍼런스 등을 제공하며, '생태체계적' 환경을 제공하여 더욱 폭넓은 관계 맥락에서 아동 및 가족치료의 장을 제공하고 있다. 이곳에서 실행하고 있는 '엑스턴 프로그램'은 구조적 가족치료의 일반 개념과 특수한 기술을 가르치기 위해 고안되었다.

엑스턴 프로그램은 1년 또는 2년 주기로 이루어지며 치료와 수퍼비전 훈련은 매주 월요일에 한다. 8명으로 구성된 그룹은 훈련 당일 오전 9시부터 오후 6시까지 하루 종일 2명의 수퍼바이저와 함께 치료 및 라이브수퍼비전, 비디오 수퍼비전, 사례기록 등을 한다. 특히 9시부터 10시까지는 그날 예약된 내담자 가족들에 대한 사례 콘퍼런스를 한다. 이때는 지난 일주일 동안의 사례 가족에 대한 점검과 지난 회기 설명, 그날 치료할 사례 목표와 진행 과정을 설명하고 서로 좋은 아이디어와 피드백을 주고받는다. 그리고 10시부터 오후 6시까지는 각 사례에 대한 라이브수퍼비전이 진행된다.

2) 훈련과 수퍼비전 과정

(1) 회기 전 토론

매주 월요일 오전 9시에서 10시까지는 내담자 가족의 정보와 문제를 진단하고 치료 전략에 대한 일차적 토론을 진행하는 시간을 갖는다. 이 회기 전

토론에서는 지난 회기에서 얻은 정보에 기초하여 수련생의 계획을 확인하고, 가지고 있는 가능한 자료를 어떻게 조직화하고 가족치료 수련생으로서의 역할을 어떻게 수행하는지 등에 관한 현장실습의 기회를 얻을 수 있다. 예를 들면, 등교 거부 사례에 대한 내담자 가족 정보에서는 수련생의 다양한 관점들을 들으면서 가능성 있는 가설들을 중심으로 가족의 구조와 가족구성원들 간의 경계선을 세울 수 있도록 회기 전 토론을 통해 많은 아이디어와 의견 및 관점을 지원받는다.

첫 인터뷰는 단순하게 구성되며 가족체계 합류, 경청, 문제를 재구성하는 작업 등에 대부분 초점이 맞춰져 있다. 가족치료가 진행되면서 회기 전 토론은 그날의 훈련 목표, 가령 오늘은 형제자매 하위체계에 초점을 맞춘다든지 복잡한 개념들, 즉 역할 놀이에서의 밀착관계와 경직관계, 힘의 균형과 분배 등이 수련생의 이해를 돕기 위해 논의된다. 이 단계에서 수퍼바이저의 일차적인 역할은 수련생이 회기에 대한 구조적인 틀을 이해하고 개입·적용하도록 돕고 잘못된 구조를 수정하도록 돕는 것이다.

(2) 개입 형태

수퍼바이저는 다양한 개입의 형태를 결정할 수 있다. 개입의 형태에는 수련생과 통화하는 것, 간단한 개입을 위해 수련생을 치료실 밖으로 부르는 것, 수퍼바이저가 치료실로 들어가는 것 등이 있다. 이와 같은 선택은 주로 수퍼바이저가 결정하지만 수련생이 요청할 수도 있다. 이러한 개입 방법은 수퍼비전과 치료의 효과를 증대시키면서도 지장이 가장 적은 방법을 선택해야 한다. 치료실에 들어가는 개입이 항상 지장을 많이 주는 것은 아니다. 수퍼바이저의 전화와 치료실 밖에서의 개입에도 진전이 없을 경우 또는 치료가 어려운 상황일 때 수퍼바이저는 수련생의 동의를 얻어 치료실 안으로 들어가 개입을 하고 나올 수 있다.

엑스턴 프로그램은 내담자 가족과 수련생이 일방경(one-way mirror) 뒤에 있는 수퍼바이저와 수련생팀의 관찰에 익숙해진 후, 이러한 여러 개입 방법이 치료 과정에 많은 도움이 된다는 것을 알게 됨으로써 더욱 구체화되어 간다. 가족과의 첫 면담에서 수련생은 일방경 뒤의 수퍼바이저와 수련생팀들에 대한 설명 및 수퍼바이저의 개입 등은 내담자의 가족치료에 유익을 주며, 가족과의 관계에 긍정적인 영향을 미친다는 것을 설명하고 동의서를 받는다. 수퍼바이저가 치료실 안으로 들어오는 경우, 협동적 개입에 초점을 두면서 "제가 여기에 들어온 이유는 ○○에게 도움을 주기 위해서입니다. 수련생도 알겠지만 내 생각엔…."라고 말하면서 개입한다. 치료가 안정적일 때 수퍼바이저는 치료실 밖으로 나온다.

(3) 개입 결정과 내용

수퍼바이저와 수련생은 회기 과정을 미리 계획해 볼 수 있다. 수퍼바이저는 언제 어떠한 방법으로 어느 정도의 수준에서 개입할 것인지 빠른 결정을 내리는 것이 필요하다. 수퍼바이저는 매 시간 이 회기가 무리 없이 진행될 수 있도록 감독한다. 수퍼바이저와 수련생의 행동 양식이 완벽하게 일치하지는 않더라도 같은 목표를 향해 진행할 수 있다. 그러나 회기가 진행되면서 가족의 피드백에 따라서 계획은 수정해야 할 필요가 있다. 구조적 가족치료에서 수퍼바이저는 관찰자인 동시에 변화 과정에 대한 적극적인 참여자로서 개입을 지도한다. 그러나 수퍼바이저가 너무 수동적이거나 수용적이면 수련 과정에서 어려움을 겪을 수도 있다.

수퍼바이저는 수련생이 미시적인 시각과 거시적인 시각을 개발할 수 있도록 수련생의 실제적인 관심사를 알고 그것을 존중해 주어야 한다. 만약 수련생이 더 나은 치료 방법을 개발하려고 노력하면 수퍼바이저는 어떻게 이 방법이 효과적인지와 관련하여 수련생의 관심을 자극할 수 있어야 한다. 그리고 무엇이 필요하고 무엇이 더 나은 생각인지 증명될 수 있도록 도와주어야 한다. 뿐만 아니라 통합된 치료모델을 위해 동기유발에 실질적인 치료 자극을 주어야 한다. 내담자의 증상에 대한 가족구성원들의 관심사를 알고 존중하며, 이 증상이 소멸 또는 감소되도록 내담자 가족의 상호교류 패턴 및 관점이 수정될 필요가 있음을 또한 알려 주어야 한다.

수퍼바이저는 메시지의 내용에 특별한 주의를 기울여야 한다. 어떤 특별한 문제에 대한 수퍼비전을 요구할 때는 이론과 기법을 통합하고 치료를 촉진하는 방법으로 지시한다. "남편은 당신의 지지가 필요해요. 아내에게 의자를 남편과 가까이 해서 앉게 하세요." 때로는 어떠한 논리 없이도 행동을 지시할 수 있다. 수퍼바이저와 수련생 간의 상호이해가 증진되면 논리는 명확하지 않아도 가능하다. 만약 수련생이 "당신은 어머니를 놓치고 있어요." 또는 "아이들이 가족 안에서 너무 많은 힘을 갖고 있어요."라는 말을 듣는다면, 이는 수퍼바이저가 수련생에게 적절한 치료적 개입을 수행하고 있음을 보여 주는 것이라고 할 수 있다.

(4) 회기 후 정리

회기가 끝난 후 수퍼바이저는 곧바로 수련생팀과 수련생의 치료에 대한 짧은 보고 및 피드백을 다음 내담자 가족이 치료센터에 도착할 때까지 10분 정도의 시간에 주고받는다. 예를 들면, "당신이 할머니와 합류할 수 없었던 이유는 무엇이라고 생각하나요? 제 생각에는 할머니를 방해자로 보았기 때문인 것 같아요."와 같이 말할 수 있다. 그 외에도 수퍼바이저의 개입에 대한 이해가 부족할 때 그것에 대한 설명을 듣기도 한다. 수퍼바이저는 수련생에게 다음 주 회기를 위해 비디오테이프의 특정한 부분을 보고 오도록 지시하기도 한다.

3) 라이브수퍼비전과 비디오테이프

(1) 라이브수퍼비전

구조적 모델은 "보는 것이 믿는 것이다."라는 말을 강조한다. 라이브수퍼비전과 비디오테이프 수퍼비전은 기록을 통하여 말로 하는 보고보다 훨씬 더 신뢰할 만하며, 시연이 자주 활용된다. 구조적 수퍼바이저들은 변화를 위한 요청을 적극적으로 하면서 체계의 반응을 살핀다. Minuchin, Haley와 Montalvo는 라이브수퍼비전을 개발한 선구자들이다. 구조적 수퍼바이저들의 전화를 통한 라이브수퍼비전은 뚜렷한 특징이 있다. 대부분의 수퍼비전 개입들은 '어린 딸을 좀 더 감싸세요.' '엄마에게 더 가까이 다가가세요.' 와 같은 행동지향적 시시들이다. 또한 Minuchin은 아무런 예고 없이 치료실에 불쑥 들어가서 극적인 개입을 하는 독특한 수퍼비전 유형을 개발하였다.

　수퍼비전은 일방경을 이용한 현장 관찰과 비디오테이프로 녹화된 회기를 통해 이루어진다. 수퍼바이저는 수련생에게 일방경 뒤로 오도록 요구하거나 방 안으로 들어가 직접 수련생에게 이야기하거나, 또는 전화를 통한 지도를 하는 것으로 치료 과정에 개입한다. 이때 다른 수련생들은 일방경 뒤에서 관찰한다. 모든 과정은 비디오테이프에 녹화되고 재검토되며, 이 과정에서 수련생의 치료 스타일이 드러나게 된다. 수퍼바이저는 수련생의 기술을 확장하기 위한 방법들을 알려 주고 수련생의 가족치료 수준이 발달하도록 도와준다. 치료에는 어떤 한 가지 방법만이 옳은 것이 아니기 때문에 수퍼비전은 수련생 자신만의 치료 방법을 도출해 내도록 도와준다. Minuchin과 Fishman (1981, pp. 8-9)은 "모든 수련생들이 가족의 변화라는 목적을 달성하기 위해 자신만의 치료 기법을 개발하고 실행하도록 도와주어야 한다."고 진술하였다.

　Aponte(1994)는 "수련생의 수퍼비전은 언제나 임상사례와 연결하여 개인적인 쟁점을 확인하고 그것에 대해 작업할 때, '자기 자신(personal self)' 을 활용하는 훈련을 포함한다."라고 진술한다. '자기 자신' 의 활용은 수련생의 개인적인 성격이나 스타일에 속해야 하고 현장에서 그 가치가 매우 귀중하게 평가되어야 한다(White & Russell, 1995). '자기 자신' 의 활용을 위한 훈련에서 수련생이 자신의 독특한 섭근방법과 기술 그리고 개인적 지원들을 활용함에 있어서 수퍼바이저는 '수평적이고 인간 대 인간의 정중한 태도를 유지해야 한다' 고 강조한다. 내담자 가족과 수련생에게는 개인적인 반응들을 나누는 것이 요구된다. 이러한 반응은 가족치료 내의 수련생의 위치에 대한 반영으로 수퍼비전을 통하여 강조되며 조장된다.

(2) 비디오테이프 검토

비디오테이프를 통한 수퍼비전은 직접적인 수퍼비전 개입을 할 수는 없지만, 수련생 및 내담자 가족과 관련된 자료를 볼 수 있어 많은 도움이 된다. 비디오테이프의 검토는 수련생이 자신의 치료에 대한 인지와 정서, 행동에 대해 보다 깊은 통찰을 갖게 한다. 검토는 비디오테이프의 전체 회기 또는 필요한 부분을 검토하여 가족의 역동과 수련생의 치료 과정에 대한 심도 있는 분석을 하게 한다. 수퍼바이저는 수련생의 사례 개념 인식을 평가하고 수정할 수 있는 다양한 질문을 한다. 예를 들면, "여기에서 무슨 일이 일어나는 것 같아요?" "이 대화를 통해 내담자 부부의 관계에 대해 무엇을 알 수 있었어요?" "아이의 짜증에 대한 어머니와 아버지의 반응에서 어떤 차이를 발견했나요?" "왜 아버지를 지지하기로 결정했나요?" "엄마에게 아이를 어떻게 양육해야 하는지 가르치는 것이 왜 필요하다고 생각했어요?"와 같은 질문을 통하여 치료 전문가의 역할에 대한 이해도를 높인다. 수퍼바이저는 또한 수련생과 가족에 대해 "내 생각에 수련생은 직면에 대한 두려움을 갖고 있는 것 같아요. 다음에는 좀 더 적극적인 방법으로 개입해 보세요." 등의 의견을 제시할 수 있다. 수련생 또한 특정한 사항에 대해 질문할 수 있다. "이 가족에게 무슨 일이 일어나고 있는 거죠?" "내가 어떻게 하면 좀 더 적극적으로 개입할 수 있을까요?"와 같은 질문들을 통하여 수련생의 행동과 사고, 치료 기술이 통합되면서 수련생은 전문치료자로 성장해 간다.

(3) 집단수퍼비전과 수퍼비전 내용

집단수퍼비전은 엑스턴 프로그램 과정에 필수적이다. 집단은 수퍼바이저와 수련생팀 간의 관계에 명확한 경계를 유지하면서 유용한 피드백과 제안 등을 통하여 상호 지원한다. 수련생들은 수련생과 관찰자로서의 역할을 번갈아 수행하면서 수퍼바이저의 강도 높은 수련훈련 경험을 한다.

예를 들면, 녹화한 비디오 회기를 검토하는 경우 수퍼바이저는 집단 리더로서 수련생 각자의 필요성에 초점을 둔 훈련을 한다. 라이브수퍼비전에서 수퍼바이저는 회기가 수련팀에 의해 너무 많이 조종되지 않도록 주의한다. 수련생팀 구성원들과 같은 거리를 유지하고 연합을 피하며 수련생 훈련의 원칙을 고수함으로써 수퍼바이저는 그룹의 단결을 촉진하고 불필요한 경쟁을 하지 않도록 조정한다.

엑스턴 프로그램의 수련생은 우선적으로 임상실습의 요구사항에 대하여 훈련을 받는다. 이때 프로그램은 치료 대상인 가족과 수련생의 필요에 따라 이루어진다. 구조적 모델은 수련생과 가족이 협력하고 수련생이 가족구조에 합류하여 치료적 동맹관계를 이루며 가족문제의 인식과 정의, 도전, 개입 등을 함으로써 진행된다. 수련생들은 가족의 변화에 대해 더 많이 배울수록 치료 초기에 가족을 더 잘 읽을 수 있으며, 더 적극적으로 참여할 수 있다.

수련생은 가족을 치료하고, 수퍼바이저의 수정 피드백을 받고, 가족에게 다시 돌아가 치료하는 반복적인 패턴을 통하여 치료의 이론과 기술이 통합되게 한다. 일반적인 구조적 개념, 합류, 시연 같은 개념은 훈련 중 특수한 임상상황에서, 또는 비디오테이프를 검토하며 습득한다. 이러한 통합적 접근법은 라이브수퍼비전, 비디오 회기, 전문가 초청 세미나, 읽기 과제 등을 통하여 보완된다. 이러한 훈련 과정을 통해 수련생은 "아하!" 경험을 하게 된다. 새로운 패러다임을 학습하는 과정은 실패와 수정, 통찰을 통한 나선형의 통합 학습 과정이다.

집단수퍼비전에서 비언어적 행동을 신중하게 다루는 것은 집단 내 관계들의 균형을 유지하고 수퍼비전의 개입 효과를 향상시키는 데 아주 중요하다. 구조적 모델에서는 특정 목표를 달성하기 위해 개인의 영향력이 상당히 중요하다(Aponte, 1994). 수퍼바이저는 수련생들의 적극적인 동기화를 위해 자신의 감정이나 자기노출 등을 선택적으로 활용할 수 있다.

(4) 훈련 및 수퍼비전 평가

수퍼바이저는 수련생들의 주간활동 계획을 매주 검토하며, 수련생들로부터의 피드백 또는 평가는 설문지와 면접 또는 서면 등으로 엑스턴 프로그램의 중간과 끝에 수행한다. 또한 내담자 가족에 대한 문제 진단과 가족의 구조변화를 돕기 위한 치료 개입 및 계획 등도 평가한다. 이때 프로그램 전과 후의 평가는 수퍼비전 진행 과정을 평가하는 데 사용되며, 수련생팀들의 의견이 평가에 반영된다. 특별한 수련생에 대한 평가는 두 명의 수퍼바이저에 의해서 진행된다.

위에서 진술한 바와 같이 가족치료 수퍼비전과 훈련에 대한 많은 관심은 가족치료가 성장하고 발전할 수 있는 많은 잠재력을 지니고 있음을 의미한다. 가족치료와 수퍼비전은 워크숍과 훈련기관을 통하여 앞으로도 계속 발전할 것이다. 그러므로 가족치료 훈련 방법인 라이브수퍼비전이나 비디오 수퍼비전, 일방경 뒤 수련생팀 역할을 통한 사례 개념화 등 수련생들을 위한 체계화된 훈련 프로그램들이 제공되면 좋을 것이다. 마지막으로 구조적 가족치료 수퍼비전의 더 나은 성장과 발전을 위하여 다음과 같은 사항들이 고려되어야 할 것이다.

첫째, 수련생의 치료자 발달단계 수준에 맞는 훈련 및 수퍼비전이 이루어져야 할 것이다.

둘째, 가족생활 주기에 따른 가족발달 과정과 발달과업 내용들이 수퍼비전 과정에 긍정적으로 적용되어야 할 것이다.

셋째, 고정된 성역할 및 가족 안에서의 힘의 분배 관점의 가족치료 훈련과 수퍼비전이 이루어져야 할 것이다.

넷째, 서로 다른 가족의 문화체계 및 다문화 가족을 도울 수 있는 가족치료와 수퍼비전이 이루어져야 할 것이다.

다섯째, 가족치료 훈련과 수퍼비전의 윤리적 · 법적 이슈에 대한 가이드라인을 염두에 두어야 할 것이다.

3. 수퍼바이저의 역할

수퍼바이저는 구조적 가족치료의 이론과 임상에서 많은 경험을 가진 전문 상담자이다. 이들은 가족치료 분야의 다양한 배경과 경험, 다학제적인 임상 경험들을 가지고 수련생들을 가르치고 훈련시킨다. 수련생들은 정신건강 분야에서 석사 학위 또는 동등한 자격을 가지고 있으며 가족치료 수행 경험은 최소한 1년 이상이어야 한다.

수련생들은 지원 동기에 대한 글과 전문가들의 추천서, 이력서, 학위증 등을 제출해야 한다. 그리고 최종 결정은 서류 지원에 대한 일차적 선발과 가족치료센터 수퍼바이저들의 인터뷰를 거쳐 선발위원회가 한다. 수퍼바이저는 수련생들에게 관찰이 가능한 두 개의 비디오룸과 녹화 시설에 대해 설명하고, 그룹 토론과 비디오 검토는 집단회의실에서 수행된다. 수련생은 행정 및 서류 업무, 통화, 비디오 녹화에 대한 개별적인 연구들을 하며 자신이 상담한 가족들의 치료 기록에 대해 일반 스테프들과 똑같은 책임을 갖는다. 수퍼바이저는 매주 수련생들에게 임상실습과 수퍼비전, 구조적 가족치료 이론과 연구서적 읽기, 비디오 토론 등을 통해 구조적 가족치료의 개념들을 가르친다.

또한 수련생들은 세미나를 통하여 구조적 가족치료 훈련 과정 및 기본적인 지식과 개념들을 습득한다. 수퍼바이저는 구조적 가족치료 개념 및 치료 이론에 대한 수련생들의 반응을 관찰하고, 가족에 대한 이해, 변화 과정 및 구조적 패러다임에 대한 가족치료자의 역할 등을 지도한다. 구조적 가족치료자의 임상 훈련은 라이브수퍼비전을 통해 진행된다. 수퍼바이저들의 임상 훈련의 목표는 구조적 가족치료 이론과 실습이 잘 통합된 능력 있는 치료 전문가 양성에 있다. 수련생들은 낮일 1회 또는 2회의 상담을 수행하면서 라이브수퍼비전을 받고 매 시간 비디오로 녹화된 치료 회기에 대해 추가적인 과제나 수퍼비전을 받는다. 훈련 단위는 회기 전 토론, 라이브수퍼비전, 회기 후 토론, 비디오 토론 및 수퍼비전 등으로 이루어진다.

제7장
전략적 가족치료 수퍼비전

　전략적 가족치료는 반복되는 행동의 연쇄과정과 행동패턴에 초점을 두며, 문제행동에 대한 분석은 체계이론에 근거한 개입 전략을 사용한다. 또한 문제의 지속과 유지에 관하여 체계이론에 근거한 순환적인 관점을 가지고 있으며, 가족변화를 위한 전략과 계획된 목표를 가지고 있는 것이 특징이다. 따라서 전략적 가족치료 수퍼비전은 치료 과정에 체계론적 기술을 적용하여 지도 감독한다. 체계론적 기술은 현재 상황을 가능한 한 정확하게 분석하는 방법을 훈련하는 것으로, 현재의 상황을 만드는 요인들의 성격이 무엇인지, 요인들 사이의 상호 관계가 어떠한지 분석하여 전체 체계의 변화를 이끌어 내기 위해 적절한 전략을 훈련하는 것을 말한다(Todd & Storm, 2005).

　즉, 전략적 가족치료 수퍼비전은 현재의 상호작용 체계의 특성을 유지하는 것이 무엇인지에 관심이 있다. 따라서 여기서는 현재 상황을 유지하게 하는 요인이 무엇인지 밝혀 내도록 지도하는 것이 수퍼바이저의 역할이다. 수련생은 내담자 가족의 과거에 관심을 두지 않고 현재의 문제 상황을 해결할 수 있는 방법 또는 문제 발생 횟수를 최소한 줄여 갈 수 있는 특정한 개입 형태를 고안하는 데 관심을 둔다. 전략적 치료 모델은 비교적 작은 변화가 궁극적으로는 체계에 중요한 영향을 미칠 수 있다는 신념을 가지고 있다. 이는 수 련생 혹은 내담자의 작은 행동 변화가 결국 체계를 통해 지속적인 변화를 가 져올 수 있음을 함축하고 있다.

전략적 모델이 내세우는 강점은 단순성이다. 그중에서 MRI 모델이 가장 단 순하다. 또한 이 모델은 매우 변화지향적이기 때문에 단순하고 즉각적으로 사용하기 좋은 가설과 사례 구축에 중점을 둔다. 전략적 모델은 수련생이 치 료에 유용한 것을 전부 배우도록 하기보다는 기존의 강점을 활용하도록 지도 한다. 이 모델은 강점이 뚜렷하게 나타날 수 있는 상황을 만들거나 방해요인 을 제거하기 위해 맥락의 변화에 관심을 두는 경향이 있다. 전략적 모델은 다 른 모델과 달리 수퍼바이저가 사전에 계획하고 심사숙고한 개입들이 수퍼비 전에서 유용하게 활용될 수 있도록 적극적인 역할을 한다.

1. 전략적 가족치료의 수퍼비전 패러다임

전략적 수퍼비전은 실용적이며 결과지향적이다. Haley는 임상 수퍼바이저 의 성공 여부는 상담 회기의 실제적인 결과물에 달려 있기 때문에 수련생은 사람을 변화시키는 자로서 가족치료 훈련 교육을 받아야 할 필요가 있고, 훈 련의 목표는 성공적인 치료 전문가를 만드는 것이라고 주장한다. 따라서 치 료는 계획적이어야 하고 행동의 변화를 유발하는 과정이므로 지시적이어야 한다. 전략적 모델은 가족구성원이나 수련생의 '저항'을 유용한 개념으로 보 며 책임은 항상 수퍼바이저에게 있다고 강조한다. 또한 치료 과정에서 극적 인 개입이나 '아하' 경험이 가능하고 이러한 경험을 매우 중요하게 여긴다. 특히 Haley는 수퍼바이저의 지시와 개입을 주도하였고 수퍼바이저 자신의 도구적 역할을 강조하였다.

한편, MRI 접근 모델은 수퍼바이저의 촉진적인 역할을 강조한다. MRI 접 근은 가족의 행동에 대한 피드백의 범위와 종류를 규정하여 가족이 가지고 있는 피드백 망을 어떤 방식으로 변화시키는가에 초점을 두면서 가족의 행동을 조절한다. Bateson, Jackson과 Watzlawick(1956)은 의사소통의 '내용'이 문제가 아니라 잘못된 의사소통 '과정'이 문제라고 보는 순환적 인식론에 근거하여 가족치료의 초점을 개인의 심리 내적 역동에서 문제를 유지시키는 상호작용 관점으로 전환시켰다. 따라서 MRI 접근 수퍼비전은 인공두뇌 이론에 따른 체계를 움직이는 규칙에 관심을 갖고 체계 내 상호작용을 방해하는 규칙을 변화시키고자 노력하며, 변화는 재구성에서 시작된다고 보았다. 그러므로 MRI 수퍼비전의 초점은, 첫째, 문제를 둘러싸고 있는 많은 동일한 긍정적 피드백 고리를 정의하고, 둘째, 상호작용을 유지시키는 규칙이나 틀을 발견하며, 셋째, 피드백 고리나 규칙을 변화시키는 방안을 고안하여 적용하도록 지도하는 것이다.

Haley는 의사소통이론과 역할이론에 관심을 가지고 교환하는 메시지에 내재된 통제와 권력투쟁에 주목하여 독특한 전략적 치료를 발전시켰다. Haley는 증상 행동이 다른 가족구성원에 대한 부적응적 통제전략이라고 보고 이중구속의 개념을 치료적으로 활용하였으며, 증상을 가족체계라는 맥락 안에서 이해하였다. 또한 증상은 가족 항상성의 유지를 위한 것이며 관계에 적응하기 위한 것이라고 보았다. 이와 같은 그의 전략적 모델은 증상을 유지시키는 가족의 위계와 조직의 문제에 특별한 관심을 두었기 때문에 전략적 구조주의 모델로 분류한다.

역기능적인 가족일수록 위계 구조가 혼란하여 세대 간 권력의 순서가 거꾸로 놓여 있거나 세대 간 연합을 보이는 특징이 있다. 따라서 가족체계의 항상성에 집착하고, 상황 변화에 융통성이 없어 변화에 적절하게 대처하지 못함으로써 자신의 엄격한 연쇄 과정에서 벗어나지 못한다. Haley는 이러한 가족을 치료적 이중구속에 빠지게 함으로써 역설적인 방법으로 증상을 자발적으로 포기하도록 유도한다.

Haley는 규칙을 강조하지만 가족 위계와 힘의 역할을 더 강조하고 계획을 우선시하는 치료, 즉 계획된 접근과 단계적 전략을 중요하게 여긴다. Haley

는 인간 상호작용을 통제와 권력 획득을 위한 대인관계의 투쟁으로 보고, 문제행동이 개인이나 가족을 위해 기여하는 목적을 찾는 기능주의자의 입장을 취한다. Haley(1990)와 Madanes(1990)는 개인의 정신 내적 갈등보다는 관찰 가능한 행동에, 과거보다는 현재에, 그리고 성장보다는 변화에 초점을 두었다. 이것은 내담자의 현재 문제나 증상을 해결하는 데 초점을 두었기 때문에 문제해결 또는 증상 지향적 모델이라고 부른다. 수퍼바이저는 가족의 위계질서를 혼란시키고 불명확하게 만드는 역기능적 상호작용의 연쇄고리를 끊고 가족 내에 단일 위계질서를 회복시킴으로써 가족구조에 변화를 일으키고, 이를 통하여 내담자의 현재 문제를 해결하도록 수련생을 지도한다.

한편, Milan 접근은 증상을 지닌 가족의 '게임규칙'에 초점을 두고 그 규칙에서 벗어나지 못하는 가족에게 역설적 접근을 시도한다. 즉, 역기능적 가족은 '인식론적 오류'에 빠져 있으므로 가족이 고착되어 있는 그릇된 신념체계에 개입함으로써 가족체계에 새로운 정보를 유입시켜 역기능적 가족관계 유형을 변화시키고자 노력한다. 수련생은 중립적 위치에서 가족 게임의 규칙을 파악하고 순환과정을 통해 가족구성원이 스스로의 인식론을 검토하여 새로운 신념체계를 도입하도록 유도한다.

2. 전략적 가족치료 수퍼비전의 실제

1) 접근 모델

(1) MRI 접근

MRI 접근에서 수퍼바이저는 가족은 끊임없이 변화하는 가족 내외의 환경에 적응하면서 일관성을 유지하고자 하는 항상성 기능을 가지고 있다는 것을 수련생이 알도록 지도한다. 또한 이 접근에서 가족은 안정을 유지하고자 하는 기능뿐만 아니라 변화하고자 하는 기능을 동시에 갖고 있는 체계로, 병리적인 가족일수록 기존 체계의 안정을 위해 더 많은 에너지를 쏟는다는 것을 인식해야 한다. 체계는 변화 대신 기본적인 성격을 유지하기 위하여 피드백 고리를 통한 자기규제가 이루어지는데, 가족 내의 피드백 고리는 가족규칙을 유지 또는 조정하는 기제가 된다. 이때 수퍼바이저는 부적 피드백은 체계의 일탈을 최소화하며 가족이 현재 상태를 유지할 수 있도록 체계 환원적 단서로 작용한다는 것과 정적 피드백이 체계의 변화를 유도해 다른 수준으로 재조정하는 체계 일탈적 단서가 된다는 것을 지도한다.

수퍼바이저는 또한 가족은 피드백을 통해 정보를 교환하면서 서로의 행동을 통제하거나 확장한다는 피드백 고리 개념을 지도해야 한다. 즉, 가족구성원들이 자극과 반응의 반복적인 의사소통 패턴을 통하여 변화에 저항함으로써 가족을 원래의 평형상태로 돌아오게 하는 부적 피드백 고리와 현재 상태를 벗어나 변화를 시도하는 정적 피드백 고리가 규칙에 의해 규제된다는 사실을 지도해야 한다. 뿐만 아니라 가족의 체계 변화에서 가족구성원의 행동이 바뀌는 일차적 변화뿐만 아니라 가족체계의 규칙이 바뀌는 이차적 변화, 즉 가족체계가 바뀌는 수준까지 되어야 한다는 것을 지도해야 한다.

가족규칙은 시간에 걸쳐 가족행동을 제한하는 관계상의 합의로서 가족항상성을 지속하게 하는 기능을 한다. 의식적이고 명백한 명시적 규칙과 무의식적이고 비밀리에 이루어지는 암묵적 규칙이 있지만 이것은 삶의 방식의 일부가 되어 우리가 쉽게 의식하지 못한다. 그리고 이 중에서도 상위규칙은 일반규칙 위에서 작용하는, 규칙을 총괄하는 규칙으로 가족구성원이 가족규칙을 어떻게 유지하고 변화시킬 것인가에 대한 규칙을 의미한다.

(2) Haley 접근

Haley 접근에서 수퍼바이저는 문제 지향적이어야 하고 상당한 유연성을 지녀야 한다(Todd & Storm, 2002). 수퍼바이저는 수련생이 작업하는 것을 지켜보고 그의 지식 수준과 기술 수준 등을 평가하며 부족한 점을 지도 감독한다. 따라서 여러 다양한 임상적인 상황에서의 수련생에 대한 집중적인 모니

터링이 필요하다. 또한 수련생은 훈련을 통해 보다 명확한 이론으로 내담자 가족의 생각과 행동 및 감정을 설명할 수 있어야 한다. 한편, Haley는 이론적인 개념도 중요하지만 전략 기술을 배우는 것이 우선이라고 강조한다. 수퍼바이저는 가족구성원과의 면접 방법 및 문제 중심의 다양한 기술을 가르치고 치료 과정 등을 일방경을 통해 수퍼비전하며, 회기를 녹화한다. Haley가 사용하는 수퍼비전 과정은 다음과 같다.

① 수퍼바이저와 수련생은 회기 치료에 앞서 전략에 대해 논의한다.
② 수퍼바이저는 많은 제안 대신 간결한 아이디어를 제공한다.
③ 좀 복잡한 제안을 요구할 때는 수련생을 관찰실로 부른다.
④ 수퍼바이저는 필요할 때 인터폰을 사용하여 개입한다.
⑤ 모든 제안은 수련생의 적절한 판단에 따라 치료 과정에 적용되어 진행된다.

수퍼바이저는 수련생의 내담자에 대하여 임상적인 최종의 책임을 갖고 있기 때문에 치료 과정에 필요한 지시를 내리는 권위를 갖는다. 수련생의 치료가 내담자에게 혼돈을 주거나 파괴적인 경우, 즉 내담자를 보호하는 데 필요한 경우에 수퍼바이저는 수련생에게 제안을 하게 된다. 수퍼바이저는 내담자 보호에 관심을 가져야 하고, 수련생이 치료의 영역을 넘어 내담자의 사적 영역을 침범할 때는 내담자를 보호해야 한다. 일방경을 이용하여 진행되는 수퍼비전 훈련은 수련생을 훈련시키는 데 있어 가장 효과적인 방법이기 때문에 가능하면 사용하는 것이 좋다. 그러나 수퍼바이저가 치료실에 들어가서 직접 치료 과정에 개입하게 되면 수련생에게 사적인 지시를 하는 것이 어렵기 때문에 수퍼바이저가 치료실에 앉아 있는 것이 더 효과적이다.

Haley(1990)는 증상과 다른 역기능 행동들이 일어나는 행동주기를 주의 깊게 분석한 것으로 유명하다. 그는 수퍼바이저가 역기능적인 상황에 직면했을 때 역설적 수퍼비전, 즉 지시, 고된 체험 또는 재구성 같은 기법들을 사용하여 그 주기를 해체하는 방법을 찾아야 한다고 주장한다. Haley의 '전략적 (strategic)'이라는 말의 정의에는 모든 사례에 대하여 독특한 전략을 발전시 킨다는 의미가 포함된다. 이러한 관점에 입각하여 수퍼비전에서 가장 관심을 두는 것은 수련생이 새로운 대안들을 창의적으로 개발할 수 있도록 돕는 전 략들이다. Haley는 수련생들의 전략에 저항하기보다 함께 진행해 나가는 것 이 유리하다고 주장한다. 그래서 지시와 치료 전략에 특히 역점을 두고, 특정 단어의 사용과 간결한 전달 메시지를 중요하게 생각한다. 이 접근에서 수퍼 바이저는 수퍼비전에서의 지시가 회기를 성공적으로 이끌어 갈 수 있도록 해 야 하며 지시에서 사용하는 언어 전달의 효과가 나타나는지 주의 깊게 관찰 해야 한다.

2) 기법

(1) 역설적 기법

역설적 기법은 가족이 수련생의 지시에 저항하도록 하여 변화를 일으키는 기법이다. 수련생은 가족의 변화를 원한다고 하면서 동시에 그들에게 변하지 말라고 요구함으로써 변화하도록 돕는다. 즉, 가족이 수련생에게 반기를 들 어 변화를 가져오도록 자극하는 기법이다. 역설적 지시를 받은 내담자들은 거의 대부분 뭔가 이상한 일이 진행되고 있음을 감지하기 때문에 수련생은 이것에 대해 인식할 필요가 있다. 그러므로 치료 과정에서 역설적 개입을 할 때는 사전에 수퍼비전에서 논의하는 것이 도움이 된다(Protinsky & Preli, 1987). 전략적 수퍼바이저는 수련생으로 하여금 치료자로서 성공과 위험요인 들에 대해 도전하도록 지도한다. 또한 변화 억제하기(Haley, 1976; Todd, 1981) 기법은 내담자가 너무 빠르게 변화하는 것의 위험성에 대해 수련생에게 또는 내담자에게 말하는 것으로, 이 기법에서는 시간요인이 매우 중요하다.

수퍼바이저가 입장 취하기(Todd, 1981)를 사용하는 것은 자신에게 기대되 는 자세와 정반대의 자세를 취할 때이다. 이는 특히 수퍼바이저가 새로운 전략을 고안하거나 수퍼바이저와 수련생이 어떤 문제에 대해 비생산적으로 양극단의 입장을 취할 때 적절하다. 입장 취하기에 관한 대부분의 사례는 다양한 입장이 존재하는 어떤 주제에 대해서 단지 서로 다른 의견을 제시하는 것이 아니라 해당 주제의 기본적인 원리에 의문을 제기하는 것들이다. 예를 들면, 수퍼바이저는 수련생의 상담 방향이나 목적이 너무도 분명할 때 그러한 분명한 방향이 바람직하지 않을 수도 있음을 제안할 수 있다. 어떤 수퍼바이저들은 치료를 책임진다는 입장에 반대할 수도 있다. 이때 수퍼바이저는 그러한 개입이 다소 무책임해 보일지라도 책임을 져야 할 상황에서는 분명한 입장 취하기를 통해 본질이 무엇인지를 탐색해 보도록 지도한다.

고된 체험 기법은 비생산적인 수퍼비전 상황을 '윈윈(win-win)' 상황으로 바꿀 수 있으며, 이 기법을 적용할 때 협상하는 과정 역시 간단하다. 고된 체험 기법은 특히 수퍼비전 목표에 대한 서로의 동의가 있을 때 효과적이다. 그러나 수퍼비전 목표가 성취되지 않고 목표를 향한 행동 변화가 일어나지 않는다면 수퍼바이저는 다른 기법을 제안해야 한다.

이상적인 고된 체험 기법은 다음과 같은 특징을 갖는다.

- 제시된 행동은 수퍼비전과 훈련의 맥락에 적절해야 한다.
- 제시된 행동은 수퍼바이저의 통제 하에 있어야 한다.
- 어떤 고된 체험 기법은 수련생들에게 매력이 없고 불쾌하게 받아들여질 수 있다.
- 어떤 고된 체험 기법이든 고착된 상황을 극복하기 위한 유용한 대안으로 구조화되어야 한다.

다음은 수련생에게 줄 수 있는 고된 체험 기법의 사례들이다. 그러나 이것의 적용에 있어서는 주의가 필요하다.

- 치료에서 장황하게 이야기하며 상황을 조절할 수 없는 것처럼 보이는 수

련생에게 수퍼바이저가 하는 말을 받아 적고 그렇게 말한 이유를 적어 오도록 요청한다.

- CD를 가져올 수 없는 수련생에게 '치료 과정'을 축어록으로 풀어 오게 한다.
- 수퍼비전이나 치료 과정에서 설명할 수 없는 어떤 '장벽'을 가진 수련생에게 그 주제에 관한 문헌 고찰을 철저하게 해 오도록 요청한다.

고된 체험 기법은 증상을 유지하는 것이 증상을 포기하는 것보다 어렵다는 것을 인식하게 함으로써 증상을 감소시키는 기법이다. 전형적으로 고된 체험 기법에서는 일이나 운동, 숙제, 독서, 다이어트, 자기계발 활동과 같이 내담자에게 이득이 되는 것을 선택하도록 지도한다.

전략적 수퍼비전은 위계 방식에 의해 수퍼바이저가 이끌어 가는 특성을 갖는다. 이는 팀의 기여를 높이 평가하고 위계가 없는 다른 모델과는 대조적이다. 수련생이 비교적 초보자이거나 특정 모델을 처음 적용하는 상황일 때 위계 방식이 장점이 될 수 있다. '리더가 없는' 팀은 상호작용의 진전이 어렵고, 문제 상황에서 빠져 나오는 것이 어렵다. 따라서 전략적 수퍼비전은 역설적인 지시나 처방들을 고안하여 고착된 문제 상황들을 해결하는 데 도움을 줄 수 있다.

(2) 관계 규정

가족구성원이 일치하지 않는 메시지로 의사소통을 하게 되면 위계질서의 혼란을 가져오게 되고 관계의 문제를 겪게 된다. Haley(1990)는 관계를 대칭적 관계, 보완적 관계, 초보완적 관계로 규정하고 있다. 대칭적 관계는 권력과 지위가 거의 비슷한 두 사람이 상대방을 비판하고 충고하는 등의 행동을 교환하는 관계이고, 보완적 관계는 한 사람이 우월한 지위에서 충고하며 지시하는 반면, 다른 사람은 종속적 지위에서 상대방의 요구와 지시를 수용하고 순종하는 관계를 의미한다. 또한 초보완적 관계는 권력이나 지위가 낮은 사람이 실질적인 통제권을 갖고 있는 관계로, 지위가 낮은 사람이 지배적인 위치에 있는 사람을 통제함으로써 관계 규정에서 오히려 주도권을 잡고 있는 경우를 의미한다.

관계 규정을 위한 권력다툼은 관계를 규정하려는 시도나 전략을 통제하기 위한 싸움이다. Haley는 관계의 성격을 규정하기 위한 과정에서 권력다툼이 일어나고 그로 인하여 증상이 야기되지만, 이러한 증상은 가족의 항상성을 유지하는 데 큰 기여를 한다고 보았다. 관계통제를 위한 권력다툼은 가족구성원 간의 관계에서만 일어나는 것은 아니며 내담자와 수련생, 수련생과 수퍼바이저 사이에서도 일어난다. 이때 수퍼바이저는 수련생을, 수련생은 내담자를 변화시키기 위하여 관계를 통제할 수 있어야 한다.

기능이 잘 되는 가족은 가족 내의 위계질서가 제대로 서 있다. 부모는 부모로서의 위치를 지키고 아이들은 아이들의 위치를 제대로 지킨다. Haley(1990)는 가족구성원들의 위계질서를 통제와 힘이라는 관점에서 접근한다. 즉, 가족구성원들은 각각 자신의 위치에 알맞는 힘을 가지고 있어야 하며, 만일 어느 한쪽이 지나치게 많은 힘을 가지고 있거나 적은 힘을 가지고 있으면 가족의 위계질서는 무너지게 된다는 관점이다.

한편, Madanes(1990)는 가족의 위계질서를 보호와 관심이라는 측면에서 접근한다. 수퍼비전 상황에서 누가 누구를 돕는가의 문제를 다루는 것은 매우 중요하다. 문제상황은 수련생이 수퍼바이저를 돕는다고 믿고 수퍼바이저의 도움을 결코 인정하지 않는 경우이다. 이러한 문제상황은 명확한 계약 관계를 통해 개선될 수 있다. Madanes는 명확한 접근이 이루어지지 않는다면 수퍼바이저는 수련생의 도움이 필요한 것처럼 가장할 필요가 있다고 주장한다. Madanes에 따르면, 도움이 필요한 척 하는 것은 실제로 그것이 필요한 것과 같지 않다. 때때로 개입이 효과적이기 위해서 수퍼바이저는 상황을 과장할 필요가 있다. 수련생이 결코 도움을 받아들이려 하지 않는 수퍼비전 상황에서 수퍼바이저는 일부러 무능하고 무력한 자세를 취한다. 그러나 수련생이 뭔가 생색을 내려 할 때 수퍼바이저는 이전의 곤경에 빠진 역동적 상황으로부터 관계를 자유롭게 하기 위해 보다 적극적으로 직면하도록 지도한다.

Haley와 마찬가지로, Madanes는 중요한 관계에서 상당한 권력역동을 만들어 낸다. 겉으로 보이는 무능은 종종 다른 방식으로 강조되거나 해결될 수 없는 권력의 불균형을 다시 균형 잡는 데 기여할 수 있다. 임상수련 활동이 거의 효과가 없다면 수련생의 무능이 수퍼바이저와 수련생 및 내담자 체계에 어떤 기능적 가치를 갖는지에 의문을 가져 보는 것이 좋다. 또한 이때 수퍼바이저가 형사 콜롬보처럼 행동하는 것이 도움이 될 수 있다. 이렇게 되면 세력 다툼을 할 가능성이 없어지고 유능성이 나타날 수 있다.

Haley와 Madanes는 종종 교착된 상황이 극적인 단 한 번의 개입만으로 해결되지 않는다는 것을 강조한다. 치료와 수퍼비전은 처음 곤경에 빠졌을 때 궁극적인 목표에 도달하기 위하여 일련의 단계를 통해 진행될 필요가 있다. Madanes는 누군가가 문제가 있는 척 함으로써 문제를 방어하는 사례들을 많이 제시하였다. 수퍼바이저는 이것을 수퍼비전으로 확대하여 수련생이 문제를 가진 것처럼 가장하고 그것을 다루게 한다. 수련생이 이러한 문제점에 대해 잘 알지 못한다 할지라도 수퍼바이저는 내담자가 이미 갖고 있는 문제를 마치 수련생이 가진 것처럼 가장하라고 처방할 수 있다. Madanes가 개발한 이와 같은 가장기법은 가족의 저항을 활용하지 않으면서 가족의 저항을 다루는 효과적인 기법이다. 가장기법은 내담자와 수련생 사이의 관계를 방해하는 지시를 내리지 않으면서 내담자에게는 증상을 가지고 있는 것처럼 행동하게 하고 가족은 내담자를 보호하고 도와주는 것처럼 행동하게 하는 기법이다.

(3) 지시 기법

지시 기법(directive)은 Haley의 전략적 치료에서 핵심적인 역할을 하며, 직접 또는 간접적으로 가족에게 내리는 일종의 처방이나 주문이다. 지시를 내리는 목적은, 첫째, 과거와 다른 행동을 하도록 하기 위해서, 둘째, 내담자와 수련생의 관계를 강화하기 위해서, 셋째, 수련생의 지시에 대한 내담자의 반응을 관찰함으로써 가족의 반응을 보기 위해서다. 지시나 과제를 줄 때는, 첫째, 해당 지시 혹은 과제가 가족 내의 현재 행동의 연쇄과정을 변화시킬 수 있고 현실적으로 쉽게 실천할 수 있는 것이어야 하고, 둘째, 분명하고 명확하게 지시해야 하며, 셋째, 전 가족구성원을 참여시켜 골고루 지시하고 동의를 얻어야 하며, 넷째, 다음 치료 시간에 지시를 잘 따랐는지 확인하도록 지도해야 한다.

(4) 관계 질문

관계 질문 또는 순환 질문은 가족구성원들에게 돌아가면서 가족 상호작용이나 가족관계에 대해 이야기하게 하는 기법이다. 즉, 수련생이 순환 질문을 하여 이를 통해 내담자 가족의 반응을 경청하면서 가족을 새롭게 인식하는 경험을 하도록 지도하고, 내담자가 자기 자신을 관계적 맥락에서 바라볼 수 있게 하는 관계 질문 기법이다.

수퍼바이저는 수련생에게 내담자 가족의 문제에 대하여 긍정적인 의미를 부여하도록 지도한다. 긍정적 의미 부여는 모든 행동에 대해 긍정적인 방향으로 새롭게 의미를 부여하는 방법이다. 즉, 긍정적인 측면을 부각시킴으로써 부정적인 측면이 무력화되도록 지도한다. 뿐만 아니라 내담자 가족이 일정한 의식을 만들어 게임을 하도록 지도한다. 예를 들면, 짝수 날과 홀수 날을 구분하여 아버지는 짝수 날에, 어머니는 홀수 날에 각각 가족의 의식을 책임지고 시행하도록 지도한다. 이때 수련생은 의식을 처방할 때 의식을 행하는 장소, 시간, 반복 횟수, 누가, 무엇을, 어떤 순서로 행하는가 등에 대해 구체적으로 말해 주어야 한다. 의식은 반드시 역설적일 필요는 없으나 게임 규칙을 변화시키기 위한 요소가 포함되어야 한다.

순환 질문은 수련생이 가족구성원들에게 돌아가면서 가족 상호작용 유형이나 가족관계에 대한 질문을 함으로써 가족구성원들 간의 지각 차이를 밝혀내는 데 목적을 두고 있다. 이러한 질문을 통하여 가족구성원들은 '차이'에 대해 더 많이 생각하게 되고 관점을 변화시키는 생각을 하게 된다. 또한 수련생의 이러한 질문들은 가족구성원들이 그들 자신의 어려움에 대한 이해를 새

롭게 할 수 있도록 도와주고 가족구성원 각자가 분화될 수 있도록 간접적인
도움 역시 준다.

3. 수퍼바이저의 역할

1) MRI 접근

MRI 접근은 내담자가 일상생활에서 흔히 일어나는 문제들을 잘 다루지 못
함으로써 심각한 어려움을 겪게 되고, 그 문제를 해결하기 위해서 노력해 온
잘못된 방식을 반복하면서 어려움이 계속 지속될 수밖에 없다는 관점을 지닌
다. 따라서 문제를 지속시키는 행동을 제거하거나 적절히 변화시켜 주면 문
제는 해결되고 소멸될 것이다. 가족문제나 증상의 원인은 잘못 시도된 해결
책에 있으므로 수퍼바이저는 수련생에게 내담자의 가족구성원들이 문제를
유지시켜 온 연쇄과정의 수정에 사용하고 있는 잘못 시도된 해결책들을 관
찰 가능한 상호작용 패턴으로 사정하게 하여 내담자 문제와 관련된 완전히
다른 새로운 행동을 하게 한다. 또한 이 접근은 내담자의 변화 동기를 극대화
하고 저항을 최소화하기 위해 여러 기법을 사용할 때 가족문제를 해결하고자
하는 동기를 가장 많이 가진 가족구성원과 작업하는 것이 더욱 효과적이라고
본다.

수퍼비전에서 수퍼바이저는 수련생에게 다음의 단계를 따르도록 지도한다.

첫 번째 단계에서는 수련생에게 내담자 가족의 호소문제와 회기 내용을 설
명하게 한다.

두 번째 단계에서는 가족의 핵심 문제, 현재 가장 불편한 것, 문제로 지적
될 수 있는 것 등을 설명하게 한다.

세 번째 단계에서는 문제를 유지시키는 기존의 해결책이 무엇인지 탐색하
여 설명하게 한다.

네 번째 단계에서는 문제 유지 연쇄 과정을 변화시키기 위해 기존의 해결책 대신에 다른 해결책을 계획하여 설명하게 한다.

마지막 단계에서는 내담자의 가족구성원들이 수련생의 새 전략을 따를 수 있게 수련생이 문제를 재구성하여 상담하도록 지도한다.

2) Haley와 Madanes 접근

Haley 접근의 치료에서는 반드시 현재 문제의 해결을 목표로 하지 않고 가족의 구조적 문제들이 해결될 때까지 치료하면서 단계적으로 해결할 수 있게 하기 위해 세분화된 치료 목표를 제시한다. 반면, Madanes는 치료 목표를 문제 중심적이거나 구조적인 목표를 넘어 균형과 조화, 사랑 같은 성격 지향적인 영역을 포함하는 것으로 확대시켰다.

Haley 접근은 초기 첫 회기에서의 수련생의 역할을 강조하면서 초기 면접에서 다음의 네 단계를 따르도록 지도한다.

첫째, 사회적 단계(social stage)에서 수련생은 치료에 참석한 모든 가족에게 자신을 먼저 소개한 후 가족 구성원 개개인에게 자기를 소개하도록 요청하며, 소개하는 동안 가족의 상호작용을 관찰하도록 지시한다.

둘째, 문제 규명 단계(problem stage)로 수련생이 가족문제에 대해 각 가족구성원의 관점을 탐색하는 단계이다. 이때 수련생이 가족구성원의 의견에 대해 어떠한 해석이나 충고, 비평도 하지 않도록 지도한다. 수련생의 중요한 과제는 문제에 초점을 맞추고 가족이 어떻게 느끼는가에 대한 정서적 측면이 아닌 사실과 의견에 대한 정보 수집에 초점을 두는 것이다.

셋째, 상호작용 단계(interactional stage)로 가족구성원이 가족문제에 대하여 서로 다양한 관점을 교환하는 단계다. 가족이 중심이 되어 이야기를 나누는 동안 수련생은 가족 상호작용에서 드러나는 가족의 의사소통 방식과 연합, 삼각관계, 권력위계 등을 관찰하며 그들이 상호작용할 수 있게 지도한다.

넷째, 목표 설정 단계(goal-setting stage)로 변화하고자 하는 부분에 대해 구체적이고 행동적인 변화 목표를 설정하도록 지도한다.

위에서 진술한 수퍼바이저의 역할에 대한 세 모델의 관점을 요약하면, MRI 접근의 관점은 중립적이고 Haley 접근의 관점은 통제적이고 능동적이다. MRI 접근은 중립적인 위치에서 가족이 스스로 신념체계를 검토하여 해결책을 찾도록 돕고, Haley 접근은 수련생이 가족보다 한 단계 높은 지위에서 가족구성원들에게 지시를 하고 과제를 부과하여 가족체계가 변화되도록 돕는다. 이때 수퍼바이저의 역할은 지도자, 교사, 모델 등이다. 수퍼바이저는 수련생이 가족 내의 권력다툼에 관계되어 있다는 사실을 내담자 가족이 알도록 지도하면서 가족에게 상호작용의 시범을 보여 주고, 치료를 위한 구체적인 과제를 주며, 그들이 가족체계의 적극적인 참여자가 되도록 돕는다. 또한 수련생이 치료 목표를 구체적으로 설정하고, 직접적인 행동 시범과 활동적인 개입을 통하여 가족체계의 변화를 일으키며, 치료 결과에 대한 책임을 지도록 돕는다.

제8장
해결중심 가족치료 수퍼비전

해결중심 가족치료 모델은 캘리포니아 팔로알토 지역의 정신건강 연구소
(Mental Research Institute: MRI)의 단기치료센터(Brief Therapy Center)에서 20년
에 걸친 협력적 임상 연구를 통해 발달된 모델이다. 이 접근법의 기본 원칙은
현실에 대한 상대론적 또는 구성주의적 관점에 기초를 두고 있다. 이 관점은
사물의 진실한 특성은 결코 알려지지 않으며 일반적으로 알려진 보통의 사실
또는 진실로 여겨지는 것들은 어떠한 일이 왜, 어떻게 되어 가는지 또는 되어
가지 않는지를 설명하기 위한 개념적 구조라고 진술한다. 이러한 구조는 그
사람의 환경 내에서 작용하는 구조로서 피할 수 없는 것이다. 따라서 이와 같
은 현실 체계에서 어떤 모델의 타당성은 그 모델의 '진실'에 의해 측정되는
것이 아니라 원하는 결과를 성취하는지 여부에 의해 측정된다.

1. 해결중심 가족치료의 수퍼비전 패러다임

해결중심 모델의 기본관점은 접근법이 단순하고 합리적이며 수련생들에게 쉽게 가르칠 수 있다는 것이다. 그러나 수련생들은 대부분 그동안 병리적인 모델에 익숙해져 왔기 때문에 수련생의 가장 큰 장애물은 지금까지 배워 온 치료 모델들의 익숙한 준거틀에 대한 저항이다. 따라서 익숙한 틀에 대한 변화가 필요하다. 많은 수련생이 정신역동 모델에 익숙해져 있다. 이들은 어떤 증상, 즉 만성적 불평은 정신 내적인 방어의 표현이라고 간주한다. 그러나 해결중심치료 모델에서는 내담자의 문제를 가족의 역기능적 항상성(dysfunctional homeostasis)을 안정적으로 유지하기 위해 필요한 것으로 생각한다. 따라서 단순히 불평을 수정하려는 시도는 충분하지 않다고 본다. 그러나 수련생들은 이 모델의 근본적인 원인에 대한 이해가 없으므로 자신이 증상 제거를 위해 할 수 있는 것이 없다고 생각하여 스스로 내담자 가족에 대한 책임과 의무를 다하지 않았다는 느낌을 받게 된다고 호소한다.

예를 들면, 어떤 부모가 아이의 문제를 해결하기 위해 치료센터에 왔을 때 전통적인 가족치료사는 이 아이의 문제는 부부간의 갈등이 주 원인인 것으로 가정한다. 부모는 아이를 양육하는 데 있어서 무엇이 옳고 그른지, 무엇이 문제인지, 또 무엇이 효율적인지에 대한 여러 관점을 설명할 것이다. 전통적 치료 접근에 훈련된 수련생들 역시 내담자 가족의 문제들에 대한 가족발달 과정을 살피면서 확산되거나 반복되는 내담자 가족의 지난 역사를 더 깊이 탐색할 것이다.

그러나 해결중심 모델에서는 문제에 대한 과거의 역사에 신경 쓰지 말고 현재에 초점을 두라고 지도한다. 수퍼바이저가 수련생에게 '문제에 대한 과거의 역사'에 신경 쓰지 말라고 할 때 그들은 문제해결 접근 모델이 깊이가 없는 치료라고 생각할 수 있다. 또한 해결중심 모델의 훈련 과정에서 문제의 원인이나 해결에 어떤 표준이나 규범이 없는 것에 대해 '정상'의 기준과 용어를 사용하지 않는 것을 혼란스러워할 수 있다.

수련생들은 내담자 가족의 문제를 진단할 때 기존에 습득한 정신건강의 기준이나 가족의 기능적 규범 또는 이와 유사한 것들을 무시하기가 어렵다고 말한다. 뿐만 아니라 내담자 가족이 문제를 진술하지 않으면 문제가 없는 것으로 본다는 개념도 익숙지가 않다. 이와 같이 이 모델의 개념을 인식할 때 수련생이 문제해결중심 모델을 제대로 이해하지 못하면 혼란이 오기 쉽다. 그러므로 해결중심 모델의 수퍼바이저는 수련생이 해결중심 모델의 개념을 이해하기 위해 시간이 필요하다는 것을 먼저 인식해야 한다.

문제해결중심 모델에서는 사례를 수행할 때 해결중심 모델 지침에 따른 치료를 진행하는 것이 최대의 효과를 가져올 수 있다고 믿는다. 따라서 수련생들은 문제점과 가족 및 개개인의 특성에 대한 단순한 사실을 기반으로 내담자 가족과 함께 작업하는 방법을 보게 된다.

해결중심 모델은 치료자의 스타일이나 카리스마, 타고난 재능보다는 기초 이론과 기법에 대한 이해에 더 강조점을 둔다. 물론 치료자의 치료 기술 재능이 많으면 치료에 약간의 이점이 있긴 하겠지만 본질적인 효과는 이 모델이 제공하는 치료접근 과정과 기술에 있다고 믿는다. 사례에 대한 중재기법들 대부분이 치료 과정 중에 실행되고, 어떤 특정 상황과 관련된 요인들에 대한 검토 또한 치료 중에 이루어지기 때문에 섬광처럼 번득이는 효과는 드물고 그러한 효과는 오래가지도 않기 때문에 기대하지 않는다.

해결중심 모델은 치료자의 성별, 민족성 혹은 그밖의 개인적인 기질을 강조하지 않고, 이러한 요인들을 중심으로 사례들을 할당하지도 않는다. 따라서 이러한 요인들을 치료를 제한하는 요인으로는 보지 않지만 내담자 가족들의 이러한 특성들이 어떻게 치료에 적용될 수 있을지는 고려한다.

해결중심 모델 훈련에서 바람직한 치료 목표는 이론적 근거와 치료 기법에 대한 충분한 이해를 제공하여 치료 과정에서 수련생들이 이론과 기법들을 잘 적용함으로써 그것을 일반화할 수 있도록 도와주는 것이다. 특히 수련생들은 어떤 자료가 치료와 관련성이 있는지 또는 없는지, 내담자 가족이 제공한 정보들을 어떻게 명확하게 구조화할 것인지에 대하여 지도받는다. 수련생들은 또한 내담자들의 불만들을 어떻게 구별하여 문제를 정의하고 개입 과정에서 재구성할 것인지, 과제는 어떻게 줄 것인지, 사례에 대한 평가는 어떻게 할 것인지를 지도받는다. 이처럼 해결중심 단기치료 모델은 문제들이 어떻게 나타나고 있으며 어떻게 유지되고 있는지를 설명하는 단순한 모델이다(Fisch, Weakland, & Segal, 1982). 지금까지 훈련 과정에서 복잡한 모델들을 사용했던 수련생들이 어려움을 느끼는 부분은 바로 이 모델의 단순성이다. 그러나 해결중심 단기치료 모델에서는 다른 치료 모델에서 사용한 여러 지침은 관련성이 없는 것으로 여기고, 훈련 초기에 중요한 역동이 무시되고 있다는 느낌을 갖게 한다.

통찰 지향적 모델에 익숙한 수련생들은 수퍼바이저가 내담자 가족으로부터 더 구체적인 자료를 얻으라고 요청하면 난처한 느낌을 받기도 한다. 즉, 내담자 가족에게 그동안 해 왔던 것과는 매우 다른 행동을 취할 것을 강조하기 때문에 수퍼바이저의 제안이나 어떠한 과제를 하는 데 있어서 어려움이 생길 수 있다. 사람들은 성공적이지 못한 '해결책'을 지속적으로 고집하는 경향이 있다. 이는 그들의 준거틀 내에서는 그 방법만이 분별력 있고 논리적인, 또는 안전한 것이라고 생각하고 있기 때문이다. 그동안 익숙해진 틀을 버리게 하는 것은 쉬운 일이 아니며 매우 세심한 계획과 설명이 필요하다. 이러한 계획과 설명을 위해서는 내담자 가족의 준거틀을 이용해야 한다. 즉, 문제해결중심 모델은 세계관을 변화시키려고 하는 것보다 내담자 가족의 언어를 사용하여 대화하는 것이 더 효율적이고 능률적이라고 믿는다. 인식과 통찰을 중요시하는 모델 접근에 익숙한 수련생들에게 이것은 가장 어려운 부분이 될 수 있다.

1) 해결중심 모델의 특성

해결중심 모델은 문제의 원인을 규명하기보다는 가족구성원들의 자원을 활용하여 문제해결의 방법을 찾는 것에 초점을 둔다. 이 모델은 다음과 같은 특성을 갖는다.

(1) 비병리적 관점

비병리적(nonpathologic)이라는 용어는 문제의 형태와 지속성이 개인이나 가족의 유전적인 문제와 관련되어 있지 않다는 것을 의미한다. 이 모델은 내담자들이 일반적인 다른 사람들보다 문제에 더 취약한 사람이라고 보지 않으며, 문제의 원인으로 선천성이나 고유성보다도 가족구성원들의 상호작용을 중요하게 간주한다. 따라서 문제의 지속성에 관심을 두고, 문제의 지속성은 내담자 혹은 그 문제와 관련된 사람들의 문제해결 시도, 즉 그러한 문제를 해결하려는 시도의 논리적인 결과라고 본다.

(2) 비표준적 관점

비표준적(non-normative) 관점은 개인이나 가족의 건강성 또는 정상성을 판단하기 위해 어떠한 기준도 사용하지 않는다는 것이다. 즉, 만일 내담자 가족이 어떠한 불평이나 불만도 표현하지 않는다면, 그 가족은 기능하고 있다고 생각하여 문제라고 여기지 않는다. 따라서 판단의 유일한 기준은 내담자 가족 중 누군가가 어떠한 상황이나 일의 상태에 대해 불평을 하는지 여부이다. 그러므로 문제해결은 내담자 가족의 불평이 제거 또는 감소됐는지의 여부를 통해 평가할 수 있다. 다시 말해, 해결중심 가족치료 모델에서는 가족구성원들 중 어느 누구도 문제를 이야기하지 않으면 문제로 여기지 않는다.

(3) 문제해결 접근

문제해결(problem-solving) 접근에서는 수련생이 내담자 가족에게서 분명한 자료를 충분하게 얻는 것이 매우 중요하다. 내담자 가족은 특정한 질문에 대해 모호한 태도를 취하고 일반적으로 보편적인 것을 말하며 하나의 주제에서 다른 주제로 빠르게 전환하면서 매우 혼란스럽게 진술한다. 수련생은 내담자 가족이 변화를 보일 수 있도록 치료 과정에서 문제해결을 시도하는데, 이를 위해 불평과 관련한 구체적인 상황에 대해 매우 분명하게 질문하여 그것을 이해해야 한다.

2. 해결중심 가족치료 수퍼비전의 실제

1) 훈련구조화

John Weakland가 팔로알토에 있는 MRI 연구소에서 수행한 해결중심 가족치료 훈련 프로그램의 내용은 다음과 같다. 훈련 과정에 입문하려는 모든 수련생은 최소한 3년의 임상 경험과 1년의 가족치료 또는 부부치료 경력을 필요로 한다. 수련생들은 훈련의 목적과 어떻게 훈련을 받을 것인지의 계획을 듣게 된다. 훈련 과정에서 개개인이 치료수행을 잘 하는 것도 중요하지만 더 중요한 것은 다른 수련생과 어떻게 작업을 잘 수행해 나가는지이다. 내담자 가족들은 정확히 8주 동안 참여가 가능해야 하고 관찰 및 녹화되는 것에 동의해야 하며 훈련 프로그램에 참여한 수련생들에게 치료받을 의지가 있어야 한다. 해결중심 가족치료 센터는 반복을 통한 훈련을 할 수 있게 환경이 조성된다. 또한 치료실과 관찰실은 일방경으로 분리되어 있고, 수퍼바이저와 수련생은 테이블에 있는 인터폰으로 의사소통할 수 있다.

수련생은 첫 면접에서 내담자 가족들에게 이러한 특별한 상황을 설명하고 이에 대한 서면 동의를 받는다. 수퍼바이저는 치료실에 들어가 수련생을 도와줄 수도 있지만 일반적으로는 치료 과정 동안 수련생이 내담자 가족을 치료하는 것을 지켜본다. 수련생 역시 치료 과정 중에 수퍼바이저에게 도움을 요청할 수도 있지만 대부분 주로 수퍼바이저가 인터폰을 사용하여 지도하게 된다.

훈련 초기에 수퍼바이저는 수련생에게 특정한 자료를 다시 한 번 확인하도록 또는 필요한 자료를 얻도록 요청한다. 이러한 과정을 통하여 수련생들은 어떤 정보가 주요하게 관련이 있는지, 그 정보가 왜 중요한지, 그리고 어떻게 구체화해야 하는지에 대해 배우게 된다. 훈련 초기에 수련생들은 부정확한 자료와 모호한 자료에 대하여 수퍼바이저의 지도를 받으면서 알아가게 된다. 수퍼바이저는 수련생들에게 개입에 대한 지시 및 내담자 가족에게 주는 과제에 대한 이론적 근거를 개념화하여 지도·감독한다. 또한 과제의 특성 또는 복잡성에 따른 전반적인 전략 등을 설명하면서 수련생과 상호 교류한다.

해결중심 모델은 전략 지향적 접근이기 때문에 정확하고 구체적인 단어 선택이 중요하며, 수퍼바이저는 종종 수련생에게 지시한 대로 내담자 가족에게 진술하도록 요청하기도 한다. 수련생들은 순서에 따라 자신의 내담자를 치료하기 위하여 치료실로 들어가고 남은 수련생들은 수퍼바이저와 함께 관찰실에 있게 된다. 그리고 수퍼바이저는 필요한 경우 관찰실에서 수련생들에게 내담자 가족과 치료에 대한 특정한 사항을 설명한다. 이때 수퍼바이저는, 첫째, 치료실 사례에 집중해야 하고, 둘째, 치료하고 있는 수련생의 필요에 집중해야 하며, 셋째, 관찰실에서 수련생을 관찰하는 수련생들에게도 집중해야 한다. 추가 설명은 치료가 끝난 후에 수련생과 치료 후 토론 과정에서 함께 하는 것이 더 효율적이다. 치료 과정에는 대략 1시간이 소요된다. 이러한 해결중심 가족치료는 행동 지향적이므로 그와 관련된 과제를 제시해야 한다. 치료 후 토론에서는 수퍼바이저가 수련생의 치료에 대한 소감을 들은 후 피드백을 주고 다른 관찰 수련생들의 질문이나 피드백을 받은 후에 다음 회기를 계획한다.

2) 훈련 과정

훈련 과정에서는 해결중심 모델 이론에 대한 설명과 개입에 대한 일반적인 지침, 치료센터에서 수행된 치료에 관한 비디오 시청 등을 통하여 치료 사례 과정의 시뮬레이션을 경험한다. 또한 해결중심 모델 이론을 다룬 논문이나 책을 읽으면서 이 모델의 이론적 근거와 기술을 확장시켜 나간다. 그리고 이러한 이론적 토대 위에서 자신이 직접 치료를 실행하고 다른 수련생이 하는 치료를 관찰하며, 수퍼바이저의 과정 진행에 대한 설명과 지도를 받으면서 훈련하게 된다. 수련생들은 훈련 기간 내내 훈련에 대한 질문과 제안 및 창의적인 비평을 할 수 있도록 개방적인 환경을 제공받는다.

훈련 과정은 두 부분으로 나뉜다. 치료 사례에 대한 직접적인 감독과 치료 회기 후의 토론이 그것이다. 그 후에는 간접적인 지도가 진행되고 전체 그룹에서 두 수련생이 자신이 진행한 치료의 녹화 테이프나 과정 기록을 가져와서 발표한다. 수련생들은 모호한 접근이나 이에 대한 이론 및 기법들에 대한 질문을 할 수 있다. 훈련팀은 8~10명으로 구성되고, 8주의 치료훈련 주기가 끝나면 수퍼바이저는 바뀐다. 훈련 과정이 반 정도 끝났을 때 모든 수련생은 각각의 수퍼바이저 및 훈련팀의 모든 구성원과 함께 모임을 갖는다. 또한 모든 수련생은 9개월의 훈련 과정 동안 수퍼바이저의 지도를 받으면서 두 개 이상의 사례를 직접 진행할 기회를 갖는다.

수련생 집단훈련은 각각의 수련생에게 더 많은 관심을 갖게 하고, 훈련 과정 동안 수련생들끼리의 평가 및 토론이 가능하다. 이 과정에서의 토론 및 평가는 어려움을 겪는 수련생들이 서로 돕게 만들 수 있다. 어떤 수련생들은 수퍼바이저의 지도 및 동료들의 피드백에 많은 긴장과 스트레스를 갖게 되는데 이러한 어려움들은 서로 나누면서 대처 방법들이 모색된다. 수퍼바이저들 역시 이러한 문제에 대해 토론하고 그들을 위한 개입 방안들을 모색하여 긴장이 완화되도록 도와준다. 예를 들면, "다음 회기에서는 당신에게 가장 익숙한 방법을 선택하여 치료 회기를 진행하고 그 방법이 당신에게 유용한 딱 맞는 방법이라는 것을 우리가 볼 수 있게 해 주세요."라고 지도한다. 어떤 수련생들은 자신의 내담자 가족보다 한발 앞서 가는 자세를 취하는 경우도 있고, 때로는 자신감 표출로 내담자 가족과 논쟁에 휘말리기도 하며, 너무 빨리 상담을 진행하려는 자세로 어려움을 겪기도 한다. 때로는 너무 지지적인 태도가 내담자 가족을 혼돈스럽게 만들거나 소원하게 만들 수도 있고, 내담자 가족이 장점이라고 여기는 것들을 중요하지 않게 생각하는 등의 관점의 차이로 갈등이 생기기도 한다.

　수퍼바이저와 수련생팀이 함께 과정을 진행하기 때문에 이러한 여러 종류의 어려움에 대해 수퍼바이저는 그들의 관점과 평가를 비교해 볼 수 있다. 필요할 경우 어떤 특정 수련생의 어려움을 도울 수 있는 최선의 방법이 무엇인지에 대한 합의를 이끌어 낼 수도 있다. 집단 훈련 방법의 또 다른 장점은 치료 회기를 진행할 때 서로 다른 스타일의 수퍼비전으로 하나의 사례를 실행해 보면서 각기 다른 개입 또는 기법을 배울 수 있고, 이를 통해 수련생들에게 개입 방법이 하나 이상 있음을 알게 하는 동시에 그들이 자신에게 더 잘 맞는 방법을 선택할 수 있게 한다는 것이다. 이러한 과정을 통하여 수련생들은 해결중심 모델 전문가로 성장하게 된다.

3) 수퍼비전 및 훈련 목표

　de Shazer는 사람들이 종종 "문제를 해결하려는 노력을 그만두는 것이 어렵다."고 말하는 것은 그들이 문제를 해결하고 싶다는 생각에 너무 깊이 빠져 있기 때문이라고 진술한다. 해결중심 가족치료는 다른 치료 모델과 같이 치료 목표의 설정을 중요시하며, 특히 내담자와 협상하여 목표를 설정하는 것을 매우 중요시한다. 내담자와 치료자는 서로 합의한 문제를 해결하기 위해 만나는, 목적이 있는 관계이므로 관계 형성과 종결을 잘 하기 위해서는 구체적이고 명확한 목표 설정이 필요하다.

　해결중심 모델 훈련의 목표는 수련생이 해결중심 모델을 습득하여 치료 현장에서 이를 적절히 사용할 수 있도록 도와주는 것이다. 이 목표를 달성하기 위해서는 이전에 알고 수행하던 모델과 그 모델의 기술들을 잊고, 해결중심 모델을 익혀서 수행하는 것이 중요하다. 이 모델에서는 정확한 해결책을 찾는 것도 중요하지만, 더 중요한 것은 그동안 수행해 온 모델과의 차이를 분별하는 것이다. 즉, 사례를 진행하는 데 있어서 수련생들이 제대로 하고 있는 것도 중요하지만 그들이 오류를 범하는 것으로부터 더 많은 것을 배울 수 있다고 믿는 것도 중요하다. 수련생은 이 새로운 모델, 즉 해결중심 모델을 명확히 알고 이전에 사용했던 모델과 대조해 볼 때 그것을 더 빨리 습득하게 된다.

이러한 과정을 통하여 수련생은 해결중심 모델을 사용할 때 개입이 달라진다는 것을 보고 느낄 수 있게 된다. 이때 수퍼바이저는 주요한 양상에 대하여 직간접적으로 끊임없이 모델과 기술을 관련시킴으로써 수련생을 지도·감독한다. 따라서 수련 과정이 끝난 후에는 수련생 역시 모든 상황을 해결중심 모델과 연계하여 설명할 수 있게 된다. 훈련 과정에서 수퍼바이저는, 첫째, 수련생이 어떤 모델을 익숙하게 표현하는지 관찰하고, 둘째, 그 모델이 해결중심 모델과 어떻게 다르며 유사점은 있는지 검토하고, 셋째, 해결중심 모델의 개입 과정과 결과들에 대하여 수련생에게 논의하게 한다. 이러한 훈련 과정을 통하여 수퍼바이저는 이 모델의 효율성을 수련생 자신이 스스로 깨닫도록 도와준다. 수퍼바이저는 내담자 가족들의 문제에 있어서도 수련생이 적극적인 역할을 할 수 있도록 도와주어야 하며 어떠한 행동이 내담자 가족의 문제를 지속시키고 있는지 볼 수 있도록 도와주어야 한다. 따라서 우선순위는 무엇이 문제이고, 그 문제를 지속시키고 있는 것이 무엇인지에 대한 명확한 정보를 얻는 것이다.

또한 수퍼바이저는 수련생에게 해당 개입이 해결중심 모델과 관련이 있다는 점을 강조하고, "당신이 과제를 정말로 할 수 있을지 걱정이 됩니다."라고 내담자 가족에게 말하도록 지시한다. 이는 그들을 과소평가하여 화나게 하는 것이 아니라 그들의 동기를 자극하여 행동하게 하는 데 목적이 있다. 이 모델에서는 내담자 가족이 자신들의 문제를 이해하게 하는 데 초점을 두기보다는 내담자 가족이 다른 무언가를 행하도록 도와주는 데 더 초점을 둔다.

이로써 수련생은 내담자 가족이 과제를 수행하여 그들 자신을 향상시키고 영향력 있는 역할을 찾아 행동하고 있다는 것을 깨닫게 해 준다. 수련생은 이처럼 내담자 가족의 동기가 유발되도록 그들의 동기를 사용함으로써 영향력 있는 역할을 수행한다.

초기에 수퍼바이저들은 치료실에 들어가는 것을 꺼려 하였다. 이는 치료 과정을 방해할 뿐만 아니라 수퍼바이저가 수련생을 대신해 치료를 떠맡게 될 것이라고 믿었기 때문이다. 그러나 대부분의 수련생은 오히려 수퍼바이저가 치료실로 들어오면 진퇴양난에 빠진 자신을 구원해 준 것처럼 큰 도움이 되었다고 진술한다. 이러한 피드백들은 시간이 경과함에 따라 수퍼바이저들에게 더욱 적극적인 참여를 하게 만들었다. 수퍼바이저의 치료실 출입이 치료 과정에서 빈번하지는 않지만 치료 과정 중에 한 번 정도는 종종 있다. 이는 수련생이 탱크 안에 자기 혼자 갇혀 있지 않았음을 알게 하여 그들의 긴장을 완화시켜 주고 곤경에서 구해 줄 수 있는 수퍼바이저의 필요성을 깨닫게 해 준다.

예를 들면, 수련생이 내담자 가족이 가지고 있는 확고한 신념을 무시할 때 또는 내담자 가족과 논쟁에 휩싸이는 교착 상태에 빠질 때 수퍼바이저는 상담실로 들어가 개입을 할 수 있다. 수퍼바이저는 내담자 가족에게 자신이 들어온 이유와 내담자 가족이 치료 초기에 동의했던 진술에 대해 설명한다. 또한 수련생이 간과한 부분에 대해 내담자 가족의 입장에서 수련생에게 설명할 수도 있고, 치료실을 떠나기 전에 그 관점에 대해 '좀 더 깊이 있게' 상담하도록 지도할 수도 있다. 수퍼바이저는 치료 회기가 끝난 후의 토론에서 수련생의 치료 과정에서 나타난 이론적 근거를 설명하고, 해당 치료 과정에 대해 수련생과 피드백을 나눈다.

4) 질문 기법

해결중심 모델은 문제가 아닌 해결에 초점을 두어야 하고, 수퍼비전에서도 질문 기법들은 아주 중요하다. 해결중심 모델 수퍼비전을 하는 데 유용한 질문들을 살펴보면 다음과 같다.

(1) 목표 설정 질문

수퍼비전의 목표는 수련생 입장에서 중요한 것이어야 한다. 가능하면 수퍼바이저는 수련생에게 무엇이 변화되어야 하는지를 직접 말해 주기보다 수련생 자신이 문제의 해결책을 찾을 수 있게 현실적이고 실현 가능한 목표를 설정하도록 도와주어야 한다. 이를 위해 수퍼바이저는 '어떻게'라는 질문을 사용해야 한다.

"당신은 구체적으로 무엇을 어떻게 다르게 하고 싶습니까?"
"당신이 하고 싶은 대로 한다면 무엇을 어떻게 할 건가요?"
"당신은 어떻게 생각하고, 어떻게 느끼고 있습니까?"

목표는 변화 가능하고 측정 가능한 행동으로 진술한다.

"당신은 지금 1~10점 사이 어디에 있나요?"
"만약 당신이 지금 8점이라면 10점으로 가기 위해 어떻게 할 수 있을까요?"
"이번 회기에서 오늘은 몇 점인가요?"
"끝날 때에 몇 점이면 좋겠어요?"
"5점에서 8점으로 가려면 수퍼비전에서 무엇에 초점을 맞춰야 할까요?"

(2) 문제해결 질문

수퍼바이저는 수퍼비전 주제에 대한 수련생의 생각을 유도하기 위해 다음과 같은 질문을 할 수 있다. "오늘 수퍼비전에서 당신에게 중요한 것은 무엇인가요?" 즉, 수련생이 생각하기에 이야기할 만한 다른 중요한 문제들이 있는지 물어본다.

수퍼바이저의 첫 번째 임무는 수련생이 치료할 때마다 성공할 수 있는 영역이 무엇인지 찾는 것이다. 수퍼비전 회기에서 '실패'의 대답을 가져올 만한 질문은 하지 않는 것이 좋다. 수퍼바이저는 지시를 내리는 것이 아니라 수련생이 해결책을 찾도록 도와줌으로써 영향력을 갖게 된다.

"이런 형태의 내담자와 전에 성공해 본 적이 있습니까?"

"이번 회기에 대한 좋은 느낌은 무엇입니까?"

"이런 형태의 집단에서 당신이 잘할 수 있는 것은 무엇입니까?"

"어떤 모델을 써 보고 싶습니까?"

"이 내담자와 성공한 것은 무엇 때문일까요?"

이러한 질문들은 수련생을 편안하게 해 줄 수 있고 수퍼바이저와 수련생 간의 힘의 문제나 거리감을 줄일 수 있다.

(3) 대처 질문

수련생이 치료에 대한 책임감에 짓눌리지 않게 도와주려면 수퍼바이저는 문제를 객관화하려는 노력을 해야 한다.

"그 어려운 문제를 어떻게 그렇게 할 수 있었어요?"

"어떻게 당신을 괴롭히지 못하도록 하셨어요?"

"그 회기가 정말 어려웠지만 그 가운데에서도 좋았던 점은 무엇인가요?"

"그 일이 이 회기에서 아직 발생하지는 않았지요. 하지만 만약 발생한다면, 당신은 어떻게 하실 건가요?"

"최근 사례로 당신은 이처럼 다르게 접근하는 걸 배웠군요. 이 변화가 당신의 미래 치료에 어떻게 영향을 줄까요?"

"다른 사례에서 이 일이 다시 일어난다면 당신은 무엇을 다르게 할 건가요?"

"더 능숙해지기 위해 무엇을 하고 싶어요?"

"전에는 그 문제가 어떻게 당신에게 문제가 되지 않았나요?"

"그 문제는 당신을 어떤 식으로 힘들게 하였어요?"

"만약 다른 수련생이라면 그 문제에 대해 뭐라고 할까요?"

"그 사람도 그것을 문제로 볼까요?"

"그 수련생이 남자라면 어떻게 했을까요?"

수퍼바이저는 대처 질문을 통하여 수련생이 내담자의 문제에 어떻게 대처하였는지, 즉 무엇이 수련생의 책임인지, 혹은 무엇이 아닌지 현실적인 한계를 알도록 도와준다.

(4) 예외상황 질문

해결중심 모델 수퍼비전에서는 내담자와 수련생이 특정한 문제로 좌절하지 않도록 돕는 것이 중요하다. 그 문제는 늘 있었고 또 늘 있을 것이라는 생각을 하지 않도록 한다. 예외적인 경우나 그 문제가 없었던 시기 등을 질문함으로써 수련생이 문제에 압도되지 않고 그것을 극복할 수 있음을 깨닫도록 도와준다.

"그 문제가 일어나지 않은 때가 있었나요?"

"문제가 일어나지 않았다면 그것은 어떻게 되었을까요?"

"그것이 문제가 되지 않는다고 지적하는 사람도 있을까요?"

"그 문제가 일어나지 않도록 하는 방법이 있나요?"

(5) 기적 질문

수퍼바이저는 수련생에게 현재의 문제 상황이 해결된 미래를 상상해 보도록 지도한다.

"이 상황에서 당신이 선택한 것이 무엇이든 간에 이 상황을 변화시킬 수 있다면, 그것은 어떻게 보일까요? 다른 사람들은 어떻게 느낄까요?"

"이 수퍼비전에서 가장 좋게 느낀 것들 가운데 이번 주에 적용하고 싶은 것은 무엇인가요?"

"당신은 무엇이 좀 나아지고 있다고 생각하나요?"

(6) 지지하는 질문

대부분의 사람들은 기대하지 못한 칭찬을 받으면 기뻐하며 놀란다. 따라서 수퍼바이저는 항상 칭찬할 만한 긍정적인 것을 찾아야 한다. 수퍼바이저가 사용할 수 있는 칭찬 사례는 다음과 같다.

"정말 훌륭했어요. 그렇게 어려운 회기에서 어떻게 조용히 견딜 수 있었지요?"

"당신의 어떤 부분이 그렇게 효과를 낼 수 있었을까요?"

수퍼바이저의 지도는 수련생이 문제의 해결책을 찾는 데 도움이 되는 방향으로 나아가야 한다. 이렇게 문제해결에 초점을 맞춤으로써 수련생은 자신의 치료 방법을 개발하여 내담자의 삶에 긍정적인 변화를 줄 수 있다. 수퍼바이저는 수련생이 그들 자신의 행동을 통찰함으로써 자신의 일에 더 만족할 수 있도록 구체적인 기술들을 습득하게 도와주어야 한다.

5) 평가

수련생에 대한 평가는 치료 후 토론에서 논의된 사항들을 치료 과정에 어떻게 적용하고 있었는지 여부의 평가로 이루어진다. 만일 적용하지 않았다면 수련생들이 논의된 내용들을 잘 이해하지 못한 것인지, 아니면 적용하는 과정에서 실패한 것인지 알아본다. 수퍼비전 과정에서 수련생에게 논의된 내용이나 제안들을 설명하게 할 수도 있다. 이는 과정을 확인하는 추가적인 평가 방법이 될 수 있다. 또는 어떤 사례에 대한 가설을 주고 이러한 가설에 대해 어떻게 생각하는지, 내담자 가족이 시도할 수 있는 해결책은 무엇인지, 내담사 가족이 취할 수 있는 방법은 무엇인지, 이 치료에서 피해야 할 것은 무엇인지, 내담자 가족의 문제 유지 노력을 멈추기 위한 개입 방법은 무엇인지에 대하여 설명하도록 함으로써 평가할 수도 있다. 그리고 항상 치료 시간에 늦는 내담자 가족을 어떻게 다룰 것인지, 혹은 교통법규 위반 때문에 오지 못한 내담자 가족에게 어떻게 반응할 것인지 등 비임상적인 문제들을 질문하기도 한다. 이러한 질문은 해결중심 모델의 비병리적인 양상, 즉 '임상적인 것'과 '비임상적인 것'의 차이를 어떻게 다룰 것인지와 관련하여 도움을 줄 수 있다.

3. 수퍼바이저의 역할

수퍼바이저와 수련생의 관계는 가르치고 가르침을 받는 교수적(teaching) 관계 맥락과 비슷하다. 이는 강의에서의 시험 점수와 같은 것을 산출하지는 않지만, 수퍼바이저는 해결중심 모델에 대한 자신의 전문 지식을 전하고 평가해야 한다. 뿐만 아니라 수련생들의 평가와 제안에 열려 있어야 한다. 치료 훈련 자체에 관한 전체적인 책임은 수퍼바이저에게 있지만 수련생들도 자신의 치료 과정과 결과에 대한 책임이 있다. 수퍼바이저는 수련생의 영역을 넘어서는 "메타치료사(metatherapist)"가 되어야 한다. 예를 들면, 어떤 자료에 대해 좀 더 정확한 정보를 탐색해야 한다는 수퍼바이저의 의견에 대해 직관 지향적 접근에 익숙한 수련생은 동의하지 않으면서 내담자 가족이 스스로 표현할 때까지 시간이 필요하다고 주장할 수 있다. 수련생과의 이러한 관점의 차이는 서로 논의되어야 하며, 수퍼바이저는 수련생에게 내담자 가족에 대한 정보들을 구체적으로 탐색해야 하는 이유를 설명해 주고 때로는 수련생의 관점대로 실행할 수 있도록 기회를 주어야 한다. 이러한 과정들을 통하여 수퍼바이저는 어떻게 수련생들의 치료 능력을 촉진시킬 것인지 연구해야 한다. 예를 들면, 내담자 가족이 모호한 정보를 수련생에게 줄 때, 수련생은 "네. 그렇군요."라고 반응하면서 내담자 가족의 모호한 진술을 계속 방치할 수도 있다. 이때 수퍼바이저는 인터폰으로 수련생에게 아까 이야기한 모호한 정보들을 좀 더 명확하게 말하도록 요청한다. 수련생은 치료 초기에 내담자 가족과 라포를 형성하는 것을 중요하게 여겼던 것과는 달리 내담자 진술을 명확하게 하라는 지시에 대해 압박감으로 느낄 수 있다. 이때 수퍼바이저는 "관계를 쌓는 것도 중요한 일이지만 내담자 가족의 현실적인 문제해결에 있어 수련생의 태도가 좀 더 적극적이기를 바란다."는 수퍼바이저의 관점을 설명하는 것이 바람직하다.

훈련 초기에 수련생들이 느끼는 어려움은 해결중심 모델의 준거 틀과 과거의 익숙한 모델의 준거 틀의 차이에서 오는 괴리감이다. 치료 훈련 상황은 항상 긴장하는 상황이기 때문에 수련생들은 일방경 뒤에서 관찰하고 있는 수퍼바이저와 수련생팀이 큰 부담으로 다가와 훈련 초기에는 그에 대한 저항감으로 불편해할 수 있다. 그러므로 수퍼바이저는 수련생이 긴장을 풀 수 있도록 치료 회기 전과 후에 진행되는 사례회의 토론에서 전략을 잘 세워야 한다. 또한 준거 틀로부터 제기되는 수련생들의 문제점과 관련해서는, 앞에서도 논의하였지만 이 모델의 강점이 치료의 간결성과 단순성이라는 것을 설명한다. 그리고 통찰 지향적 접근에 익숙해진 수련생들에게 치료자가 취해야 할 접근은 소극적인 접근이 아니라 전략적이며 문제해결적인 접근임을 강조해야 한다.

수퍼바이저는 수련생들이 내담자 가족을 상대로 주도적으로 대화를 이끌어 갈 수 있도록 지도해야 한다. 통찰 지향적 모델에서 수련생은 내담자 가족의 모호한 생각들이 명료화될 수 있도록 시간을 갖고 기다려 주지만, 이 모델에서는 수련생이 '의미 뒤에 숨겨진 의미'를 찾기 위해 적극적으로 개입한다. 이것은 해결중심 치료와 같은 단기치료 접근법을 가르치는 데 있어서의 어려운 문제 중 하나이다. 때때로 수퍼바이저는 자신이 수련생을 이 모델이 지향하는 방향으로 돕고 있다고 생각하지만 수련생들은 수퍼바이저에 의해 방해를 받는다고 생각할 수도 있다. 따라서 수퍼바이저는 회기 중에 인터폰을 사용하여 지도한 이유에 대해 치료 후의 토론에서 설명해 주어야 한다. 수퍼바이저는 그동안 수련생이 익숙하게 사용해 온 모델과 이 모델의 차이, 어떠한 자료는 이 모델과 관련이 없지만 다른 모델과는 관련이 있을 수 있다는 등의 차이점을 치료 후의 토론에서 설명해야 한다. 뿐만 아니라 이 모델의 비표준적 특성과 중요하게 다루어야 하는 요인 및 그렇지 않은 요인, 정보들에 대해 구체적으로 설명해 주는 것이 바람직하다.

제9장

가족치료 수퍼비전 사례

　라이브수퍼비전에서 회기가 잘 진행되지 않을 때 수퍼바이저는 수련생의 힘겨운 작업과 관련하여 일방경 뒤에서 여러 가지 방법을 생각해 볼 수 있다. 첫째, 수련생에게 인터폰으로 상담 방향을 제시할 것인가, 둘째, 기다리면서 이 회기가 끝난 후에 논의할 것인가, 셋째, 회기 중에 수련생을 불러내어 대안을 논의할 것인가 등에 대해 생각해 볼 수 있다. 수퍼바이저는 각각의 수퍼비전 개입에 대한 가능성과 결과를 예측해 보면서 어떤 지침을 내려야 할지 결정해야 한다.

　많은 가족치료 수퍼바이저는 여러 대안 중에서 무엇을 선택해야 할지, 무엇을 허용하고 지시를 내려야 할지 고민한다(Haley, 1974). 또한 그들은 개방적이고 절충적이면서 다양한 수퍼비전 기법을 끌어내고자 노력한다. 어떤 지침들은 신속하고 일관되게 제시되지만, 어떤 지침들은 왜 그런 선택을 했는지 충분히 설명하지 못하는 경우도 있다. 대부분의 수련생은 자신의 라이브수퍼비전과 회기에 대한 사례회의 및 자신의 오디오 또는 비디오테이프를 다시 보면서 자신의 치료하는 모습에 당황해하며 고통스러워한다. 따라서 수퍼바이저들은 수련생들이 사용한 기법이 어떤 이론적 체계와 연관성이 있는지 치료이론들을 연구하여 일관성 있게 수퍼비전의 방향성을 갖고 지도해 주어야 한다(Storm & Health, 1997). 수퍼바이저들이 상황에 관계없이 수퍼비전에 대한 개념적 지침(conceptual map)이 없으면 수퍼비전에서 꼭 필요한 개입을 신속하고 일관되게 하기 어렵다. 자신의 수퍼비전 방법들을 설명하지 못하는 수퍼바이저들은 수퍼비전을 하는 데 어려움이 있게 된다.

따라서 수퍼비전 모델은 수퍼바이저가 선호하는 치료 이론을 의도적으로 적용하고 사용할 수 있는 방법들을 제시하게 된다. 수퍼비전 모델들은 복잡한 현상들을 단순화하여 이해할 수 있도록 도와주는 하나의 지침서이다. 이러한 수퍼비전 모델들은 수퍼바이저들이 복잡한 수퍼비전 과정을 잘 헤쳐나갈 수 있도록 안내하고, 수퍼비전을 효과적으로 할 수 있도록 도와준다.

1. 동형구조

많은 가족치료 연구자가 치료와 수퍼비전은 동형구조(isomorphism)라는 것에 대해 설득력 있게 주장한다(Haley, 1976; Liddle & Saba, 1983). 수퍼바이저와 수련생의 관계는 수련생과 내담자의 관계와 상당히 비슷하다(Health, 1983). 두 상황 모두 내담자들은 자신이 전문가라고 생각하는 사람에게 도움을 구한다. 수퍼바이저는 대개 가족치료의 전문가이며 수련생 역시 가족치료 전문가이다. 내담자와 수련생은 자신이 받는 상담과 수퍼비전에 대해 이 관계에서 무엇인가를 얻을 것을 기대하며 각각의 전문가에게 치료비와 수퍼비전비를 지불한다. 수련생은 어려운 사례에 개입하는 방법을 찾고 치료 기술을 발전시키고자 노력하며, 내담자는 자신의 가족의 문제를 해결할 수 있는 방법을 알아내고 자신의 삶을 개선시키고자 노력한다.

수퍼바이저와 수련생은 모두 가족치료 전문가로서 가족체계의 변화에 초점을 두고 작업한다(Haley, 1976). 수퍼바이저는 내담자 가족과 수련생의 상호작용에 초점을 맞추고 수련생은 가족 내의 상호작용에 초점을 둔다. 그리

고 양쪽 모두 자신이 관심을 두는 대상들의 관계 변화를 위해 개입한다. 즉,
수퍼바이저는 수련생이 내담자 가족과 상호작용하는 방식을 바꾸도록 돕고
수련생은 가족구성원들이 서로 관계하는 방식을 변화시키도록 돕는다.

가족치료 전문가인 수퍼바이저와 수련생은 체계 변화의 촉진 방법에 대해
알아야 하고 그에 수반되는 개입 기술에 정통해야 한다(Liddle, 1982). 뿐만
아니라 수퍼바이저와 수련생 그리고 내담자의 관계를 잘 정립하고 유지하여
수퍼비전과 치료에서 긍정적인 관계가 지속적으로 이어질 수 있도록 노력해
야 한다.

위에서 논의한 대로 이러한 치료와 수퍼비전 간의 실질적인 유사성은 수퍼
비전 모델로서, 이것은 치료 이론 적용의 근거를 제공한다. 즉, 가족치료와
수퍼비전이 동형구조를 가지고 있기 때문에 치료의 이론적 구조가 수퍼비전
모델로 사용될 수 있음을 전제한다. 이때의 가족치료 수퍼비전 모델로는 나
타나는 현상과 정확히 일치하는 것보다는 대략적으로 부합하는 이론모델이
면 충분하다(Ashby, 1970). 가족치료와 수퍼비전은 어떤 점에서는 다르지만,
더 많은 유사성들로 가족치료 모델이 수퍼비전에 적절한 근거를 제공한다.
수퍼비전 모델로 어떤 치료 이론을 적용하는 것이 타당한가에 대한 논의는
다음과 같다.

첫째, 많은 수퍼바이저는 자신이 선호하는 치료 이론을 수퍼비전 모델로
이미 사용하고 있다. 공식적인 가족치료 수퍼비전 이론이 없으므로 가족치료
이론을 수퍼비전 지침으로 사용하고 있는 것이다. 수퍼비전을 할 때 그들은
기존의 가족치료 이론들로부터 가져온 개념과 기법, 아이디어를 적용한다.
Liddle(1982)이 말한 것처럼 Bowen 수퍼바이저들은 종종 수퍼비전을 가족항
해에 비유하며 수련생들이 함께 하도록 요구한다. 한편, 구조적 수퍼바이저
들은 적절한 위계체계와 분명한 경계, 직접적인 개입 방식들을 시도한다. 이
와 같이 수퍼바이저들은 자신이 관찰하고 개념화하고 개입하는 것을 지도하
기 위해 자신이 선호하는 치료 이론과 아이디어를 사용한다.

둘째, 가족치료 이론은 수퍼비전 이론과 비교해 볼 때 비교적 체계화되어

있다. 가족치료 이론들은 지난 수십 년간 잘 정리되고 확장되어서 높은 수준에 있다(Olson, Russell, & Sprenkle, 1980). 이와는 대조적으로 가족치료 수퍼비전 이론은 거의 불모지에 가깝다. 따라서 가족치료 이론들이 잘 발달되어 있기 때문에 수퍼바이저들이 이미 존재하는 여러 이론을 자신의 수퍼비전 모델로 선택하여 적용하고 있는 것이다.

셋째, 가족치료 이론은 이미 쉽게 쓸 수 있는 글로 명확히 진술되어 있다. 그 결과 수퍼바이저들은 수퍼비전하는 것보다 치료에 더 익숙하다. 이러한 사실은 수퍼비전 모델로서의 치료 이론의 실질적인 가치를 확증하고 있으며, 미지의 불확실한 영역들을 잘 지도할 수 있도록 안내자의 역할을 해 주고 있다.

넷째, 가족치료 이론에는 다양한 치료적 기법이 언제 어떻게 사용될 것인가에 대한 지침이 이미 마련되어 있다. 기법은 이론으로부터 나오기 때문에 잘 정립되고 통합된 일관적인 이론들을 사용하는 치료자들은 기법을 언제, 어떻게 사용해야 하는지 안다. 따라서 수퍼바이저들은 어떤 특정한 이론을 적용하는 데 있어서 많은 기법과 접근 방법을 전수받을 수 있다.

마지막으로, 가족치료 이론을 수퍼비전 모델로 사용하는 것은 가족체계 변화 촉진 모델로서 필요한 근거들을 명료하게 제공할 수 있다. 즉, 가족발달과 가족체계 변화에 관한 지식들이 수퍼비전 과정을 이해하고 설명하는데 유용한 자료들이 될 수 있다.

2. 수퍼비전 사례

Storm과 Health(1997)는 수퍼비전과 치료의 많은 유사성으로 인해 동일한 치료 이론과 수퍼비전 모델을 함께 사용할 수 있으며, 수퍼비전 모델로서 같은 치료 이론을 적용하는 것이 타당함을 밝혔다. 다음의 사례는 수퍼바이저(S)와 수련생(T)의 대화를 통해 가족치료 이론을 수퍼비전 모델에 적용하도록 수련생을 지도하는 것을 보여 주고 있다.

T1: 감독님은 제가 수퍼비전할 때 제가 선호하는 치료 이론을 사용하도록 제안하시는 거죠?

S1: 맞아요.

T2: 그렇다면 제가 어디에서부터 시작하면 좋을까요?

S2: 선호하는 치료 이론에 대한 선생님의 생각들을 명확히 하는 것부터 시작해요. 어떤 문제에 대한 선생님 자신의 생각과 해결책을 분명히 하면 할수록 선생님은 치료자로서 일관성을 갖게 됩니다. 치료에 대한 선생님의 생각, 선생님이 선호하는 치료 이론은 선생님의 신념을 명확히 해 줘서 수퍼비전하는데 도움이 됩니다.

T3: 네. 사실 저는 제 자신을 전략적 치료자로 생각합니다.

S3: 좋아요. 저는 선생님이 말씀하신 전략적 치료가 의미하는 것이 무엇인지 정확하게 알 수는 없지만, 중요한 것은 선생님이 전략적 가족치료의 개념과 기법, 아이디어들을 지속적으로 사용해야 한다는 것입니다.

T4: 그렇게 하고 있다고 생각합니다. 그런데 제가 다음에 수퍼비전할 때는 무엇부터 시작해야 할까요?

S4: 선생님이 내담자와 함께 했던 것처럼 시작하면 됩니다. 선생님은 새로운 내담자와 치료를 시작할 때 무엇을 먼저 하셨나요?

T5: 저는 내담자에게 자신의 문제를 진술하도록 했습니다. 그리고 그들의 언어를 사용하려고 했습니다.

S5: 좋아요. 그러면 선생님은 수퍼비전에서 무엇을 먼저 하실 건가요?

T6: 수련생에게 상담에서의 내담자의 문제가 무엇인지 물어야 하겠죠?

S6: 좋아요. 그럼 선생님은 수련생의 언어로 선생님의 첫 질문을 어떻게 할 수 있습니까?

T7: 아마도 수련생에게는 회기의 목표나 치료 사례에서 가지고 있는 문제 또는 어려움, 관심사가 무엇인지 물을 것입니다.

S7: 저 역시 두 접근 중 어느 것이나 다 좋다고 봅니다. 요점은 선생님이 치료에서 치료자의 언어를 사용하는 것처럼, 수퍼비전에서도 그러한 방식으로 문제의 초점을 정의해야 한다는 것입니다. 그리고 그 문제가 정의되면 그다음에는 무엇을 하실 건가요?

T8: 저는 내담자의 문제를 해결할 때 그들을 돕기 위해서 계약을 맺을 것입니다. 그리고 그 문제를 유지시키는 행동들에 대한 정보들을 탐색할 것입니다. 또한 그들이 자신의 문제를 해결하기 위해서 시도했던 것이 무엇이었는지 물을 것입니다.

S8: 치료 과정에서 선생님이 한 일을 수퍼비전에 적용한다면 수퍼비전에서 선생님은 무엇을 할 건가요?

T9: 저는 수련생이 자신의 목표에 도달하기 위해 내담자의 문제를 해결하려고 했던 것에 관한 정보를 수집하도록 도와줄 것입니다.

S9: 선생님의 언어가 훌륭합니다.

T10: 감사합니다. 저는 수련생이 자신의 사례에서 어려운 문제들을 해결하기 위해서 행한 것, 새로운 기법을 개발하려고 노력했던 것들을 물어볼 것입니다. 그리고 수련생이 스스로 세운 목표를 달성할 수 있도록 격려할 것입니다. 그렇게 함으로써 수련생이 정의한 문제와 목표들을 수용하고 그들을 돕도록 제안할 것입니다.

S10: 선생님의 치료 이론이 그 방향으로 진행하도록 안내하고 있군요. 만일 선생님이 다른 치료 이론을 적용한다면, 선생님은 다른 방향으로 진행할 것입니다. 예를 들면, 선생님이 경험적 가족치료 이론에 익숙하다면 선생님은 아마도 치료자들과의 관계에서 경험한 것에 더 집중할 것입니다.

T11: 수퍼바이저들이 가지고 있는 어려움들은 수련생의 이론과 수퍼바이저의 이론이 맞지 않을 때입니다. 그러한 상황에서는 어떻게 합니까?

S11: 좋은 질문입니다. 선생님의 전략적 가족치료 이론이 수련생의 수퍼비전 맥락(context)에서는 완벽하게 맞지 않을 수 있습니다. 즉, 가령 전략적 치료는 다른 이론을 적용한 수퍼비전에서는 불완전한 모델일 수도 있습니다. 하지만

전략적 치료자로서 이것을 내담자들의 문제에 적용할 수 있다는 것은 확신할 수 있을 것입니다. 그렇기 때문에 변화를 위한 시작으로 내담자가 진술한 문제를 먼저 작업해야 합니다. 같은 맥락에서 선생님이 사용하는 전략적 기법들을 또는 이와 비슷한 아이디어들을 수련생들에게도 적용할 수 있습니다.

T12: 만약 전략적 치료 이론이 수퍼비진 상황에 적합하다면, 저는 이 이론을 계속 유지할 것입니다. 대부분의 수퍼비전 회기를 전략적 개입으로 시작해서 마칠 것입니다.

S12: 선생님은 이제 수퍼비전하는 방법과 아이디어들을 습득하였군요.

T13: 그리고 수련생에게 과제를 주는 문제는 어떻습니까?

S13: 그것 역시 선생님이 변화를 위해 중요한 기술이라고 생각한다면, 수련생들에게 과제를 줄 수 있습니다. 물론 과제는 선생님의 수퍼비전 목표와 분명히 관련되어야 합니다. 마치 치료적 과제가 치료 목표와 관련되어야 하듯이요.

T14: 그러니까 수퍼비전에서 무엇을 해야 할지 확신이 없을 때 치료 상황에서 자신이 실행하기를 원하는 것이 무엇인지 스스로에게 물어보듯이 물어보라는 거군요.

S14: 예. 그것이 바로 선생님의 치료 이론을 수퍼비전 모델로 사용하는 방법입니다.

T15: 그런데 저의 치료 모델이 저의 수퍼비전 지침으로 적합하지 않은 경우들도 있습니까?

S15: 아마도요. 치료 이론이 수퍼비전에 유용하지 못한 경우를 다음과 같이 생각해 볼 수 있습니다. 첫째, 치료 이론에 대한 수련생의 이해에 차이가 있을 수 있습니다. 이러한 경우에는 수퍼비전 지침으로 선생님의 치료 이론을 사용함에 있어, 그 이론에 대한 전체적인 이해에 한계가 있음을 발견할 것입니다. 이러한 한계는 그 치료 이론에 대한 내담자들의 연구를 덧붙임으로써 채울 수 있습니다. 둘째, 수퍼비전 상황과 치료 상황에 차이가 있을 수 있습니다. 즉, 수퍼비전 지침으로서의 치료 이론의 유용성에 한계가 있을 수 있다는 것입니다. 셋째, 새로운 수퍼비전 이론이 선생님의 치료 이론보다 더 좋을 수 있습니

다. 이때는 수퍼비전을 처음 시작하는 수련생들에게 행동의 변화를 촉진시킬 수 있는 가장 쉬운 방법으로 약간의 교육을 제공할 수 있습니다.

T16: 교육도 전략상 시간을 정하여 전달될 수 있다는 것이죠?

S16: 맞습니다. 그것은 선생님의 전략적인 사고와도 일치합니다.

T17: 감사합니다. 수퍼바이저들은 교육자로서 수련생들에게 수퍼비전 과정에서 이론을 설명해도 된다는 말씀이죠. 사실 저는 내담자들에게 치료 이론을 절대로 설명하지 않습니다만 수련생들과는 함께 논의합니다.

S17: 대개 수퍼바이저들은 치료 이론에 대해서 수련생들과 이야기를 나눕니다. 그러나 수퍼비전 이론에 대하여 그들에게 말할 필요는 없습니다. 다시 말해서, 선생님의 중재에 얼마나 많은 설명을 제공하느냐 하는 것은 선생님의 이론에 달려 있습니다. 만약 선생님의 이론에서 변화에 대한 이해와 통찰력이 중요한 요소라고 생각하신다면, 선생님은 선생님 자신의 생각을 내담자와 수련생에게 설명할 것입니다. 그러나 만약 선생님의 이론이 이해력과 통찰력을 강조하지 않는다면, 선생님은 우선적으로 행동 변화와 선생님 자신에 대해 관심을 갖게 될 것입니다. 논리가 꼭 필요할 때 필요한 논리를 제공하면서 말이죠.

T18: 그러면 수퍼바이저들은 그들 자신과 유사한 이론적 태도 및 개념들을 가지고 있는 수련생들만 수퍼비전합니까?

S18: 꼭 그런 것은 아닙니다. 다만, 선생님의 기본적인 이론적 가설들을 공유한 수련생들과 일하는 것이 더 쉬울 것입니다.

T19: 그래서 저와 저의 수련생은 같은 언어를 사용하게 되는 거죠?

S19: 맞습니다. 불행하게도 그것이 항상 그렇게 쉽지만은 않습니다만 수퍼바이저들은 자주 여러 이론에 오리엔트된 수련생들을 만나게 됩니다. 또 어떤 때는 수퍼바이저가 실습해 보지 않은 수퍼비전을 요청받기도 합니다. 어느 경우든지 여러 가족치료 이론에 대한 원리 이해와 기법 활용은 수퍼비전에 많은 보람과 가치를 제공합니다.

T20: 그리고 수련생들에게 제가 선호하는 치료 이론과 제가 알고 있는 다른 이론

들을 말해야 되겠죠?

S20: 좋은 생각입니다. 자신의 한계들을 알고 있는 것이 가장 중요하다고 생각합니다. 예를 들면, 저는 정신역동 개념으로 생각하는 것이 어렵다는 것을 압니다. 따라서 저는 정신역동적 태도를 가지고 일하는 치료 전문가들에게 좋은 수퍼바이저가 되지는 못할 것입니다. 그러나 제가 이야기하고자 하는 것은 수련생의 이론적인 선택이 무엇이든지 간에 선생님 자신이 훈련받은 이론을 선생님의 수퍼비전 지침으로 사용할 수 있다는 것입니다.

T21: 그 이야기는 즉, 만약 수퍼바이저가 구조적 가족치료 전문가라면 전략적 치료자인 저를 수퍼비전하는 데 구조적 치료 이론을 지침으로 사용할 수 있다는 것인가요?

S21: 예. 그것은 좀 복잡합니다만 저는 선생님이 더 좋은 전략적 치료 전문가가 되도록 도와주기 위하여 제가 알고 사용할 수 있는 전략적 원리들을 좀 더 깊이 생각해야만 할 것입니다.

T22: 수퍼바이저는 동시에 두 개의 이론을 생각해야 하는군요.

S22: 맞습니다. 치료 상황의 것과 수퍼비전 상황의 것이죠.

T23: 그렇군요. 그러면 실제로 구조적 수퍼바이저는 무엇을 하기를 원합니까?

S23: 구조적 치료 전문가가 무엇을 하기를 원하냐고요? 그것과 관련해서는 Minuchin이나 Montalvo의 연구물들을 다시 읽어야죠.

T24: 우리가 지금까지 말한 내용에서 효과적인 수퍼비전이 되려면 자신이 정통한 가족치료 이론을 수퍼비전 이론으로 계속해서 일관되게 가져야 한다는 것을 깨닫게 되었습니다. 그리고 자신이 정통한 이론 외에도 다른 가족치료 이론들에 대한 지식을 가지고 있는 것이 수퍼비전에 도움이 된다는 것도요.

S24: 맞습니다. 즉, 가족치료 수퍼비전의 본질에 있어서 중요한 것은 자신이 정통한 치료 이론을 먼저 밝히고 그다음에 또 다른 수퍼비전 이론들을 밝히면서 사용하는 것이라는 이야기입니다.

결론적으로 수퍼바이저들은 수퍼바이저로서 수련생들의 수퍼비전을 향상시키기 위해 그들이 알고 있는 가족치료 이론을 먼저 사용할 수 있게 일관된 방법으로 격려해야 합니다. 그리고 그렇게 하기 위하여 수련생들은 자신이 사용할 이론들을 분명하게 이해하고 익히도록 꾸준히 노력해야 합니다. 수련생들이 어떤 하나의 가족치료 모델에 정통하게 되면 수퍼바이저들은 그들이 치료에서 실행한 것처럼 수퍼비전에서도 그렇게 진행하도록 도와주어야 한다는 것입니다.

가족치료 수퍼비전 모델의 평가는 일반 수퍼비전 모델의 평가와 마찬가지로(Harre, 1970) 수퍼비전 개입의 효과성에 기초해야 한다. 수퍼비전 모델로서 치료 이론을 적용하는 단순한 과정이 수퍼비전 기술을 빠르게 향상시켰다는 연구 보고가 있다(Reese & Overton, 1970). 따라서 가족치료 수퍼바이저들이 가족치료 모델을 수퍼비전 방식으로 선택하여 사용하는 것은 타당하다고 간주할 수 있다. 가족치료 이론들이 무엇을 관찰하고 언제, 어떻게 개입하는가에 대한 정보를 자세히 제공하고 있기 때문에 수퍼바이저들은 수퍼비전에서 그 이론과 기법들을 더 많이 유용하게 활용할 수 있다. 수련생들 역시 이러한 수퍼비전 과정을 통하여 가족치료에 더 많은 자신감을 가지고 가족치료 전문가로 성장하게 될 것이다.

제3부

수퍼비전의 실제

제10장
수퍼비전의 구조화

수퍼바이저는 수련생의 성장을 극대화하기 위해 우선 수련생의 특성을 고려하여 수퍼비전을 구조화해야 한다. 수퍼비전 구조화란 언제, 어디서 수퍼비전 회기를 가질 것인지, 수퍼비전에서의 서로의 기대는 무엇인지, 수퍼비전 회기는 어떻게 진행될 것인지에 대한 오리엔테이션을 말한다(Cross & Brown, 1983). 수퍼비전 구조화는 수퍼비전 과정을 어떻게 진행할 것인지 명확히 해 줌으로써 특히 초급 수련생들에게 수퍼비전에서 갖는 불안을 줄여 줄 수 있다(Freeman, 1993).

1. 수퍼비전 계약

초기 면담에서 수련생과 수퍼비전 계약관계(working relationship)를 맺고, 수련생의 상담 수준을 평가해 보고, 수퍼비전 면담에 대한 약속을 하고, 수련생을 위해 수퍼비전 계획을 세우는 것이 필요하다. 수퍼바이저는 수련생에게 지금까지 받은 수퍼비전 경험이나 선호하는 치료 접근 또는 수퍼비전 접근 방법에 대해 묻는다. 그리고 수퍼바이저 역시 자기가 선호하는 수퍼비전 스타일에 대해 설명한다. 예를 들면, 수퍼바이저와 수련생이 자신을 소개할 때 다음 사항을 고려해 볼 수 있다.

- 수련생의 개인적인 상담 경험과 배경
- 수퍼바이저의 상담 철학과 오리엔테이션 경험
- 수련생이 되는 것 또는 훈련을 시작하는 것에 대한 동기
- 수퍼바이저의 경험을 수련생의 경험과 관련 짓기
- 수퍼바이저의 자격에 대한 설명

수퍼바이저와 수련생의 역할에 관한 모호성은 초기에 해결되어야 하므로 이러한 상호 교류가 이루어진 후 수퍼비전을 받는 동안 함께 작업할 조건들에 대해 의견을 나눈다. 수련생이 어떤 세팅에서 어떤 내담자를 치료하느냐에 따라 문제점이 달라지겠지만 주어진 조건, 이미 존재하고 있는 제한점들을 고려하여 수련생의 역할과 책임에 대하여 정확한 계약을 통해 확실한 관계 설정을 하는 것이 필요하다.

수퍼비전에서 분명히 해 두어야 할 사항들은 다음과 같다.

- 얼마나 자주, 얼마 동안, 어디에서 만날 것인가?
- 녹음기, 녹화 테이프, 사례기록 등을 어떻게 사용할 것인가?
- 매주 같은 내담자 또는 다른 내담자의 사례를 수퍼비전할 것인가?
- 수련생은 녹화 테이프를 어떻게 준비할 것인가?
- 어떤 구조와 순서로 수퍼비전할 것인가?
- 위기상황을 어떻게 다룰 것인가? (예: 자살시도가 염려되는 내담자)
- 위기상황에서 어떻게 수퍼바이저에게 연락할 것인가?
- 수퍼바이저와 연락이 안 되면 어떻게 할 것인가?
- 수련생은 어떤 기준으로 어떻게 평가되는가?

- 수련생은 어떤 유형의 내담자를 치료할 것인가?
- 수련생이 선호하는 내담자를 택할 수 있는가?
- 내담자가 별로 없을 때는 어떻게 할 것인가?
- 수련생이 다른 기관에서 상담한다면 수련생의 상관과의 관계는 어떻게 할 것인가?

수퍼바이저와 수련생 간의 행동계약에서 유의해야 할 내용은 다음과 같다.

- 행동계약 수행에 대한 동의
- 행동계약 미준수에 대한 제재
- 지식과 기술 습득, 행동 변화에 대한 기대 수준
- 행동계약 결과와 측정에 대한 평가 기준
- 행동계약 수행의 장애물(시간 부족, 사례 성공 및 실패에 대한 두려움, 수행 불안, 자원의 한계)

2. 수퍼바이저의 자기점검

수퍼바이저 역할을 준비하기 위해서는 우선 자신의 과거 경험을 점검할 필요가 있다. 수련생에게 있어서 자신은 어떠한 유형의 수퍼바이저인가? 권위적인지, 아니면 동료, 코치, 격려자, 자문 등의 역할을 하는 수퍼바이저인지 자문해 볼 필요가 있다. 수퍼비전과 관계되는 지식 및 기술에 대한 자기평가와 관련하여 ACES(1995)는 다음과 같은 제안을 하고 있다. 이러한 자기평가를 통해 수퍼바이저로서 자신의 상점이나 제한점 등을 확인할 필요가 있다.

- 나는 수퍼바이저로서 어떤 역할에 가장 많은, 또는 가장 적은 경험을 갖고 있는가? (예: 치료자의 역할, 교사의 역할, 평가자의 역할, 자문가의 역할)

- 내가 좋아하는 치료 스타일은 무엇인가?
- 과거에 일관성 있게 받은 나에 대한 피드백은 무엇이었는가? (강점, 부족한점, 제한점)
- 어떤 유형의 수련생 혹은 내담자와 가장 효과적이었는가? 또는 가장 비효과적이었는가?
- 어떤 치료 접근과 방법에서 편안하게 수퍼비전을 할 수 있는가?
- 과거 수련생으로서의 경험 중 효율적인, 또는 비효율적인 수퍼비전 개입은 무엇이었는가?
- 내가 좋아한 수퍼비전은 무엇인가? 왜 좋았는가?
- 내가 수퍼바이저와 수퍼비전에 대해 가진 기대는 무엇인가?
- 그 기대는 시간이 지나면서 어떻게 되었는가?
- 수련생으로서 가진 과거의 경험들을 수퍼비전에 어떻게 적용할 것인가?

수퍼비전에서 보이는 피드백에 대한 저항과 과도한 신중함 등은 수퍼비전에 영향을 줄 수 있다. 따라서 이와 같은 수련생의 수퍼비전에 대한 부정적 경험은 특히 주시할 필요가 있다. 뿐만 아니라 수퍼바이저는 수련생에게 수퍼비전 과정에 대하여 다음의 사항들을 설명하고 상호 협의할 수 있다.

- 수퍼비전 방식과 수퍼비전 과정 설명
- 수퍼비전과 치료의 경계
- 수퍼비전 관계에 대한 설명
- 집단 수퍼비전 쟁점
- 이용 가능한 자원 및 과제
- 수련생과 수퍼바이저의 기대 및 요구 사항(시간 관리, 행정 업무, 취소 절차, 작업 조건, 서류 정리, 정보의 기밀성)

3. 수퍼비전의 종류

1) 개인수퍼비전

개인수퍼비전은 수련생이 상담자로서의 인간적 자질과 전문적 능력을 발달시키기 위해 개인적으로 수퍼바이저에게 받게 되는 상담 수행에 대한 지도와 감독으로, 수련생의 전문적 발달의 초석이 된다. 개인수퍼비전에서는 수련생이 집단수퍼비전에서 나타내기 어려운 예민한 부분을 탐색하는 데 보호적이면서도 수련생의 개인적 특성과 발달단계에 적합한 지도가 이뤄질 수 있다. 개인수퍼비전에서 수퍼바이저는 수련생이 전문가로 성장하고 스스로 성찰 할 수 있도록 도우며 내담자에게 영향을 미치는 수련생의 문제들을 다룰 수도 있다. 또한 수련생의 성격 특성이 상담에 미치는 영향을 고려하여 필요할 경우 수련생에게 개인상담을 통해 도움을 받도록 권할 수도 있다.

2) 집단수퍼비전

가장 많이 이루어지고 있는 수퍼비전 형태인 집단수퍼비전은 실제 치료 장면에서 수련생과 인턴을 교육하기 위한 방법으로, 그리고 대학원을 졸업한 수련생의 계속 교육을 위한 방법으로 사용되고 있다. 집단수퍼비전의 가장 큰 장점은 집단 구성원들의 상호작용 속에서 일어나는 수퍼비전과 집단 구성원들이 제공하는 다양한 시각이다. 집단의 구성원이 제공하는 다양한 시각은 모인 수련생들의 성격에 좌우된다. 예를 들면, 서로 다른 발달단계에 있는 수련생들이 모이는 것이 장점은 초급 수련생은 선배와 동료들을 관찰함으로써 배울 수 있고, 고급 수련생은 초급 수련생과 같이 일하면서 상호 수퍼비전을 함으로써 도움을 받을 수 있다는 것이다. 그러나 반대로 자신보다 훨씬 크게 성장·발달한 수련생을 대할 때 혹은 너무 기초적인 기술에 더 초점을 둘 때 좌절을 경험할 수도 있다(Savickas, Marquart, & Supinski, 1986). 집단 구성원들의 성격 특성들이 집단과정에 긍정적으로, 또는 부정적으로 영향을 미칠 수 있기 때문에 효과적인 집단수퍼비전이 되기 위해서는 서로 따뜻하고 지지적이며 촉진적이어야 한다.

집단수퍼비전은 개인수퍼비전에 비해 시간과 비용 면에서 효율적이기 때문에 선호도가 높다. 수련생이 수퍼바이저에 대한 의존성과 사회적 지위의 차이에 부담감을 적게 갖는 것 역시 집단수퍼비전의 장점이다. 집단수퍼비전은 보다 허용적인 분위기를 제공하기 때문에 수련생은 수퍼바이저의 제안에 동의하지 않을 때 질문을 할 수 있다. 또한 집단수퍼비전은 수련생과 수퍼바이저를 다른 수련생들과 연계할 수 있는 기회를 제공한다. 다만 집단수퍼비전이 아무리 효과적이라고 하여도 개인수퍼비전을 전적으로 대신할 수는 없다(Prietro, 1996).

수퍼비전 집단의 크기는 8~12명이 이상적이고, 집단 구성원 간에 동일한 특성이 많을 때 더 촉진적인 관계를 형성한다. 동일한 특성에는 구성원들의 교육 정도, 즉 대학원 재학 또는 졸업한 상태, 전공 분야가 상담학과 관련된 분야인지 등이 포함된다. 동일한 특성이 많을수록 수련생이 보다 빨리 동료들과 치료 경험을 나누고 공감대를 형성하기 쉽다.

3) 동료수퍼비전

동료수퍼비전은 비슷한 수준의 구성원들이 모여 수퍼바이저 없이 자체적으로 시행하며, 경험이 많은 수련생들은 서로 수퍼비전을 주고받을 수 있다. 이 수퍼비전의 특징은 형식적인 평가가 없고, 수련생들 간의 신뢰를 바탕으로 하며, 비판적이기보다는 지지적이라는 것이다. 치료 기관에서 수련생들을 위해 만든 지지 그룹이 이러한 동료수퍼비전을 할 수 있다. 이런 경험들은 상호 관계를 강화하고 스트레스를 감소시키며, 서로의 사기를 북돋아 준다.

가령, 세 명의 수련생이 팀이 되어 각각 수련생, 평가자, 촉진자의 역할을 분담한다고 할 때 수련생이 사례를 제시하고 평가자는 사례 파악 및 핵심 감정 파악에 대한 평가를 하며, 촉진자는 수련생과 내담자 관계에 초점을 맞추어 논의해 보는 방법을 사용할 수 있다.

4) 라이브수퍼비전

라이브수퍼비전은 수퍼바이저가 상담 장면에 동참하여 일방경을 통해 상담 회기를 직접 관찰하면서 수련생이 적절한 상담을 하도록 돕는 것으로, 가장 정확한 정보를 수퍼바이저에게 제공한다. 라이브수퍼비전을 위해서는 비디오 시스템 및 CC TV 카메라, 관찰실 등의 시설이 구비되어야 한다. 상담 회기를 녹화한 비디오테이프는 수련생의 직접적인 자료로서 라이브수퍼비전 후에 수련생 자신이 직접 관찰자가 되어 볼 수 있다는 장점을 지닌다.

수퍼바이저와 수련생 집단은 일방경을 통하여 기술적 차원뿐 아니라 회기 중 수련생에게 불편한 감정을 불러일으키는 요소들을 볼 수 있다. 수퍼바이저는 치료 기술을 방해하는 미해결 과제들을 발견할 수 있으며, 이때의 미해결 과제는 다음과 같은 내용을 포함한다.

- 수련생이 회기 중에 불안해하고 적은 반응을 보이며, 감정적으로 또는 인지적으로 '일시 정지' 상태가 된다.
- 수련생은 고통의 암묵적 신호를 보인다.
- 수련생은 중요한 주제에 대한 미숙한 종결을 보여 준다.
- 수련생이 어떤 특정한 주제에서 지나치게 격렬하거나 지나치게 의기소침한 반응을 보인다.
- 수련생이 치료 과정에서 목표를 설정하고 추구하는 데 어려움을 갖는다.

5) 비디오 또는 오디오 수퍼비전

비디오테이프 수퍼비전은 기록 수퍼비전에 비하여 쉽고 이용이 용이하다. 이 방법은 수퍼바이저에게 있어 가장 힘이 있고 역동적인 방법인 반면, 수련생에겐 도전적이고 위협적이며 불안을 유발시키면서 겸손하게 만드는 방법이다. 수퍼바이저들은 비디오테이프를 어떻게 하면 효과적으로 활용할 것인가에 대한 훈련이 필요하다. 치료 기법의 가능성을 어떻게 최대화할 것인가, 치료 기법이 갖고 있는 특징적인 단점을 어떻게 최소화할 것인가, 좋은 수퍼비전이라는 목적을 달성하기 위해 비디오테이프를 어떻게 사용할 것인가를 항상 고민해야 한다.

오디오테이프는 상담 회기를 녹음한 테이프로 직접적인 자료이다. 수련생은 오디오테이프를 사용하여 면담 당시 떠올린 생각, 느낌, 자각을 회상해 보면서(interpersonal process recall) 수련생 자신과 내담자의 관계에 대하여 새롭게 이해할 수 있고 특정 기술을 검토해 볼 수도 있다. 비록 수련생과 내담자가 모두 녹음에 대해 불편함과 불안을 경험하긴 하지만, 수퍼바이저에게 있어서 녹음은 직접 수련생과 내담자의 반응을 들어볼 수 있으므로 적절한 지도를 가능하게 해 준다. 그러나 오디오테이프를 이용한 수퍼비전은 비언어적 반응에 대해서는 지도·감독할 수 없다는 한계가 있다.

6) 공개사례 발표

수퍼비전의 필요성에 대한 인식이 증가함에 따라 상담 기관 내의 공개사례 발표는 활발하게 진행된다. 대부분의 상담센터의 경우에 대학원 수련생과 인턴이 사례 발표를 하고, 2인의 수퍼바이저가 지도·감독을 한다. 이러한 기관 내의 세미나나 지속적인 사례 발표는 때때로 외부 수퍼바이저가 촉진할 수도 있고 이 기관 내의 수퍼바이저가 맡을 수도 있다.

공개사례 발표자는 3세대에 걸친 가계도 작성, 가설 설정, 치료계획 및 사례 개념화, 회기별 내용 및 축어록 등을 정리하여 발표한다.

공개사례 발표에서 발표자는 치료 장면 또는 수퍼비전 상황에서 일어나는 자신의 정서적인 반응에 대해 토론할 수 있다.

7) 계속 교육

수련생의 경험이 증가할수록 수퍼비전에 대한 기회는 줄어든다. 일반적으로 고급 수련생은 상담 기관의 정규 직원 또는 관리자인 경우가 많고, 이들은 후배 수련생들에게 수퍼비전을 제공하는 위치에 있게 된다. 그러므로 스스로의 계속적인 발전을 원하는 고급 수련생은 동료들과 서로 수퍼비전을 제공하는 방법이나 다른 계속 교육의 기회를 구하려는 자세를 갖는 것이 중요하다. 보다 경험이 많은 고급 수련생이라면 다른 분야의 전문가에게 수퍼비전을 받는 경우도 있다. 예를 들면, 심리검사에 대한 수퍼비전은 임상 전문가에게 받을 수 있다. 이처럼 다른 분야의 전문가에게 수퍼비전을 받음으로써 고급 수련생은 다른 영역에서의 발달을 도모할 수 있다. 즉, 수퍼비전에 많은 시간을 투자하는 수련생은 이러한 계속 교육의 기회를 잘 활용하여 성장의 기회로 삼는 것이 좋다.

제11장
수퍼비전의 과정

1. 동맹관계

수퍼바이저와 수련생이 처음 만나서 이루어야 할 주요한 과업 중의 하나는 긍정적인 작업동맹(working alliance)관계를 맺는 것이다. 이때 수퍼바이저와 수련생이 치료와 관련된 경험 혹은 일반적인 경험에 대한 서로의 정보를 나누는 것이 동맹관계 형성을 위해서 중요하다. 수퍼바이저는 수련생의 내담자 사례에 대한 경험 그리고 수퍼비전에서 다루어질 수 있는 다른 경험들에 대한 정보를 나누어야 한다. 그리고 수련생은 여러 가지 영역에서의 수련생 자신의 장점과 단점, 치료했던 기관, 예전의 수퍼비전에 대한 경험 등을 나눌 수 있다.

수퍼바이저 역시 자신의 훈련경험에 대한 정보를 수련생과 나누어야 한다. 수퍼비전은 일차적으로 수련생의 요구에 초점이 맞추어지지만 수퍼바이저는 수퍼비전을 가이드할 이론적 접근이나 치료와 관련된 경험 등을 나누어야 한다. 수퍼바이저의 이러한 정보는 수련생으로 하여금 수퍼바이저에게 전문성과 신뢰감을 느낄 수 있도록 도와주며, 수련생은 어떤 영역에서 수퍼바이저가 효과적인 수퍼비전을 제공할 수 있는지를 알게 된다(Cottone & Tarvydas, 1998). 수퍼바이저와 수련생은 초기에 자신들의 기대에 대해서 논의하여 어떻게 수퍼비전 회기가 진행될 것인지, 어느 정도의 구조화가 누구에게 책임이 있는지 등을 명확히 해야 한다. 수련생의 수퍼비전에 대한 기대는 수퍼비전 관계가 발전하면서 변하지만, 초기에 수련생의 기대를 확실히 밝힐 때 수퍼비전의 만족도가 높으며 불만족스러운 수퍼비전으로 인해 발생하는 실망과 좌절을 줄일 수 있다.

　수련생과 수퍼바이저는 수퍼비전에서 다루게 될 수련생의 치료 사례에 대해 먼저 정한다. 한 사례에 대해 지속적으로 수퍼비전을 받는 것은 보다 깊이 있는 사례 이해에 도움이 된다. 그러나 여러 사례를 맡고 있는 수련생의 경우에는 모든 사례를 한 번 이상 수퍼바이저와 다루는 것이 바람직하다. 수퍼비전에서 다룰 사례에 대한 기록과 녹음 테이프 등은 수퍼비전 회기 전에 수퍼바이저에게 제출되어야 한다. 수퍼비전 시간은 수련생의 내담자에 대한 치료 과정 검토와 수정에 대한 작업, 수퍼바이저의 제안 등으로 이루어진다. 수퍼비전 과정과 내용을 요약정리하는 수퍼비전 기록은 사례 기록과 마찬가지로 필수적이다. 수퍼비전 기록은 수련생의 자격증 취득에 필요한 자료로 제공되기 때문에 수퍼바이저는 수련생의 기록을 점검하고 확인 서명을 해야 한다. 수퍼비전의 회기별 종결에서는 내담자 사례에 대한 검토와 다음 수퍼비전 회기에 대한 계획 등이 논의되어야 한다.

2. 수퍼비전의 목표

　수퍼비전의 목표 설정은 수련생의 적극적인 참여가 중요하다. 서로 동의한 목표를 진술할 때 수퍼바이저와 수련생의 협동관계가 이루어진다. 이런 과정에서 수퍼바이저는 자신이 모델이 될 수 있다. 구체적이고 관찰할 수 있는 목

표, 그 목표에 도달하기 위한 행동수행 단계, 그 목표 도달에 대한 평가 방법
이 명확하면 수련생은 성공하기 쉽다. 예를 들어, 내담자의 감정에 초점을 맞
추는 것이 목표일 때 수퍼바이저는 수련생이 내담자가 감정이 섞인 내용을
말할 때마다 감정 반영을 해 주도록 격려할 수 있고, 비디오나 오디오 테이프
를 분석하면서 그 목표에 어느 정도 도달했는지 검토할 수 있다. 이때는 장기
계획과 단기계획이 모두 중요하다. 따라서 장기계획과 연결되는 단기계획,
단기계획과 연결되는 일련의 작업 활동을 확인할 필요가 있고, 수련생은 이
연계를 이해하고 인식하는 것이 중요하다.

수퍼바이저는 수련생에 대한 정보, 수퍼비전 동기, 치료 전문가로서의 발
달적 과제, 사례파악 수준 등을 알고 있지만 수련생 자신이 그것을 인식하지
못한다면, 수퍼바이저가 사례의 목표를 설명하고 개입의 의미를 표현해 주는
것이 효과적이다. 수련생이 치료 지식과 기술을 습득하고 독립적이게 되었을
때 이러한 설명과 표현은 줄어든다. 수퍼바이저와 수련생이 많은 정보를 가
지고 목표를 세울 때에도 서로가 지나치게 많은 목표를 세우지 않도록 해야
하며, 목표의 우선순위를 세우는 것이 중요하다. 현실적인 목표 설정은 수련
생이 자신감 있는 치료자로 능력을 향상시킬 수 있도록 도와준다. 목표 달성
을 위한 치료 기술의 변화를 점검하기 위해 수련생은 매번 수퍼비전에 대해
기록하는 것이 좋다. 자기평가, 수퍼바이저의 피드백, 내담자에 대한 기록,
사례파악 과정, 핵심 감정 이해 등 이러한 기록들이 축적되어 전문 치료자로
서의 변화 과정을 관찰하면서 성장할 수 있다.

수련생은 자기 자신에게 정기적으로 다음과 같은 질문을 던지고 관찰·점
검함으로써 자신의 목표를 평가할 수 있다.

- 내담자를 경청하고 관찰하면서 나는 무슨 생각을 하였나?
- 내가 실제로 뭐라고 말하고 행동하였나?
- 내 반응이 내담자에게 어떤 영향을 주었나?
- 내 반응의 효과를 어떻게 평가할 수 있나?

- 이 시점에서 내가 말하고 행동한 것 외에 다른 대안은 없었는가?
- 변화를 위한 목표 설정은 어떠했나?
- 목표 달성을 위해 어떤 구체적인 전략을 세워 실행했나?

수퍼바이저 또한 자신이 매번 수퍼비전한 내용을 기록하여 수련생의 향상을 평가한다. 즉, 수련생이 가져온 문제, 목표 달성을 위해 실행한 결과, 수퍼바이저의 개입 및 평가, 다음 수퍼비전을 위한 계획 등을 평가한다. 그리고 전문가로서의 성장 발달을 위한 과제를 줄 수 있다. 수련생이 전문 수련생으로 성장하고 정체감을 갖도록 치료와 관련된 학술대회, 워크숍 등에 참여하고, 요약 및 비평을 해 보도록 격려한다. 또한 내담자를 의뢰할 수 있는 자원들과 관련 치료 기관의 정보를 가지고 있어야 하며, 필요하다면 중요 기관을 방문하여 담당자를 만나 보는 것도 바람직하다.

그러므로 목표 설정은 수퍼비전 과정에서 필수적이고, 수퍼바이저와 수련생이 서면 형식의 기록을 갖는 것이 바람직하다.

수퍼비전의 목표에는 다음과 같은 구성요소들이 포함되어야 한다(Borders & Leddick, 1987).

첫째, 명확히 진술되고, 성취 가능하고, 구체적이며, 관찰 가능하고, 측정 가능해야 한다.

둘째, 결과를 이끌어 내는 구체적인 행동 단계가 진술되어야 한다.

셋째, 결과를 평가할 구체적인 절차가 진술되어야 한다.

3. 수퍼비전의 내용

수퍼비전의 내용은 수련생의 치료 과정 기술, 내담자 문제 진단 및 사례에 대한 개념화, 개인화 등으로 구분할 수 있다(Bernard, 1979, pp. 61-62). 치료 과정 기술은 수련생이 치료 장면에서 사용하는 가장 일반적인 기술이다. 여기에는 ① 초기 면접을 자연스럽게 하는 능력, ② 반영, 요약, 해석 등의 치료 기술을 수행할 수 있는 능력, ③ 내담자가 그 자신의 마음에 있는 것을 말하도록 돕는 능력, ④ 언어적 의사소통을 원활히 하고 비언어적 의사소통을 구사하는 능력, ⑤ 회기 종결을 수행하는 능력 등이 포함된다.

　내담자의 문제 신난 및 치료 계획에 대한 사례 개념화는 수련생이 회기에서 나눈 경험을 통해 내담자를 이해하고 치료 개입을 선택하는 기술이다. 즉, 사례 개념화는 수련생이 사례를 분석하고 사고하는 인지적 기술로서 여기에는 ① 내담자가 말하는 것을 이해하는 능력, ② 내담자의 진술에서 핵심이슈를 명료화하는 기술, ③ 내담자에게 적절한 치료 목표를 설정하는 기술, ④ 설정된 목표에 적절한 전략을 개입하는 기술, ⑤ 내담자의 향상과 변화를 발견하는 기술 등이 포함된다.

　개인화(personalization)는 수련생의 개인적인 치료 스타일과 치료 활동에서의 역할을 통합하는 기술이다. 개인화 영역에는 ① 내담자와의 관계에서 권위를 갖고 자신의 지식과 기술에 대한 자신감, ② 방어적이지 않고 내담자와 수퍼바이저로부터 도전과 피드백을 받을 수 있는 능력, ③ 내담자와 수퍼바이저의 느낌, 가치, 태도를 수용할 수 있는 능력과 자기의 느낌, 가치, 태도에 대해 편안해 할 수 있는 능력, ④ 내담자의 존중 등이 포함된다(Bernard, 1979, pp. 62-63).

　수퍼바이저는 수퍼비전 내용을 결정하는 데 있어서 수련생의 이론적 배경과 발달단계 등 몇 가지의 요인을 고려해야 한다. 그리고 수퍼바이저는 각 영역에서 수련생의 능력을 판단한 후, 수퍼비전 목표를 달성하기에 제일 적절한 역할을 선택해야 한다. 즉, 수련생의 발달단계에 따라 수퍼바이저가 다른 역할을 선택하여 그 발달 단계에 맞는 수퍼비전을 제공해야 한다. 예를 들면, 초급 수련생에게 수퍼바이저는 교사의 역할을, 고급 수련생에게는 사문가의 역할을 선택할 수 있다. 수퍼바이저는 각 회기 안에서도 자신의 역할과 수퍼비전 내용의 초점을 바꿀 수 있다. 따라서 효과적인 수퍼비전에는 수퍼바이저의 유연성이 요구된다는 것을 알아야 한다.

그러므로 수퍼바이저는 수련생의 능력을 평가한 후 수련생의 발달단계에 맞는 수퍼비전을 해야 한다.

수퍼비전에서의 수련생의 사례 진술에 대한 내용 검토는 다음과 같이 요약할 수 있다.

(1) 사례 진술에 대한 검토

① 내담자 인적사항(내담자의 기본 정보, 호소문제, 가계도, 가족사항)

② 수련생의 사례 진단 및 목표

③ 사례 개념화

- 치료의 이론적 모델 적용 능력은 어느 수준인가?
- 수집된 정보로부터 어떤 문제를 진단하고 어떤 가설을 세우는가?
- 그 가설로부터 어떤 목표와 치료 계획을 세우는가?
- 임상적 개입과 관련된 치료 계획은 체계적인가?

(2) 치료 과정에 대한 검토

① 핵심 메시지 파악 정도

- 호소문제, 생각, 의도, 요구 등

② 핵심 감정 파악 정도

- 감정 상태, 전이, 저항 등

③ 수련생과 내담자의 상호 역동

- 상호작용 패턴(적극성, 수동성)
- 상호 관계(지배적, 권위적, 순응적)
- 내면적 관계(감정 전이, 역전이, 저항)

④ 정서적 지지도(rapport)

- 수련생과 내담자의 친밀감 수준

(3) 치료 기술에 대한 검토

① 대화 기술(듣기 기술과 질문 기술)

② 구조화 및 명료화

③ 치료 기술

- 수련생이 치료 개입을 수행할 기술 또는 치료 기술 증진에 필요한 자질과 자원을 갖고 있는가?
- 수련생의 치료 기술을 사정할 도구들이 있는가?
- 핵심 감정을 끌어내는 수준은 어떠한가?

④ 치료 장면에서의 상호역동

- 대인관계 스타일은 어떠한가?
- 내담자와 수퍼바이저에 대한 태도는 어떠한가?
- 내담자와 수퍼바이저와의 상호작용은 어떠한가?
- 일반적인 상황과 특수 상황에서의 직면 능력은 어떠한가?
- 갈등이 일어나는 사례 유형은 어떠한가?

(4) 수련생의 통합 능력

① 동기화

- 수련생의 동기화는 어떠한가?
- 수련생의 경험은 긍정적인가 부정적인가?
- 수련생이 소진될 위험성은 없는가?
- 수련생의 두려움, 불안, 스트레스 요인들은 무엇인가?

② 수련생의 통합 능력

- 자신의 강점과 약점
- 자신과 내담자 역동에 대한 통찰
- 사례 파악에 대한 수준
- 치료 전략 및 개입에 대한 능력
- 내담자의 다양한 감정에 반응하는 능력

③ 수련생 스타일
- 능동적인가 수동적인가?
- 정보처리 능력은 어떠한가? 귀납적인가 연역적인가?
- 내적 통제 능력과 외적 통제 능력은 어떠한가?

4. 수퍼비전 개입

수련생이 설정한 수퍼비전 목표를 효과적으로 성취하기 위해서는 수퍼비전 개입(intervention)이 필요하다. 수퍼비전 개입에서 고려해야 할 요인은 (Bernstein & Lecomte, 1979) 수련생의 수퍼비전 목표, 수련생의 경험 수준 및 발달 수준, 수련생의 치료 스타일, 수퍼바이저의 수퍼비전에 대한 목표, 수퍼바이저의 이론적 배경 등을 들 수 있다. 수퍼바이저는 자신이 익숙한 역할에만 많이 머물러 있을 수 있다는 것(Bernard, 1997)을 기억하고 수련생의 경험적·발달적 수준에 따라 수련생에 대한 수퍼비전 스타일이 다를 수 있다는 것에 주의할 필요가 있다(Putney et al., 1992).

예를 들면, 이 수련생은 새로운 기술의 이론적 배경을 이해한 후에 더 잘 배우는가, 실제로 관찰하면서 연습할 때 더 잘 배우는가? 피드백의 형태와 강화의 방법은 어떠한가? 수퍼바이저가 칭찬을 하고 따뜻하고 지지적일 때 잘하는 수련생이 있는가 하면 객관적인 비판을 더 좋아하는 수련생이 있다. 이러한 모든 요인은 수퍼바이저의 이론적 배경이 수퍼비전에서 어떤 개입을 할 것인가에 영향을 준다. 그러므로 수퍼바이저와 수련생의 관계, 수련생과 내담자의 관계에서도 어떤 면에 중점을 두는가 역시 다를 수 있다. 그러나 숙련된 전문가들은 수퍼바이저로서 자신의 성장 과정에 비추어 이 수퍼비전에서 이루고자 하는 목표가 있을 수 있다. 예를 들면, 이번 수퍼비전에서 특별히 라이브수퍼비전을 시도해 보거나 수련생의 욕구에 적극적으로 직면하는 것 등에 초점을 두어 수퍼비전 개입을 달리할 수 있다.

1) 수퍼비전 개입 유형

수퍼비전 개입 유형에는 촉진적 개입, 처방적 개입, 개념적 개입, 직면적 개입, 승화적 개입이 있다(Stoltenberg et al., 1998).

(1) 촉진적 개입

촉진적 개입(facilitative intervention)은 수련생을 지지하고 그들의 발달을 격려하는 것으로, 모든 발달단계의 수련생에게 필요한 수퍼비전 개입이다. 이 개입에서는 수련생의 적절한 치료 기술과 치료 과정을 효과적으로 수행한 것에 대해서 칭찬하고 강화하는 것이 중요하다. 또한 수련생이 치료 과정에 대한 혼란과 불안을 표현할 때 이를 인정해 주고 지지해 주는 것이 필요하다. 촉진적 개입에서 수퍼바이저는 비지시적인 질문을 하면서 토론을 촉진한다. 예를 들어, "그 반응에 대해 어떻게 느꼈나요?" 또는 "그 반응에 대해 더 이야기해 주실 수 있나요?" "지난 회기의 내용에 대해 어떻게 느꼈나요?" 등이다. 촉진적 반응은 지시나 직면 없이 토론하도록 한다. 이러한 촉진적 개입은 대개 비위협적이고 수퍼비전 개입에서 많이 사용된다.

수퍼바이저는 자신이 수련생에게 촉진적이라고 믿는 경향이 있다. 그러나 실제로 치료 시에는 내담자에게 촉진적이고 지지적인 수퍼바이저일지라도 수퍼비전 회기에서는 치료 회기에서보다 덜 촉진적이고 덜 지지적인 경향이 있다(Carkhuff & Berenson, 1997). 이는 수퍼바이저가 수련생의 부족한 부분을 도와주려는 의도에서 잘한 것을 언급하기보다는 부족한 면을 지적하기 때문일 것이다.

초급 수련생은 수련생으로서 자신감을 갖는 데 시간이 걸린다. 처음으로 치료를 접하게 되는 초급 수련생은 수퍼바이저가 자신의 부족한 부분을 지적할 경우, 그 지적을 자신이 더 배워야 할 것에 대한 언급으로 생각하기보다 자신의 성숙도에 대한 평가라고 생각할 수도 있다. 따라서 수퍼바이저는 수퍼비전이 치료 기술과 치료 수행 과정을 배우기 위한 것이라고 수련생에게 교육하고, 수퍼비전 과정을 통하여 그들이 구체적이고 수행 가능한 것을 실제로 배우면서 쉽게 해 내고 두려움도 줄일 수 있도록 도와주어야 한다(Allen, Szollo, & Williams, 1986).

(2) 처방적 개입

처방적 개입(prescriptive intervention)은 수퍼바이저가 수련생에게 치료에 대한 처방, 즉 사례 개념화, 치료 목표와 개입 전략 등을 알려 주는 것이다. 초급 수련생에게 처방적 개입은 필요하다. 처방적 개입은 종종 귀띔하기와 라이브수퍼비전에서 인터폰으로 수퍼비전하는 것 등 긴박한 상황에서 사용되기도 한다.

초급 수련생은 치료 개입 기술이나 내담자 역동에 대한 지식이 부족하기 때문에 수퍼바이저는 가능한 대안을 제시하여 수련생이 검토 후 선택할 수 있도록 하는 것이 바람직하다. 수련생 자신이 검토해서 치료 개입 기술과 치료 목표 및 전략 등을 선택하는 것은 초급 수련생의 성장 발달에 도움이 된다.

(3) 개념적 개입

개념적 개입(conceptual intervention)은 치료의 이론과 실제에 대한 통합(integration)을 도와주는 개입이다. 초급 수련생은 이론과 실제를 개념적으로 연결하는 능력이 아직 개발되지 않았다. 따라서 수퍼바이저는 수련생이 이론과 실제를 연결할 수 있도록 도와주어야 한다. 예를 들면, 치료 초기 단계에서 "당신이 이런 곤란한 상황을 어떻게 보았는지 궁금해요."라고 질문할 수 있다. 처방적 개입과 개념적 개입은 수련생의 장점과 긍정적인 행동을 먼저 강조한 후에 이루어져야 하며 발달에 필요한 부분과 수정되어야 하는 부분에 대한 피드백은 나중에 하는 것이 좋다.

(4) 직면적 개입

직면적 개입(confrontive intervention)은 적절할 때도 있지만 초급 수련생에

게는 많이 쓰지 않는 것이 바람직하다. 수련생의 초기 불안이 낮아지고 자신
감이 증가하면 직면적 개입을 사용할 수 있다. 이러한 수준이 되기 전에 직면
적 개입을 사용하면 초급 수련생은 주눅이 들거나 마음에 상처를 입을 수 있
다. 따라서 직면적 개입에서는 수련생의 녹화나 녹음 테이프를 이용하는 것
이 효과적이다. 녹화나 녹음 테이프를 사용하면 수련생이 자신의 치료 수행
을 객관적으로 평가할 수 있다. 자신이 내담자에게 얼마나 주의를 기울이고
있는지, 자신의 개입이 얼마나 효과적인지를 관찰할 수 있기 때문이다.

(5) 승화적 개입

승화적 개입(catharsis intervention)은 직면적 개입과 마찬가지로 초급 수련
생에게는 적절하지 않다. 승화적 개입은 치료에 있어서 수련생의 주의를 벗
어났거나 수련생이 알아차리지 못한 주제를 다루는 것으로 수련생의 알아차
림(awareness)을 높이기 위해 사용된다. 승화적 개입은 수련생의 역전이나 개
인적인 문제들을 다루며, 새로운 정보와 사례를 시각화하는 방식에 도움을
준다. 예를 들어, "이 회기에서 약간의 역전이를 볼 수 있었어요. 회기에 영향
을 준 역전이에 대해 얘기해 봅시다."와 같이 승화적 개입을 할 수 있다.

이 개입은 수련생이 편안하게 느끼고 있거나 문제로 여기지 않고 있는 영
역에 문제를 제기하는 것이므로 수련생의 녹화나 녹음 테이프를 사용하는 것
이 효과적이다. 치료 과정에서 수련생의 주의를 내담자의 반응에 두도록 하
는 것 그리고 수련생의 내적 생각과 감정에 주의를 기울이도록 하는 것들이
승화적 개입의 전략이다. 승화적 개입은 수련생 스스로가 알아차리지 못하는
부분에 대해 도전하는 것이기 때문에 수련생이 불편해할 수도 있지만, 수련
생의 발달에는 필수적인 개입이다. 승화적 개입을 할 때 수퍼바이저는 공격
적이거나 직면적인 태도를 취하기보다는 신성성을 가지고 밀하는 것이 좋다.
수퍼바이저는 치료의 잠재력을 강조하고, 역전이를 보여 주고, 치료나 수퍼
비전 과정에서 자기를 탐색하는 방법을 보여 주어야 한다. 승화적 개입을 통
해 수련생이 내담자에게 주의를 더 기울이고 보다 복잡한 과정을 이해하려고

노력하게 되는 것은 수련생의 성장 발달의 원동력이 되기도 한다. 수퍼비전
에서 어떤 특정한 개입만을 과용하는 것은 수퍼비전의 풍요로움을 방해할 수
있으므로 경험이 많은 숙련된 수퍼바이저는 위에서 설명한 5가지 개입을 적
절하게 사용하면서 진행해야 한다.

2) 수련생의 수준에 따른 수퍼비전 개입

수퍼바이저는 수련생에게 상담이나 수퍼비전에 있어서 불명확한 것과 명
확한 것 사이의 균형 잡힌 수퍼비전을 제공해야 한다. 수련생이 불명확한 수
퍼비전 상태를 유지하게 되면 수련생은 불안하게 되고, 이러한 불안은 좌절
감으로 이어져 치료자의 성장 발달을 저해한다. 뿐만 아니라 수련생이 치료
나 수퍼비전 과정에 대해 명확하게 이해하고 있다고 지각하면서 편안함이나
지나친 자신감을 가지는 것 또한 수련생의 발달을 저해할 수 있다.

수퍼비전에서 수련생의 개인적 기대를 고려하는 것은 중요하다(Krause &
Allen, 1988). 초급 수련생의 수련 동기는 수퍼비전에 대한 기대로 연결될 수
있다. 예를 들면, 타인을 돕기 위한 동기로 치료 분야에 입문한 초급 수련생
은 수퍼비전에서 구체적인 치료 진행 기술의 습득을 기대할 것이다. 초급 수
련생은 수퍼바이저를 자신보다 치료 실제에 대해 더 많이 아는 전문가라고
생각하고 역할 모델로 삼으려 한다. 초급 수련생의 이러한 태도는 수퍼바이
저에게 심리적으로 충족되는 경험이 되기도 한다(Stoltenberg et al., 1998).

초급 수련생을 수퍼비전할 때 수퍼바이저는 수련생의 상담 활동을 반드시
관찰해야 한다. 초급 수련생의 상담 축어록 혹은 회기 진술에만 근거하여 그
들의 상담 활동을 평가하는 것은 불충분하다. 초급 수련생은 자신이 회기 동
안 무엇을 하고 있는지 정확하게 지각하지 못할 때가 많기 때문에 수퍼바이
저가 초급 수련생의 지각에만 의존하는 것은 불확실한 정보를 가지고 수퍼비
전에 임하는 것과 같기 때문이다. 따라서 수퍼비전에서 상담 개입 기술을 연
습하고 역할연습을 해 보는 것은 초급 수련생이 치료에서 필요한 기술을 획

득하는 데 큰 도움이 된다(Akamatsu, 1980).

중급 수련생이 감정적으로 수퍼바이저의 지도를 환영하지 않을지라도, 내담자의 안녕을 목적으로 하는 수퍼비전에서 적절한 구조화(structure)와 지도(guidance)는 필수적이다. 중급 수련생은 경험이 부족하거나 도움이 필요한 치료 개입 및 이론적 접근에 대해 수퍼바이지에게 도움을 받아야 한다. 이때 수퍼바이저는 중급 수련생의 저항이나 부정적 감정을 고려하여 그들을 지도할 때 자신의 논리를 설명하고 중급 수련생의 저항과 분노에 방어적이지 않으면서 촉진적인 자세로 반영하는 것이 중요하다.

중급 수련생은 수퍼바이저에게 다른 발달단계의 수련생보다 강한 저항을 보일 수 있다(Stoltenberg et al., 1987). 저항의 한 양상으로 수련생은 수퍼비전에서 자신이 성공적이었다고 생각하는 사례들만 선택적으로 제시하고, 어려움을 겪고 있는 사례들은 가져오지 않는 경우가 있다. 이러한 수퍼비전에서의 선택적 사례 제시는 중급 수련생 자신의 부족한 통찰과 알아차림, 혼돈 등을 평가받고 싶지 않은 동기와 관련되어 있다.

고급 수련생은 자신이 받는 수퍼비전의 구조화를 주도한다. 이들은 자신이 수퍼비전으로부터 무엇을 언제 필요로 하는지 알고, 스스로 자문이나 수퍼비전을 구한다. 고급 수련생은 수퍼비전을 통해 개인적인 면과 직업적인 면의 통합에 대해서도 도움을 받으려 하고, 자신의 장기적인 진로 선택을 위해 수퍼바이저에게 자문을 구하기도 한다. 수련생이 수퍼비전을 계속해서 받으면 다양한 치료 이론에 대한 지식과 기술을 통합하는 능력을 촉진할 수 있고, 임상 경험과 통찰, 어려움 등을 동료와 나눌 수 있는 기회를 얻을 수 있다. 고급 수련생은 자신의 장점과 단점을 잘 알기 때문에 성장이 필요한 부분을 알고 있다. 따라서 고급 수련생을 수퍼비전할 때는 수련생 자신이 도전할 수 있도록 수퍼비전을 구조화하고 수련생의 자율성을 허락하는 것이 바람직하다.

고급 수련생은 수퍼바이저를 완벽하거나 거리감이 있는 전문가로 보지 않고 동료로 보기도 한다. 수퍼비전은 상호적이며, 때때로 어떤 특정 주제에 대해서는 수련생이 오히려 전문가 역할을 하기도 한다(Olk & Friedlander, 1992).

예를 들어, 고급 수련생이 교정 치료(correction counseling)에 경험이 더 많다면 수퍼바이저는 고급 수련생에게 교정 치료에 대해 배울 수도 있다. 수퍼바이저는 고급 수련생의 현명하고 성실한 조언자(mentoring)가 되기도 한다(Holloway & Aposhyan, 1994). 조언 관계란 어떤 특정 치료 환경에서 도와주는 것이라기보다 전반적인 전문가로서의 발달을 돕는 것과 관련된 것이다. 아무리 경험이 많은 수련생이라도 새로운 환경에 처하면 어느 정도 후퇴(regress)할 수 있기 때문에 수련생은 지지와 도움을 요청할 수 있는 수퍼바이저가 있으면 이전의 기능을 회복하는 데 도움을 얻을 수 있다.

수퍼비전 관계에서 수퍼바이저의 권위는 수퍼바이저의 전문성과 수퍼비전의 기술에서 나온다(Strong, 1968). 고급 수련생은 전문성이 부족한 수퍼바이저에게 도움을 받는 것에 제한을 두고 그들의 권위에 도전하기도 한다. 따라서 수퍼바이저는 현재 자신의 수준에 만족하여 나태하지 말고 계속 성장할 수 있도록 끊임없는 노력을 해야 한다.

5. 수퍼비전 기술

수퍼비전 기술은 수퍼비전 과정에서 수련생의 상담 과정 행동에 초점을 맞추고 수련생에게 의사소통 기술 및 상담기법들을 가르치는 것을 목표로 한다(Hackney & Nye, 1973). 수퍼바이저는 교사의 역할을 하면서 수련생에게 시범을 보이고 수퍼비전 이론과 관련된 기술을 가르친다.

수퍼비전 기술 훈련의 기본 원칙은 다음과 같다.

첫째, 수련생에게 한 번에 한 가지씩 특정 기술을 가르치면서 수련생이 배운 기술을 천천히 통합하도록 돕는다.

둘째, 수련생이 이미 가지고 있는 행동을 수정하거나 새로운 행동을 습득하게 할 때 비디오를 통한 관찰 수퍼비전과 같은 모델링 기법을 사용한다.

셋째, 역할연습 같은 방법을 활용하여 수련생이 배운 상담 기술을 연습하게 하고, 비디오 녹화를 통해 수련생 자신을 관찰할 기회를 갖게 한다. 상담 기술 연습과 자기관찰은 수련생의 상담 태도 변화와 성장을 가져올 수 있다.

넷째, 수련생에 대한 수퍼바이저의 강화 형태의 피드백은 수련생의 성장을 촉진한다.

다섯째, 수련생의 실제 상담 사례를 중심으로 수퍼비전 기술 훈련을 하게 되면 수련생은 실제 상담을 보다 익숙하게 진행할 수 있도록 도움을 받게 된 다(Baker & Daniels, 1989).

수퍼비전 기술 훈련에서(Forsyth & Ivey, 1980) 강조하는 것은, 첫째, 수련생 이 주의를 집중하여 자신을 표현하도록 돕는 것이다. 이 기술은 상담 회기 중 에 적절한 시선 접촉과 자연스럽고 편안한 경청자세를 유지하면서 내담자에 게 주의를 기울이는 언어적 · 비언어적 행동이다. 또한 따뜻한 목소리의 톤이 나 어조, 크기, 적당한 속도로 말하는 것 역시 상담의 중요한 요소다.

둘째, 면접 기술이다. 면접 기술은 의사소통하는 기술과 내담자에게 영향 을 미치는 기술로 나누어진다. 의사소통 기술에는 개방적 질문과 내담자의 말을 반영하고 인정하며 공감 및 요약하는 것, 지지와 감정을 반영하는 것 등 이 있다. 그리고 내담자에게 영향을 미치는 기술에는 상담 방향과 내용 제안, 감정 전달, 해석 등이 있다. 여기서 상담 방향과 내용 제안은 수련생이 내담 자에게 방향을 제안하고 무엇을 해야 하는지 서로 탐색해 가도록 돕는 것이 다. 또한 감정 전달은 수련생이 상담 회기 중에 자신이 느낀 정서적 반응을 내담자에게 전달하도록 지도하는 것이고, 요약은 상담 과정에서 나온 이야기 중에서 수련생이 중요한 주제들을 요약하고 통합하는 것이며, 재구성은 내담 자의 행동이나 문제에 대해 새로운 시각의 의미를 부여하는 것이다.

셋째, 상담 회기의 주제이다. 주제란 수련생과 내담자가 무엇에 대해 말할 것인가를 결정하는 중요한 요소이다. 상담 주제로는 내담자에게 중요한 타인 과 내담자가 가지고 있는 상황 등이 있다.

넷째, 수련생 반응의 질적인 측면이다. 수련생 반응의 질적인 측면에는 구 체성, 즉시성, 존중, 따뜻함, 직면, 진실성 그리고 긍정적 존중이 있다. 구체성은 상담 과정에서의 수련생의 구체적인 반응을 의미하고, 즉시성은 상담 과정에서의 수련생과 내담자의 의사소통의 즉시성을 의미한다. 존중은 자신이나 다른 사람에 대해 존중을 표현하는 것이고, 따뜻함은 비언어적인 표현으로서 미소나 가벼운 신체 접촉 그리고 목소리의 톤으로 전해지며 내담자의 주관적인 평가에 의존한다. 그리고 직면은 자신과 타인 사이의 비일관성에 맞닥뜨리는 것을 의미하며, 진실성은 수련생의 언어적 메시지와 비언어적 메시지가 일치하는 것을 의미한다. 마지막으로 긍정적 존중은 자신과 타인의 긍정적인 측면에 선택적으로 주의를 기울이는 것으로 인간의 변화와 바람직한 삶에 대한 믿음을 보여 준다. 수퍼비전 기술에서 이러한 상담 기술 훈련은 수련생의 기본적인 면접 기술을 향상시킬 수 있고 상담의 효율성도 높일 수 있다.

제12장
수퍼비전 관련 기록

　수퍼비전 관련 기록은 수련생이 수퍼비전을 받을 때 수퍼바이저에게 제출하는 상담 사례 보고서이다. 상담 사례 보고서는 수련생이 상담 계획과 개입 전략을 세워 상담한 것에 대한 증거들이 어떻게 연결되어 있는지 밝히고, 상담 관계의 주요 측면을 기술하며, 내담자의 원가족 정보, 문제 상황, 개입 전략에 관한 가설 및 목표, 진행 과정 등을 기술한 자료이다. 이 자료에 나타난 내담자 문제에 대해 수퍼바이저가 독자적으로 판단하기는 어렵기 때문에 수퍼바이저는 내담자 정보를 좀 더 분명하게 알 수 있도록 수련생에게 상담 과정에 대한 질문을 함으로써 자료를 구체화할 수 있다. 축어록(protocol)은 상담 회기를 녹음한 후 그것을 그대로 풀어 기술하는 것으로 내담자에 대한 많은 정보와 수련생의 상담 기술 과정을 제공한다. 수퍼바이저는 축어록을 통해서 치료 장면을 알 수 있으므로 수련생과의 관계를 더욱 촉진적으로 만들어 갈 수 있다.

1. 수퍼비전을 위한 상담 사례 보고서

수퍼비전을 위한 상담 사례 보고서에 기록되어야 할 기본적인 사항은 수퍼
비전받는 날짜와 수퍼바이저의 이름 및 수련생의 이름, 내담자의 기본 정보,
내담자 문제의 진단 자료, 개입 전략, 회기별 상담 내용 및 평가, 수련생의 자
원과 부족한 부분, 도움받고 싶은 주제, 축어록 등이다. 일반적으로 쓰이는
수퍼비전 사례기록과 수퍼비전에 대한 수퍼비전 기록 양식은 다음과 같다.

(1) 수퍼비전을 위한 상담 사례 보고서 양식

① 내담자의 기본 정보
- 인적사항
- 의뢰 경위
- 주 호소문제
- 행동 관찰
- 가족관계(가계도, 내담자 발달사, 가족구성원 발달사)

② 진단 및 개입 전략
- 문제 진단 및 가설
- 심리검사 또는 관계 만족도 검사 결과
- 접근 모델의 이론적 배경
- 목표 설정
- 개입 전략
- 내담자 자원

③ 상담 내용 및 과정
- 회기별 요약 및 평가
- 한 회기 축어록

④ 상담에 대한 평가
- 내담자에 대한 평가
- 수련생 자신에 대한 평가

⑤ 도움받고 싶은 주제

(2) 상담 사례기록 진술

내담자에 대한 정보로 내담자의 가명 또는 애칭, 나이, 성별, 학력, 혼인 여부, 자녀 여부, 종교, 이전의 상담 경험, 누구로부터 의뢰받았는지 등을 기록한다. 이때 수련생이 주어진 정보를 어떻게 활용하는지를 관찰하고, 내담자가 호소하는 주요 문제를 기록한다. 이 부분은 수련생이 내담자의 문제를 어떻게 이해하고 있는지 점검하는 부분이다. 또한 내담자의 가족관계 및 성장과정을 자세하게 기록하고, 가계도(geneogram)를 활용하여 내담자의 문제에 가족이 어떤 영향을 미치고 있는지 가족체계적인 관점에서 내담자 문제의 전체 그림을 그려 보도록 한다. 더불어 내담자의 가족관계, 상황배경을 기록하고, 지난번 상담에서 드러난 주요 이슈들은 무엇이었는지, 그것이 내담자에게 어떤 영향을 미치고 있는지를 살펴보도록 한다. 수련생이 내담자를 만났을 때의 내담자에 대한 첫인상과 행동 특징에 대해서도 기술하는데, 특히 이 부분에서는 상담 과정 중 수련생이 내담자의 비언어적 행동에 관심을 두고 관찰한다.

수퍼바이저는 수련생이 내담자에 대한 여러 가지 정보를 가지고 어떤 진단을 하였는지, 또 어떤 상담 이론과 목표를 설정하여 준비하고 진행했는지에 대한 내용 역시 점검한다. 이때 내담자가 제시한 상담 목표와 수련생이 인지한 상담 목표가 일치하는지, 만일 일치하지 않으면 내담자와 어떤 조정 과정을 거쳤는지 평가한다. 또한 수련생의 사례 개념화(case conceptualization)의 이해 정도를 측정한다. 이를 위하여 상담 내용을 구체적으로, 말로 표현된 내용뿐만 아니라 표현되지 않은 감정과 비언어적 표현, 수련생의 감정 변화 등까지도 상세하게 기록한다. 더불어 내담자 분석에 대한 수련생의 능력을 점검한다. 이 부분에서 수련생이 내담자 상태에 대한 평가를 내리게 하고, 내담자 문제의 해결 정도, 즉 내담자의 심리역농에 대한 이해를 평가하게 한다. 이를 위해서는 정신장애 진단 통계 편람(DSM-Ⅴ)에 기준하여 진단하는 연습을 하게 한다. 그리고 내담자의 문제가 인간관계에 어떤 영향을 주는지에 관한 대인관계(interpersonal)적인 측면을 심도 있게 이해하고 분석하도록 돕는다.

(3) 문서 보존

최근에는 많은 분야에서 소송이 이루어지고 있으며 상담 분야도 예외는 아닌 것 같다. 따라서 수퍼바이저와 수련생이 상담에 대한 임상 기록을 문서로 잘 보존하는 것은 전문 상담자들의 중요한 일이 되었다. 다음의 [그림 12-1]과 [그림 12-2]는 각각 Bernard와 Goodyear(2003)가 제시한 접수 면접 보고 양식과 치료 과정 기록지이며, [그림 12-3]은 Falvey, Caldwell과 Cohen(2002)이 제시한 FoRMSS 수퍼비전 기록 양식을 보여 준다.

[그림 12-1] 접수 면접 보고양식 예시

내담자 성명: _____   접수면접일: ____ / ____ / ____

치료자: _____   내담자 번호: _____

접수 날짜: ____ / ____ / ____

확인된 정보

내담자 정보 약술   생활 상황

직업/교육 상태

호소문제

내담자의 문제 기술, 지속 기간, 빈도, 심각한 정도 그리고 관련된 이력

배경 경험

문화적 문제, 학대 경험 그리고 가정 폭력을 포함한 가족사

교육 경험   직업 경험

의학적 경험

살인/자살 사고와 약물 사용 및 남용 등을 포함한 현재까지의 정신건강 상태

법적 경험   사회적 경험

행동 관찰

내담자의 신체 상태 기술   정신 상태

면접 태도

사례 개념화

주요 문제 및 영향 요인 기술

진단

5축 모두

치료 목표/권고사항

내담자가 진술한 목표

우선 조치 계획

수련생   날짜

수퍼바이저   날짜

출처: 김창대, 유성경, 김형수, 최한나 역(2006). 상담 및 조력전문가를 위한 수퍼비전의 실제[*Clinical Supervi sion in the Helping Professions: A practical guide*]. R. Haynes, G. Corey와 P. Moulton저. 서울: 시 그마프레스. (원저는 2002년에 출판), p.289의 [글상자 8-10] 재인용.

[그림 12-2] 치료 과정 기록지

내담자 성명: _____   사례 번호: _____

상담 날짜: _____ / _____ / _____   회기 수: _____

치료자: _____   동료관찰자: _____

목적:

_____

_____

_____

_____

조치 사항:

_____

_____

_____

_____

계획:

_____

_____

_____

_____

치료자
서명/학위   직책/직위   날짜

수퍼바이저
서명/학위   직책/직위   날짜

출처: 김창대, 유성경, 김형수, 최한나 역(2006). 상담 및 조력전문가를 위한 수퍼비전의 실제[*Clinical Supervi
sion in the Helping Professions: A practical guide*]. R. Haynes, G. Corey와 P. Moulton저. 서울: 시
그마프레스. (원저는 2002년에 출판), p.296의 [글상자 8-13] 재인용.

[그림 12-3] FoRMSS 수퍼비전 기록 양식

날짜: _____　상담수련생: _____　내담자 ID: _____　평가 방식: _____

최근의 사례 검토: _____
_____
_____

개입과 내담자의 발달: _____
_____
_____

상담수련생 관심 사항: _____
_____
_____

수퍼비전 회기 요약

토론(이론적 근거, 사례개념화, 임상적 판단 등): _____
_____
_____

치료 추천사항: _____
_____
_____

치료 후 전문의에게 위탁(FoRMSS 사례 개관도 기록): _____
_____
_____

관찰과 훈련을 위한 지침: _____
_____
_____

최근 위험 관리 문제

☐ 사전 동의　☐ 아동 학대/방치　☐ 상담수련생의 전문성　☐ 정보공개 필요
☐ 부모 동의　☐ 큰 손해의 위험　☐ 수퍼바이저의 전문성　☐ 자발적/비자발적 입원
☐ 비밀 보장　☐ 경고의 의무　☐ 제도적 갈등　☐ 타 기관/적절한 서비스
☐ 문서 기록　☐ 약물 중독　☐ 이중 관계　　제공 여부 검토
☐ 기록 보안　☐ 신상신난 필요　☐ 성직 부정행위　☐ 면제/종결
　　　　　　　　　　　　　　　　　　　☐ _____

취한 행동: _____

출처: 유영권, 방기연 역(2008). 상담수퍼비전의 기초[*Fundamentals of Clinical Supervision*]. J. M. Bernard 와 R. K. Goodyear 저. 서울: 시그마프레스. (원저는 2003년에 출판), p. 293의 [그림 8-3] 재인용.

2. 수퍼비전에 대한 수퍼비전 사례 보고서

수퍼비전에 대한 수퍼비전 사례 보고서는 수련수퍼바이저들의 수퍼비전에
대한 사례 보고서이다. 수퍼바이저들은 수련수퍼바이저들의 수퍼비전에 대
한 수퍼비전을 위해 아래에 제시된 필요한 자료들에 주의를 기울여야 한다.
수련수퍼바이저가 제공하는 수퍼비전에 대한 수퍼비전 기록은 수련수퍼바이
저가 수퍼바이저 또는 고급 전문 상담자가 되기 위해 꼭 필요한 자료이다. 따
라서 수퍼바이저들은 수련생 및 수련수퍼바이저들이 자격증을 취득하는 데
필요한 여러 활동 기록에 대해서도 잘 알고 있어야 한다.

(1) 수퍼비전에 대한 수퍼비전 사례 보고서 양식

① 수련수퍼바이저의 수련생에 대한 정보

② 수퍼비전 진행 과정
  • 수련생의 사례 전체에 대한 요약 설명
  • 사례에 대한 집단원들의 질문

③ 수퍼비전의 구조화

④ 수련수퍼바이저의 수퍼비전 내용: 사례 개념화, 가설 및 목표, 회기별
  내용
  • 가계도를 통해 내담자의 원가족과 관계역동 살펴보기
  • 심리검사 결과를 통해 내담자 문제 이해하기
  • 상담 이론에 의한 진단 및 가설 세우기
  • 가설과 연결하여 상담 목표 및 전략 세우기
  • 회기별 목표 및 상담 내용 진술하기
  • 수련생의 자원 파악하기

⑤ 축어록에 대한 수퍼비전 내용

- 상담 진행 과정 검토
- 질문 기법과 경청 기법 검토
- 핵심 문제와 감정 파악 정도 검토
- 잘한 점과 아쉬운 점 검토

⑥ 수퍼비전 받고 싶은 부분

- 이 사례를 선택한 이유
- 앞으로 나아가야 할 방향

⑦ 수퍼비전 소감

- 수퍼비전 받은 것에 대한 수련생 소감
- 수련수퍼바이저 소감

(2) 수퍼비전에 대한 수퍼비전 사례 기록 예시

① 수련생에 대한 정보

- 나이
- 학력
- 수련경력
- 성별
- 결혼 유무 및 결혼 기간

② 수퍼비전 진행 과정

- 상담 사례에 대한 수련생의 요약과 설명
- 사례 정보에 대한 질문
- 내담자의 언어적 · 비언어적 정보에 근거한 상담 사례에 대한 이해
- 주 호소문제에 따른 상담 목표 설정과 상담 개입 방법 선정
- 수련생과 내담자의 상담 관계에서의 역동 이해
- 축어록에 나타난 수련생의 특성 이해
- 수련생의 자기평가를 통한 자원 및 개선점 분석

• 수퍼비전에 대한 소감 나누기

③ 수퍼비전의 구조화

- 수련생 정보
- 목표
- 수퍼비전 모델
- 전략

④ 수련수퍼바이저의 수퍼비전 내용

• 호소문제를 통한 문제 관련 요인 탐색하기

　◦ 호소문제를 명료화하도록 돕는다.

　◦ 상담 목표는 호소문제에 따라 구체적으로, 실현 가능하고 평가 가능한 목표를 세웠는지 점검한다.

　◦ 내담자의 문제는 주 호소문제에서 잘 드러난다.

　　예: 주 호소문제가 '대인관계에서의 어려움'인 경우

　　　- 대인관계에서 어떤 점이 어려운가?

　　　- 누구를 대상으로 하는 관계가 가장 어려운가?

　　　- 어떤 부분이 어려운지 좀 더 구체적으로 설명할 수 있는가?

　　　- 내담자의 어려움을 추측하는 것으로 그치지 말고 더 구체적으로 접근한다.

　◦ 호소문제와 관련된 내담자의 패턴 찾아보기

　　예: - 왜 그렇게 다른 사람에게 좋은 사람이어야 하는가?

　　　- 중요한 타인과의 관계에서 관계적 측면의 불편감이 자주 드러나는 이유는 무엇인가?

• 내담자 문제의 원인을 언어적 · 비언어적 정보와 가족역동을 통해 탐색하기

　예: ◦ 내담자는 과도한 책임감과 인정욕구로 인해 착한 아들로 살아왔다.

　　◦ 겉으로는 타인에게 맞추지만 내면적으로는 고갈되고, 그리고 깊은 공허감을 가지고 있는 것 같다.

- 내담자 문제의 원인을 가족 환경과 연결하여 탐색하기

  가족 환경에서 내담자를 이해할 수 있는 부분을 찾아본다.

  예: ◦ 아버지의 역할 부재와 어머니의 분노, 음주, 체벌에 대한 두려움을 가지고 살아왔다.

  ◦ 지지자가 없는 내담자에게 탈출구는 모범생으로 사는 것이었고 가족 안에서 영웅이 되는 것이었다.

  ◦ 그는 삶의 패턴에서 진짜 자기를 잃어버리고 타인에게 주목하는 가짜 자기를 가지고 살아왔을 것으로 가설을 세워 볼 수 있다.

- 가족 환경에 따른 심리 내적인 면에 대해 탐색하기

  예: ◦ 편협되고 일방적인 태도와 결벽증을 가지고 있으며 고집스럽다.

  - 자기주장이 강하다.

  - 자신보다는 다른 사람에게 과도한 친절을 보인다.

  - 과거에는 잘난 존재, 떳떳한 존재, 수퍼맨 같은 존재였지만 현재는 타인의 요구를 들어주지 못하는 미안한 존재이다.

  ◦ 내담자의 성격 특징, 기본 감정 등을 상담에서 확인하는 과정을 갖도록 지도한다.

  ◦ 이론적 배경을 연결한다.

  ◦ 내담자 문제의 근거를 자기애적 성격에 대한 이론적 배경에 둘 수 있다.

  - 자기애적 성격을 지닌 사람들의 병리 양상은 다양하고 미묘하다.

  - 다른 사람에게 드러나게 피해를 주지는 않는다.

  - 자기애적인 사람 중에는 경제적·사회적·정치적으로 성공한 사람들도 많다.

  - 다른 사람들은 자기애적인 사람이 인성을 통해 내면의 결핍을 채우고자 하는 것을 알지 못할 수도 있다.

  - 이 내담자의 경우 역시 자신의 내면은 복잡하지만 사람들이 잘 인식하지 못하도록 가장하면서 살아가는 것일 수 있다.

(3) 상담 목표

상담 목표는 주 호소문제에 따라 구체적이고 실천 가능하며 평가 가능한 것으로 설정되었는지 탐색해 본다.

- 목표가 실천 가능하려면 언어를 행동으로 바꿀 수 있는 것으로 정해야 한다.
- 실천 가능한 목표를 세워 내담자가 작은 성공 경험을 갖게 한다.
- 상담 목표를 달성했을 때 자기효능감을 갖게 되어 자기 자신을 지지하고 스스로에게 힘을 부여할 수 있게 된다.

(4) 상담 전략과 상담 개입

내담자가 문제에 대해 이해한 내용을 바탕으로 상담 전략을 세우고 상담 개입의 과정을 이해하도록 돕는다. 내담자 문제의 원인과 상담 목표에 따른 상담 전략 및 개입을 알아본다.

① 좋은 대상 경험을 할 수 있도록 돕는다.

② Bowen 이론에 따라 가계도를 통해 원가족과의 관계역동을 탐색한다.
- 핵심 개념은 분화 개념이다. 따라서 정신 내적 수준(자기분화)과 대인적 수준(가족분화)을 설명한다. 여기서 자기분화는 감정과 사고의 분리를 말한다.
- 상담자의 분화 수준에 대하여 탐색해 본다.
- 가족 투사, 가족 전수, 정서적 단절 등의 융합 관계를 탐색해 본다.
- 코칭 기법으로 내담자가 가족관계 안에서의 자신의 역할을 이해하도록, 역할을 변화시켜 보도록 지도한다.

③ Satir의 이론에 따라 그동안의 의사소통 방식과 생활방식, 대인관계를 탐색한다.

④ 자기를 과장하지 않고 다른 사람을 폄하하지 않으면서 자기를 수용할 수 있도록 돕는다.

⑤ 성격구조를 수정하는 일은 장기적인 일이다. 이 경우에는 지루함과 사기저하라는 역전이 반응을 오래 견뎌야 하기 때문에 인내심이 더 요구된다.

⑥ 축어록을 통해 수련생과 내담자의 역동을 이해하고 탐색하도록 지도한다. 다음의 사례를 살펴보자.
- 수련생은 내담자의 적극적이고 공격적인 태도에 압도당하는 경험을 하였고, 긴장과 부담감을 가지고 상담에 임하였다. 수련생은 내담자의 과장된 태도를 관찰은 할 수 있었으나 잘 이해하지는 못하고 있었다. 그러므로 사례 개념화를 통하여 내담자 이해를 하도록 지도한다. 더불어 수련생이 상담 관계에서도 관계패턴(예: 과대적 자기모습, 수치심, 분노)이 나타날 수 있다는 것을 인지하고 상담 과정에서의 역동, 즉 압도당하는 느낌, 조종당하는 느낌에 대하여 탐색 및 인식하도록 지도한다.
- 수련생은 자신이 의도한 방향으로 상담이 진행되지 않을 때 불안한 마음으로 내담자에게 집중하지 못하는 경험을 호소하였다. 그러므로 지나친 책임감을 내려놓고 편안하게 내담자를 따라가며 안정감을 찾도록 지도한다.
- 수련생이 성격유형 검사를 상담의 도구로 적절하게 사용하지 못하고 미숙한 해석에 더 집중하였으며, 이로 인하여 대화가 단절되고 내담자의 내면적 틀을 따라가는 것을 놓치게 되었다. 따라서 수련생의 미숙한 해석이 자기탐색을 방해하고 있다는 것을 인식하도록 지도한다.
- 수련생의 자원이라고 할 수 있는 자기통찰 및 내담자를 돕고자 하는 의욕과 성실함, 수용적인 태도 등을 격려하고 지지한다.

(5) 수련생의 피드백

수련생의 피드백은 수퍼비전 과정에서 수련생 자신이 무엇을 배웠는지, 또 무엇을 통찰하고 깨달았는지, 앞으로의 상담 수행 계획은 어떠한지 등에 대하여 진술하는 것이다. 수퍼바이저는 이러한 피드백을 통하여 수련생의 상담 전문가적 태도 및 가치관에 대하여 알 수 있다. 다음은 수련생의 피드백에 대한 진술 내용이다.

내담자가 상담을 통해 도움을 받으려는 의지가 있고 적극적인 태도로 임하므로 그에 부응해서 잘 돕고자 이 사례를 선택하여 수퍼비전을 받게 되었다. 여러 면에서 도움을 받을 수 있는 귀한 수퍼비전 시간이었다. 내담자가 이전 상담을 8회기만 하고 마친 이유를 묻지 않았는데 그 부분을 다시 탐색해 봐야겠다. 내담자가 그 상담을 자신을 돌아보게 된 좋은 경험이라고는 했지만 상처받기 쉬운 특징을 가졌으므로 당시 자신을 보는 것이 힘들었을 수도 있고 비판받을까 봐 일찍 끝낸 것일 수도 있겠다는 점을 보게 되었다.

상담자로서 내담자를 대할 때 압박을 받고 긴장하게 되는 경우가 앞으로도 있을텐데 그것을 극복해 가려면 더 많은 임상경험도 필요하고 늘 공부하며 준비하는 자세를 갖추어야 한다는 것을 배울 수 있었다.

다양한 내담자에게 맞는 진단과 치료를 하기 위해 준비되어야 한다는 점에서 더욱 무거운 책임감을 갖게 된다. 또한 내담자를 잘 돕기 위해 초기에 세워야 하는 사례 개념화가 같은 맥락에서 더욱 중요하다는 것을 깨닫게 되었다.

지금까지 허둥지둥 시작하였던 상담을 생각하니 새삼 내담자들에게 미안한 마음이 든다. 한 개인의 문제가 해결되도록 도우려면 결국 가족 안에서의 역기능과 동반의존, 삼각관계를 살펴보아야 한다는 생각을 하면서도 정작 나 자신을 돌아보지 않고 나의 분화 수준을 고려하지 않았다는 것을 알게 되었다.

내담자를 잘 도울 수 있는 상담자가 된다는 것은 늘 자신을 먼저 점검하는 노력을 게을리해서는 안 되는 것임을 배우게 된 수퍼비전이었다.

제13장

제13장
수퍼비전 평가

　수련생과 수퍼바이저가 서로에게 피드백을 주는 과정 및 평가 절차를 계획하는 것은 중요하다. 수련생은 자신의 상담 수행이 어떻게 평가받을 것인지, 어떤 방법으로 피드백이 주어질 것인지, 그리고 자신의 책임이 무엇인지 등 수퍼바이저와 수련기관이 자신에게 가지고 있는 기대에 대해 알아야 한다. 수련생은 수퍼바이저의 주관적인 관점에 의해서가 아니라 실제 상담을 수행한 결과나 상담 기관이 정한 의무사항을 수행한 결과에 대해서 평가를 받아야 한다(Goodyear & Bernard, 2004). 따라서 수퍼바이저는 평가의 기준을 수련생과 공유하는 것이 바람직하다. 평가서는 2~3개월에 한 번씩 작성하고 종합 평가서는 수련 종결 시간에 공유하는 것이 좋다. 모든 수련생에게 적합한 평가 기준이나 형식은 없기 때문에 수퍼바이저는 개별 수련생에게 적합한 평가를 할 수 있도록 시간을 투자하는 것이 좋다.

　계속적인 측정과 평가의 환경을 조성하기 위해서는 수퍼바이저가 수련생에게 발달 전반에 대한 개념을 정립해 주는 것이 좋다. 그리고 수련생의 발달을 설명할 때 각 발달단계에 따른 기대를 포함하는 것이 바람직하다. 예를 들면, 초급 수련생은 첫 수련 학기에는 기본적인 면접 기술, 즉 촉진적 경청과 주의

를 기울이는 것을 성장 · 발달시키도록 한다. 평가의 목적은 수퍼비전 관계 초
기에 설명해야 후에 문제나 오해가 발생하지 않는다. 수련생들은 계속적인 진
단과 평가가 자신의 성장 · 발달에 필요하다는 것을 이해할 필요가 있다.

1. 수련생 평가

1) 초기평가

수퍼바이저가 수련생 평가를 하기 위해서는 수퍼비전의 목표에 대한 명확
한 이해가 있어야 한다. 대개 초기평가는 몇 회기의 상담에 대한 수련생 사례
를 통해서 할 수 있으며, 이것을 기초로 수퍼비전의 목표를 구체화한다. 이때
수련생의 상담 기술에 대한 자기평가는 귀중한 정보자료가 되므로 이에 관심
을 기울여야 한다. 초기평가는 형식적이거나 비형식적이고, 구두로 하는 것
이거나 글로 쓰는 것이며, 구체적일수록 목표 설정에 도움이 되고 변화에 대
한 점검과 평가가 쉽다.

평가는 수련생의 발달 수준에 따른다. 수련생은 전문 상담인으로서 개인적
으로 성숙해 가는 과정에서 변화를 경험한다. 초기에는 의존적이며 모방적이
고 범주에 따른 사고를 하며 자신의 동기와 기술에 대하여 알아차리지 못한
다. 그러나 수련 기간 중에 수련생으로서의 내적 갈등과 혼돈, 의심을 경험하
면서 수퍼바이저로부터 독립하려는 노력에서 오는 외적 갈등도 경험하게 된
다. 그러한 경험을 통하여 수련생은 치료 기술도 늘고 경험과 자신감도 얻게
되며 융통성과 참을성을 보이는 통찰력 있는 고급 상담자로 성장하게 된다.

상담 내용 및 과정에 대한 평가는 수련생의 기본적인 상담 촉진 기술, 치료
자와 내담자의 상호 역동 및 핵심 메시지의 명료화, 공감능력과 직면, 이론적
근거에 기초한 사례 개념화, 내담자의 상태 파악, 정서적 지지도와 같은 구체
적인 내용들을 다룬다. 그러나 이때 '수련생이 내담자에 대하여 어떻게 생각

하고 내담자의 문제를 어떻게 개념화하고 있는가?' '상담 개입을 어떻게 선택하게 되었는가?' 등을 개념화하는 기술은 초기 수련생에게 어려운 문제이다. 그러므로 수퍼바이저는 수련생이 내담자로부터 얻은 정보를 통합하여 임상적 가정을 세우기 위해 어떤 정보가 필요한지, 어떤 정보에 관심을 가져야 하는지, 내담자와의 상호작용을 어떻게 관찰할 것인지 알 수 있도록 도와주어야 한다. 예를 들면, '이 회기에서 무엇을 듣고 보았는가?' '이 상담에 대해 어떻게 생각하는가?' '이 사례에서 수련생이 말한 것 외에 다른 가능한 대안은 무엇인가?' '여러 대안 중에서 어떻게 이것을 선택하게 되었는가?' '선택한 대안으로 어떻게 상담을 진행할 것인가?' 등을 질문함으로써 상담 과정에 대한 수련생의 사례 이해와 개념화 등을 검토할 수 있다. 상담 내용의 녹음 테이프나 녹화 테이프를 수퍼바이저가 먼저 보고 평가할 수도 있고, 직접 수련생의 치료 장면을 관찰하거나 역할연습에 대한 라이브수퍼비전을 함으로써 평가할 수도 있다. 그리고 평가도구를 사용하여 좀 더 공식적인 평가를 할 수도 있다. 예를 들면, 상담 관계 평가문항, 수련생 반응의도 척도, 수련생 평가 질문지 등을 사용할 수 있다.

수련생에 대한 측정(assessment)과 평가(evaluation)는 수퍼비전의 기본 역할이고 수퍼비전에서 계속해서 이루어지는 활동이다. 수련생을 평가하는 것은 그들의 발달단계에 따라서 변화하는 수퍼비전에 대한 요구를 충족시키고 촉진하는 수퍼비전 환경을 제공하기 위해 필수적이다. 수련생의 현재 발달단계 수준보다 더 높은 수퍼비전 환경을 제공하면 수련생은 혼란과 불안을 경험하고, 이러한 혼란과 불안은 내담자의 안녕에 부정적인 영향을 미칠 수 있다. 반대로 현재의 수련생 발달 수준보다 낮은 수퍼비전 환경을 제공하면 그들은 수퍼비전에 대한 흥미와 동기를 잃고 수퍼바이저에게 저항하게 되어 성장에 방해를 받게 된다(Rosenberg, Medini, & Lomranz, 1982). 그러므로 수련생의 발달 수준에 맞는 수퍼비전이 이루어져야 한다.

평가에 대해 수련생과 수퍼바이저는 모두 불안과 불편함을 경험한다. 자격증 취득과 취업으로의 연계성 때문에 수련생의 개인적인 평가 불안은 더 가

중될 수 있다. 수퍼바이저 역시 수련생 역할과는 다른 평가활동을 해야 하는 것에 불편함을 느낀다. 특히 수련생에게 부정적인 피드백을 제공해야 할 경우 불편감은 더 심하다. 그러나 부정적인 피드백을 피하기 위해서 수퍼바이저가 애매모호한 일반적인 피드백을 주게 되면 이러한 피드백은 수련생의 성장에 별로 도움이 되지 않는다.

수퍼바이저는 평가의 부정적인 측면을 줄이기 위해서 수련생에게 맞는 이론적 틀을 가지고 평가하는 것이 좋다. 수퍼비전 모델 혹은 이론적 틀은 수련생을 측정하고 평가하기 위한 개념 틀을 제공하고, 이러한 개념 틀에 따른 평가를 하면 수련생의 강점과 단점이 타당화된다. 또한 수련생의 훈련 경험과 관련하여 여러 영역의 수준 변화를 측정하는 것은 평가의 부정적인 측면을 줄여 준다. 더불어 수련생 자신도 스스로 평가받는 기준을 이미 알고 평가 활동에 임하기 때문에 불안감을 낮출 수 있다.

평가를 할 때 때때로 수퍼바이저는 같은 상담기관 안에서 이전 수퍼바이저가 제공한 수련생 평가 정보를 받을 수 있다. 이때 유의할 사항은 제공된 수련생 평가 정보가 실제 수련생의 상담 수행에 대한 객관적인 정보와 함께 이전 수퍼바이저의 인식 및 상담 수련 기관의 인식을 포함한다는 것이다. 이때 수퍼바이저의 인식은 상담 수련생에 대한 기대에 따라서 긍정적이거나 부정적인 면으로 치우치는 경우가 많다. 또한 수퍼바이저의 인식은 주관적이고 그들 자신의 특정 이론적 접근에 근거한 경우가 많다. 따라서 이러한 보고서는 수퍼바이저와 다른 이론적 접근으로 상담하는 수련생에게는 공정하거나 객관적이지 않을 수 있다. 그러므로 수퍼바이저는 제공받은 평가 정보를 염두에 두는 것도 필요하지만, 이전의 평가 정보에 지나치게 얽매일 필요는 없으며 객관적으로 수련생을 보려는 노력을 하는 것이 중요하다.

상담 수련생의 측정 및 평가를 위한 여러 가지 도구 중 수퍼바이저와 수련생의 작업 동맹 질문척도(McNeill, Stoltenberg, & Romans, 1992)가 있다. 이 도구는 대부분 연구를 목적으로 만들어져서 연구주제와 관련된 한 가지 측면만을 측정한다는 단점이 있고 실용적이지 않다. 따라서 수퍼바이저는 수련생의 상담 수행을 볼 수 있는 직접적인 자료, 즉 상담 회기의 녹화 및 녹음 자료를 통한 사례기록 보고를 평가하는 것이 바람직하다.

2) 후기평가

앞에서 초기 면담 때 작업동맹 관계를 맺으면서 평가에 대한 기준을 설정할 것을 언급하였다. 수퍼바이저의 역할은 때로는 수련생에 대한 평가로 부각되기도 한다. 각 수퍼비전을 받을 때마다 주어지는 피드백, 중간 또는 종결 때 주어지는 총괄적인 피드백은 항상 유쾌하고 편한 경험인 것만은 아니다. 평가는 또한 수퍼바이저의 윤리적인 책임이기도 하다. 수련생은 수퍼바이저를 존중하면서도 직접적이고 편견 없는 철저한 평가를 해 주기를 원한다.

수퍼바이저가 온정과 성실성, 진정성을 가지고 수퍼비전할 때 수련생은 수용되었다고 느끼며 그 관계에 우호적인 태도를 보인다. 이러한 수퍼비전 분위기에서 수련생은 직설적인 피드백과 도전을 수용할 수 있고 성장을 위한 위험을 감수할 수 있다. 그러므로 수퍼바이저는 도전과 지지가 조화된 수퍼비전 분위기를 조성하는 것이 중요하다.

피드백을 할 때는 개인보다 행동에 초점을 맞추는 것이 효과적이다. 즉, 구체적인 행동에 대한 내담자의 반응과 대안으로 사용할 수 있는 행동들을 제시하는 것이 좋다. 수퍼바이저는 수퍼비전 목표를 염두에 두고 수련생이 현재 갖고 있는 상담 기술과 수준, 수련생이 의식하는 상담 이론과 실제 수행의 차이, 수련생의 감정과 행동의 부조화 등에 대해 직접적인 피드백을 줄 수 있다.

수퍼비전을 할 때마다 지속적으로 피드백을 주는 것 외에 중간평가를 하는 것도 좋다. 중간평가에서는 상담이 향상되어 가는 과정을 요약하고 필요하다면 목표를 재설정 또는 재수정할 수도 있다. 종결 시 평가에서는 수련생의 성장을 요약하면서 다음 단계의 계획과 목표를 세우도록 도와준다. 따라서 종결 시 평가는 수퍼바이저가 총괄 평가서를 쓰는 것이 바람직하다. 수련생의 행동이나 특성에 대한 표준화된 질문지가 있다면 서로 논의한 후 평가척도로 표시할 수 있다. 여기에는 내담자의 평가도 포함될 수 있고, 다른 동료로부터의 피드백도 포함될 수 있다.

3) 수련생 평가 내용

평가는 수퍼비전 업무의 일부이다. 또한 임상 기술과 실제에 심각한 문제가 있을 때 평가 단계에서 수련생에게 피드백을 제공한다. 평가는 과정 전반에 걸쳐 적절한 과정을 준수해야 하며 수련생은 자신에게 기대되는 평가 방법을 알고 자신의 평가 결과에 대해서도 알아야 한다. 피드백은 주기적으로 건설적인 방식으로 제공해야 한다.

ACES(1995) 규정에 따르면, 수퍼바이저는 수련생이 내담자에게 갖고 있는 것과 같은 존중을 수련생에게 가져야 한다고 진술한다. 즉, 수퍼바이저는 비밀보장, 공정한 대우, 기대의 명확성, 경계 설정과 관련하여 내담자에게 제공하는 것과 같은 존중과 위엄을 수련생에게도 제공해야 한다. 다시 말해, 수퍼바이저는 항상 수련생들의 인종, 민족, 사회, 종교, 정치적 다양성을 존중해야 한다는 것이다.

(1) 수련생 평가 내용
수련생 평가 내용은 다음과 같다.

① 사례기록(case notes): 수련생은 진행 중인 사례 이슈들을 명료하고 정확하게 기록한다.
② 스태프 회의(staffing): 필요 시 수련생은 내담자가 목표를 성취하고 좋은 예후를 갖게 하기 위해 사례회의에서 논의한다.
③ 검사 실시(test administration): 수련생은 적당한 시간에 적절한 검사를 실시한다.
④ 진단(diagnosis): 사례 개념화에서 내담자에 대한 진단을 진술한다.

⑤ 모임 약속(appointment): 수련생은 모임 약속 시간을 충실하게 지켜야 하고 모임 및 회의 약속에 늦는 일이 없어야 한다.

⑥ 정보제공(informs): 수련생은 사례와 관련된 타당한 정보를 내담자 및 수퍼바이저 그리고 필요한 경우 기관에 제공해야 한다.

⑦ 소직화(organized): 수린생은 훈련기관의 일정과 규정 안에서 자신의 행정 업무를 수행해야 한다.

⑧ 책임(responsibilities): 수련생은 기관에서의 역할과 상담 관계 및 수퍼비전 관계에서의 역할을 수행해야 한다.

⑨ 취소(cancellations): 수련생은 약속을 취소해야 할 경우 가능하면 즉각 내담자와 수퍼바이저 및 기관에 알려야 한다.

⑩ 적격성(competency): 수련생은 자신이 능력을 갖추고 있는 분야에 대해서만 다루고 자신의 능력을 벗어난 분야에 대해서는 다루지 않는다.

⑪ 분위기(atmosphere): 수련생은 기관의 상담규정을 벗어나지 않는 범위에서 사무실 분위기를 편안하게 하고, 내담자와 수퍼바이저에게 물리적으로나 심리적으로 편안하게 대해야 한다.

⑫ 복장(attire): 수련생은 내담자가 속해 있는 집단과 기관 분위기에 적절하게 옷을 입어야 한다.

(2) 질문을 통한 평가

상담과 마찬가지로 수련생 평가에서도 '효과적인 질문' 기법이 중요하다. 효과적인 질문으로는 '왜'에 대한 대답을 요구하는 것 대신 '무엇을' 그리고 '어떻게'로 물어보는 열린 질문들이 바람직하다. 수퍼바이저는 수련생에게 항상 신뢰를 줌으로써 수련생이 가치 있고 존중받는 느낌을 갖도록 돕는다. 다음은 수련생평가에 석용할 수 있는 효과석인 실문이나.

• "지금까지 어느 정도 목표를 달성했다고 생각합니까?"
• "이 사례를 어떻게 진행하면 좋겠어요?"

- "성공적으로 마치기 위해 제가 어떤 도움을 드렸으면 좋겠어요?"
- "이 상담에서 당신이 목표에 도달하기 위해 무엇이 필요하다고 생각합니까?"
- "전에는 못했지만 오늘은 할 수 있다고 생각되는 것은 무엇입니까?"
- "그와 같은 방법으로 할 수 있었던 것은 무엇 때문일까요?"
- "오늘 수퍼비전에서 앞으로 적용할 수 있는 내용으로는 어떤 것을 배웠습니까?"
- "어떻게 하면 내일 훨씬 더 잘할 수 있을까요?"
- "자신이 잘 하고 있다고 생각되는 장점은 무엇인가요?"

〈표 13-1〉 수련생 상담 실습 평가 양식   노스웨스턴 대학 심리학과 수련생의 상담 실습 평가 양식

- 수련생 이름: _____   • 수퍼바이저 이름: _____

- 평가 시점(표시하시오): 1사분기   2사분기   학기말

- 지침: 아래에 제시된 척도상에 학생을 평가하시오.
    ◦ N/A: 상담사례가 해당 행동을 필요로 하지 않음. 따라서 관찰할 수 없음
    ◦ 미흡: 해당 행동이 거의 없거나 나타나지 않음
    ◦ 평균: 해당 행동이 때때로 나타남
    ◦ 우수: 해당 행동이 항상 나타남

평가 내용	NA	미흡	평균 이하	평균	평균 이상	우수
I. 첫 회기						
A. 라포의 형성 내담자의 초기 호소문제에 반응함. 내담자의 긴장을 풀어 주기 위해 도입 단계의 이야기를 적절히 함	0	1	2	3	4	5
B. 전문적 태도를 보임 준비됨. 자신을 능력 있는 전문가로 드러냄. 시간을 준수함	0	1	2	3	4	5
C. 상담관계의 구조화 상담자와 내담자의 역할 및 기능을 말로 표현함. 상담자의 지위와 수퍼비전 관계에 대해 언급함. 비밀보장의 한계를 언급함. 동의서에 대해 설명하고 동의서를 받음	0	1	2	3	4	5

	0	1	2	3	4	5
D. 초기 구조화를 수행함 양식을 사용함. 시간 약속을 함. 내담자의 질문에 대답함. 녹음/녹화에 대한 허락을 받음	0	1	2	3	4	5

II. 촉진적 조건

	0	1	2	3	4	5
A. 공감적 이해를 전달함 내담자의 감정을 반영함. 내담자의 말의 내용을 반영함. 내담자의 말 뒤에 있는 내용에 반응함	0	1	2	3	4	5
B. 진실성을 전달함 자연스럽게 상호작용함. 내담자의 감정에 반응함. 일치된 말/감정을 표현함. 자기-노출을 적절히 활용함	0	1	2	3	4	5
C. 무조건적 긍정적 존중을 전달함 표정/어휘가 비판단적임. 내담자의 염려를 수용하고 인정함	0	1	2	3	4	5
D. 효과적인 경청 주의를 기울임. 자세와 눈맞춤이 적절함. 신체적 접촉이 적절함	0	1	2	3	4	5
E. 치료적인 직면 말의 내용과 감정, 언어와 비언어적 행위 사이의 불일치 및 괴리를 확인함. 목적을 가지고 지지적인 태도로 직면함. 직면한 내용과 감정을 다루도록 도움. 직면 이후 다시 적극적 경청, 공감, 지금-여기에 초점을 맞춤	0	1	2	3	4	5
F. 상담관계에 초점을 맞춤 필요한 경우 지금-여기와 관계 패턴을 다룸. 상담 과정에 대해 내담자가 표현한 염려를 다룸	0	1	2	3	4	5

III. 상담의 단계를 적절히 밟아 감

	0	1	2	3	4	5
A. 단계 1: 문제의 명료화 문제와 관련된 현재 행동, 감정, 증상 정보를 수집함. 관련된 배경 정보를 수집함	0	1	2	3	4	5
B. 단계 2: 이해와 목표설정 이전의 경험과 현재 상태를 관련지음으로써 내담자의 주요 주제를 확인함. 필요할 경우 내담자의 주요 주제를 재구조화함. 상담자의 생각을 내담자와 공유함. 해석을 적절히 함. 유용하고 객관적인 시각을 제공함. 정보를 제공함. 구체적인 목표를 확인/명료와함	0	1	2	3	4	5
C. 단계 3: 행동을 촉진함 기술/이론을 활용함. 행동전략을 개발함. 행동을 촉진함. 결과를 평가함. 피드백을 제공함. 바람직한 행동의 모범을 보임	0	1	2	3	4	5

IV. 회기 종료의 구조화 종료시점에 대해 내담자에게 알려 줌. 회기의 마지막에 요약하는 말을 함. 내담자에게 회기의 내용을 명료화하고 요약하라고 함. '과제'를 검토함. 종료 시 내담자의 정서상태를 확인함	0	1	2	3	4	5
V. 상담관계의 종결 내담자에게 상담관계의 종결이 가까워짐을 미리 알려 줌. 독립적인 삶을 격려함. 목표와 결과를 요약함. 미래에 대한 계획을 수립함. 상담관계의 종결을 언급함. 앞으로 만날 경우 적절한 방식과 만남의 성격을 기술함	0	1	2	3	4	5
VI. 기타 기술 및 활동 A. 시간관리 회기를 제시간에 시작함. 제한된 시간에 맞게 상담을 진행함	0	1	2	3	4	5
B. 침묵을 편안하게 느끼고 적절히 활용함	0	1	2	3	4	5
C. 사례 개념화 능력	0	1	2	3	4	5
D. 학급활동 참여	0	1	2	3	4	5
E. 긍정적인 기관 분위기 조성	0	1	2	3	4	5
F. 동료들과의 효과적인 상호작용	0	1	2	3	4	5
G. 수퍼바이저들과의 효과적인 상호작용	0	1	2	3	4	5
H. 적절한 글쓰기 능력	0	1	2	3	4	5
I. 적절한 파일관리 능력	0	1	2	3	4	5
J. 전문적 행동 수준	0	1	2	3	4	5
K. 윤리적 행동 수준	0	1	2	3	4	5
L. 다문화 상황에 대한 민감성	0	1	2	3	4	5
M. 건전한 판단력과 상담기술	0	1	2	3	4	5
N. 적절한 의뢰	0	1	2	3	4	5
O. 피드백의 수용과 학습	0	1	2	3	4	5

• 요약: 수련생의 현 수행수준과 개선되어야 할 부분에 대한 당신의 의견을 문장으로 기술하시오.

• 전체적인 기술:
• 전체적인 과정:
• 필요한 조치:

수련생 서명: _____   날짜: _____
수퍼바이저 서명: _____   날짜: _____

출처: 김창대, 유성경, 김형수, 최한나 역(2006). 상담 및 조력전문가를 위한 수퍼비전의 실제[*Clinical Supervision in the Helping Professions: A practical guide*]. R. Haynes, G. Corey와 P. Moulton저. 서울: 시그마프레스. (원저는 2002년에

〈표 13-2〉 수련생 수행 평가 양식   노스웨스턴 대학 심리학과 수련생의 수행 평가 양식

- 수련생 이름:

- 수파바이저 이름:

- 평가 기간:

위에 표시된 기간 중의 수련생의 수행수준에 대해 평가해 주시기 바랍니다. 단, 동등한 수준에서 훈련을 받는 다른 평균적인 수련생들과 비교하여 평가해 주시기 바랍니다. '미흡' 또는 '아주 미흡'에 표시할 경우에는 아래에 그 이유를 문장으로 짧게 진술해 주시기 바랍니다. 이 평가 결과를 수련생과 함께 검토하고 양식의 맨 마지막 부분에 수련생이 서명하도록 하십시오.

※ 다음 중 하나에 표시하십시오.
1=매우 미흡, 2=미흡, 3=평균 수준, 4=우수, 5=매우 우수, NA=해당 없음

전문성

a. 출석/시간 엄수	1	2	3	4	5	NA
b. 수퍼비전 참여의 성실성	1	2	3	4	5	NA
c. 직원들과의 관계	1	2	3	4	5	NA
d. 내담자와의 관계	1	2	3	4	5	NA
e. 윤리적 태도/행동	1	2	3	4	5	NA
f. 언어적 의사소통	1	2	3	4	5	NA
g. 문장을 통한 의사소통	1	2	3	4	5	NA
h. 치료팀 참여	1	2	3	4	5	NA
i. 다문화 문제/개인적 차이의 이해	1	2	3	4	5	NA
j. 필요한 시점에 수퍼비전을 받음	1	2	3	4	5	NA
k. 필요한 시점에 자문을 받음	1	2	3	4	5	NA
l. 주도성/독립성	1	2	3	4	5	NA
m. 판단력/성숙도	1	2	3	4	5	NA
n. 개인적 발달에 대한 개방성	1	2	3	4	5	NA

검사기술

a. 도구와 방법에 대한 지식	1	2	3	4	5	NA
b. 의뢰 시 적절한 질문	1	2	3	4	5	NA
c. 검사의 실시:						
지능검사	1	2	3	4	5	NA
신경심리검사	1	2	3	4	5	NA
성격검사	1	2	3	4	5	NA
투사적 검사	1	2	3	4	5	NA

	1	2	3	4	5	NA
d. 검사의 해석:	1	2	3	4	5	NA
지능검사						
신경심리검사	1	2	3	4	5	NA
성격검사	1	2	3	4	5	NA
투사적 검사	1	2	3	4	5	NA
e. 내담자와의 라포	1	2	3	4	5	NA
f. 보고서 작성	1	2	3	4	5	NA
g. 내담자에게 피드백 제공	1	2	3	4	5	NA
개입기술						
a. 개인상담 기술	1	2	3	4	5	NA
b. 집단상담 기술	1	2	3	4	5	NA
c. 상담에서의 라포 형성/공감	1	2	3	4	5	NA
d. 분명한 상담계획의 수립	1	2	3	4	5	NA
e. 이론/연구에 근거한 개입	1	2	3	4	5	NA
f. 내담자의 필요에 근거한 개입	1	2	3	4	5	NA
g. 진전상태의 정기적 평가	1	2	3	4	5	NA
h. 종결문제의 언급	1	2	3	4	5	NA
기타						
a.＿＿＿＿＿＿＿＿＿＿＿	1	2	3	4	5	NA
b.＿＿＿＿＿＿＿＿＿＿＿	1	2	3	4	5	NA
c.＿＿＿＿＿＿＿＿＿＿＿	1	2	3	4	5	NA
전체적 수행수준	1	2	3	4	5	NA

기타 논평:

수퍼바이저 서명: ＿＿＿＿＿＿＿＿＿＿＿＿＿＿   날짜: ＿＿＿＿＿＿＿＿＿＿＿＿＿＿

이 평가는 수퍼바이저와 제가 함께 검토했습니다.
저는 평가에 동의합니다.   동의하지 않습니다.

수련생 서명: ＿＿＿＿＿＿＿＿＿＿＿＿＿＿   날짜: ＿＿＿＿＿＿＿＿＿＿＿＿＿＿

출처: 김창대, 유성경, 김형수, 최한나 역(2006). 상담 및 조력전문가를 위한 수퍼비전의 실제[*Clinical Supervision in the Helping Professions: A practical guide*]. R. Haynes, G. Corey와 P. Moulton저. 서울: 시그마프레스. (원저는 2002년에 출판), pp. 355-358의 [글상자 10-5] 재인용.

2. 수퍼바이저 평가

수퍼바이저가 수련생을 평가하고 피드백을 제공하는 것처럼 수련생도 수퍼바이저에게 수퍼비전의 유용성에 대한 계속적인 평가와 피드백을 주어야 한다. 수퍼비전의 유용성과 관련된 수퍼비전 관계는 사회적 지위와 차이가 있기 때문에 수련생이 객관적인 평가를 하기 어려운 경우도 있지만 수련생의 피드백 없이 수퍼바이저가 수퍼비전 수행을 효과적으로 향상시킬 수는 없다. 따라서 수퍼바이저는 자신의 수퍼비전 스타일에 대한 계속적인 피드백과 평가에 대한 수용적인 태도를 보임으로써 수련생에게 올바른 평가 모델을 보여 주어야 한다. 또한 상담 기관은 걱정이나 불안을 줄이면서 평가 과정에 참여하는 모든 수련생과 수퍼바이저가 자신의 의견을 자유롭게 나눌 기회를 가질 수 있도록 배려해야 한다.

수퍼바이저에 대한 평가는 수련생들이 상담자 역할, 교사 역할, 코치 역할, 자문가 역할과 관련하여 평가할 수 있다. 수퍼바이저는 수련생에게 피드백을 받음으로써 처음에 설정한 수퍼바이저 자신의 목표를 평가할 수 있다. 이때 수퍼비전의 무엇이 가장 중요하다고 생각하는지, 무엇을 강조하는지 등이 평가에 반영된다.

수퍼비전은 상담 이론과 실제가 만나는 장이며 상담 관계를 재구성하고 반복하면서 상담 과정의 핵심을 배울 수 있는 기회이다. 그러나 수퍼비전에는 치료와는 별개의 이론 및 기술 과정이 요구되기 때문에(Ellis, 1991) 수퍼바이저를 위한 훈련은 수련생을 위한 훈련과는 약간 다르다. 수퍼바이저의 훈련은 상담 과정과 수퍼비전 과정 둘 다를 포함해야 한다. Borders와 Cashwell (1991)은 이러한 관점을 지지하면서 상담 수퍼바이서는 상남과 수퍼비션에서 두루 능력을 갖춘 전문가여야 한다고 주장한다. 이런 의미에서 상담 경험은 상담 수퍼바이저가 되기 위해 필수적이지만, 많은 상담 경험을 가진 수련생이 반드시 유능한 수퍼바이저가 되는 것은 아니다.

　　Bascue와 Yalof(1991)는 수퍼바이저를 평가할 때 확인하는 필수적인 자질을 '임상적인 기술·경험'과 '상담에 대한 열정'으로 보았다. 이 중 임상적인 기술과 경험은 최근 지식정보와 함께 수련생들로부터 전문적인 신뢰성을 유지하는 것으로 나타나고 있다. 그리고 수퍼바이저의 자질로서 '상담에 대한 열정'은 내담자와 수련생에게 집중하면서 삶의 균형과 다양성을 찾는 것을 의미한다.

　　수퍼바이저의 능력에 대한 평가란 수퍼비전의 기술 및 기능 수행에 대한 평가를 의미한다. 수퍼바이저의 능력 영역에는 수퍼바이저의 이론모델, 수퍼비전의 목적, 수퍼바이저에게 기대되는 능력수준 등이 포함된다. 따라서 수퍼바이저에게는 학문적인 전문성과 발달단계의 중요성을 구분할 수 있는 능력 및 비밀보장에 대한 윤리적 이슈 준수 등이 요구된다. 수퍼바이저에 대한 수련생의 평가는 수퍼바이저에게 가치 있는 피드백을 제공하고, 다른 한편으로는 수퍼비전의 계획과 개발에 있어 수련생에게 책임감을 느끼고 전념하도록 도와주는 효과를 지닌다. 이러한 수퍼바이저에 대한 수련생의 평가 양식은 〈표 13-3〉에 제시되어 있다.

〈표 13-3〉 수퍼바이저에 대한 수련생의 평가 양식   미네소타 수퍼바이저 평가서

• 수련생 이름: ＿＿＿＿＿＿＿＿＿＿＿＿	• 수퍼바이저 이름: ＿＿＿＿＿＿＿＿＿＿＿
• 날짜: ＿＿＿＿＿부터 ＿＿＿＿＿까지	• 현 분과영역: ＿＿＿＿＿＿＿＿＿＿＿＿＿

이 양식은 수련생이 그동안 수퍼바이저와 했던 수퍼비전 경험에 대해 건설적인 피드백을 제공하기 위해 마련된 것입니다. 평가척도는 '우수함'에서부터 '유의요망'까지 3점 척도이며 다른 수퍼바이저와의 훈련경험과 비교해서 평가할 수 있습니다. 지난 훈련 기간에 했던 경험과 관련되는 항목에 대해서만 평가하기 바랍니다. 수퍼바이저와 만날 기회가 부족해 정확한 평가를 하기 어려운 경우에는 '평가할 수 없음'에 표시하기 바랍니다.

A. 수퍼비전의 일반적 특성	유의 요망	만족함	우수함	평가할 수 없음
1. 의논이나 질문을 하려고 할 때 쉽게 만날 수 있었다.	1	2	3	NA
2. 수퍼비전에 충분한 시간을 할애하고 수퍼비전 시간을 적절히 잡을 수 있었다.	1	2	3	NA
3. 사례에 대한 정보를 충분히 가지고 있었다.	1	2	3	NA

기타:

(원래 양식에서 17문항 삭제)

B. 임상적 기술의 개발	유의 요망	만족함	우수함	평가할 수 없음
1. 상담사례를 통합적으로 개념화하는 데 도움을 주었다.	1	2	3	NA
2. 개념화를 기초로 상담기술과 절차를 적용하는 데 도움을 주었다.	1	2	3	NA
3. 검사, 평가, 진단에 관한 훈련을 효과적으로 제공했다.	1	2	3	NA

기타:

(원래 양식에서 5문항 삭제)

C. 현 분과영역에서의 경험	유의 요망	만족함	우수함	평가할 수 없음
1. 현 분과에서 전문가로서의 역할을 할 수 있었다.	1	2	3	NA
2. 수련생의 평가기술을 개발했다(예: 인터뷰, 관찰, 심리측정, 진단 그리고 보고서 작성 등).	1	2	3	NA
3. 개입기술을 개발하는 데 도움이 되었다(예: 심리치료 능력의 습득과 숙달).	1	2	3	NA

기타:

(원래 양식에서 17문항 삭제)

D. 요약	유의 요망	만족함	우수함	평가할 수 없음
1. 수퍼바이저의 수퍼비전에 대한 전체적인 평가	1	2	3	NA
2. 수퍼바이저와 현 분과에서의 경험에 대한 전체적인 평가	1	2	3	NA
3. 수퍼바이저와 분과가 당신의 학습에 어떻게 기여했는지 기술하시오.				
4. 수퍼바이저나 분과가 어떻게 개선되기를 바라는지 기술하시오.				

• 수련생 서명: _____   검토한 날짜: _____

• 수퍼바이저 서명: _____   검토한 날짜: _____

출처: Stoltenberg, C. D. & Delworth, U. (1987). *Supervising Counselors and Therapists: A developmental approach*. San Francisco, CA: Jossey-Bass.

3. 수퍼비전 평가 불안

누구든지 타인의 비판적인 평가를 받기 위해서 전문 상담자의 길에 발을 들여놓지는 않는다. 사람들은 오히려 온정적이고 공감적인 평가를 받고 싶어 한다. 수퍼바이저의 불안은 지나치게 지시적이거나 과도한 거리감과 부적절한 직면 방법을 사용할 때 또는 직면하는 것을 주저할 때 주로 나타난다. 수퍼바이저의 불안은 또한 수련생들에게 비현실적인 목표와 기대를 가지고 있을 때 경직된 태도로 표현될 수 있으며, 초급 단계의 수련생들이 상담 과제에 대해 불안을 표출하는 것처럼 수퍼바이저도 자신의 역할에 대해 불안감을 갖게 된다. 따라서 수퍼바이저는 자신의 불안을 다루면서 동시에 수련생의 스트레스와 불안에도 주의를 기울여야 한다.

반면, 수련생의 불안은 수많은 요인 때문에 발생할 수 있다. 즉, 수련생은 직무 관련 걱정, 상담 지식과 기술 부족, 상담에 장애가 되는 내면적 이슈 그리고 수퍼비전 상황에서 발생할 수 있는 미지의 일들에 대해 두려움을 갖는다.

수련생의 불안은 수퍼바이저가 수퍼비전에서 자신에 대해 좋게 생각해 주길 바라면서 탁월한 수련생이 되고 싶다고 생각하는 것과 같은 탁월함에 대한 수행 불안이 많다. 그러나 어느 정도의 불안은 정상적일지 몰라도 이런 걱정들이 심한 불안정과 결합될 경우 자기통찰력이 결핍되기 쉽고 침묵과 망설임으로 과도한 주지화(intellectualization) 또는 수퍼바이저를 향한 저항 및 공격성 등이 나타나게 될 수 있다.

모든 수련생은 어느 시점에서 위와 같은 감정 및 불안을 경험하게 된다. 이때 수퍼바이저는 먼저 그러한 감정들이 정상적인 것이고 그 감정들 자체가 수련생의 전문적 자질에 나쁜 영향을 미치거나 수련생의 작업을 크게 손상시키지 않는다는 사실을 설명해 줌으로써 수련생을 안심시킬 수 있다(Edelwich & Brodsky, 1991). 이러한 감정들을 확인하고 표현하는 것은 불안을 줄일 수 있는 긍정적인 하나의 방법이 된다.

수퍼바이저 역시 수련생을 적절하게 평가하기 위해서는 수퍼바이저로서의 신뢰감과 함께 평가자로서의 역할불안을 반드시 다루어야 한다. 즉, 수련생의 불안을 다루기에 앞서 수퍼바이저 자신의 불안을 먼저 탐색해야 한다. 수퍼바이저가 자기 자신의 역할에 대해 무능하다고 생각하면 불안은 급증하게 된다. 불안은 수련생에게 지나치게 지지적이거나 수련생과 과도하게 거리를 두거나 부적절한 직면 방법을 활용하는 것 등의 경직된 모습으로 나타나 수퍼비전에 부정적인 영향을 미칠 수 있다. 수퍼비전에서 수퍼바이저는 약간의 스트레스를 표출할 수도 있으나 심한 불안이 수퍼비전에 영향을 미치지 않도록 자신의 불안을 경감시키는 방법을 알고 미리 처리할 수 있어야 한다.

수련수퍼바이저 경험 에세이

3년 반 전 나의 첫 수퍼바이저였던 ○○○ 선생님을 만난 날이 기억난다. 모든 것이 낯설고 신기하며 긴장되기만 했던 인턴수련생 시절, 병아리가 알을 깨고 나오며 처음 만난 누군가를 어미로 알고 졸졸 따라다니듯이 어미를 놓치면 죽는다는 심정으로 수퍼바이저를 따라다녔다. 지금도 잊을 수 없는 것은 나를 바라보던 눈길, 수용적이고 부드럽고 따뜻하고 안전한 수퍼바이저의 눈길이다. 수련상담자로 첫걸음을 내딛은 시절이었기 때문에 많은 것이 부족하고 서툴렀지만 나아갈 방향을 제시해 주고 인도해 주었던 수퍼비전 시간이 있었기 때문에 3년이라는 수련 기간을 무사히 마칠 수 있었다.

유능한 수퍼바이저는 어떤 수퍼바이저일까? 수련 기간에 만난 수퍼바이저 분들을 통해 배웠던 것들 중 인상 깊었던 부분은 수퍼바이저의 통찰력과 조망력이었다. 실제로 상담을 한 나 자신이 볼 수 없었던 부분을 볼 수 있게 하고, 깨달을 수 없었던 부분들을 깨달을 수 있도록 한 순간들은 나에게 잊히지 않는 '아하! 경험'들이었다. 그리고 나에게 있어서 가장 힘이 되었던 시간들은, 다시 말해 상담이 도대체 어디로 가고 있는지 몰라 방향을 잃고 끙끙대고 있을 때 가지고 있던 물을 다 퍼내고 바닥이 드러난 것처럼 고갈되었을 때 나로 하여금 방향을 잡고 나아가도록 물이 다시 차오르는 것을 경험하게 한 것은 수퍼바이저의 위로와 격려였다. 유능한 수퍼바이저는 수퍼비전을 잘 하는 사람이라기보다는 잘 품어 주는 사람, "풍성한 젖가슴"을 가진 사람이 아닐까 싶다. 수퍼비전 시간은 상담시간과 그다지 다르지 않은 것 같다. 좋은 상담자는 좋은 수퍼바이저가 될 수 있다. 경청해 줄 수 있고, 고통스러운 피드백을 하기가 부담이 되고 염려가 되지만 직면할 수 있고, 치우쳐 있지 않으며, 깊은 물을 끌어올려 줄 수 있는 상담자는 수퍼바이저로서도 그와 같이 할 수 있을 것이다.

세월이 어느덧 흘러 나는 초보 수련수퍼바이저가 되었다. 아직도 내담자를 만날 때마다 긴장되고 어떻게 도와야 할지 몰라 고민 속에 빠져 있곤 한다. 매번 과연 내가 수퍼비전을 제대로 할 수 있을까에 대한 염려와 불안이 올라왔다. 수퍼바이저가 되기만 하면 하늘의 별이라도 딸 것 같던 마음은 사라지고 나는 여전히 수행 불안과 평가 불안이 가득한 초보자일 뿐이다. 이런 나의 불안과는 전혀 상관없이 수련생들이 나를 바라보는 눈빛은 내가 첫 수퍼바이저를 만났을 때와 너무나 똑같다. 그들은 훈련 과정에서 처음 만난 나를 마치 자신의 '이상화 대상'으로 여기고 있는 듯이 보였다. 내가 그랬듯이, 한 사람의 상담자로서의 자기감과 정체성이 발달하기 위해 중요한 사람에게 받은 자기대상 경험은 수용과 긍정에 기초한 건강한 자기감을 발전시켜 나가는 데 도움을 줄 수 있다. 나도 이상하게 여겨지리만큼 수퍼바이저를 존경하고 때로는 이상화하는 경향이 있었음을 회상하던 중 Kohut의 '이상화 전이'가 떠올랐다. 수련생들이 자신감을 배우고 발달시키기 위해 이상화의 부분을 관용하는 것을 배울 필요가 있다고 생각했다.

그러나 어떤 사례의 경우 수퍼바이저로서 사례를 읽을 때 '아이고, 이렇게 밖에 못하나'라는 생각이 들었다. 수퍼비전 시간에 무슨 말을 해야 하나 고민했는데 사례를 막상 보니 해 주고 싶은 말이 너무나 많았다. 특히 이 사례의 상담자는 상담 경력도 꽤 되어서인지 자신이 상담을 잘 한다고 생각하고 있었고 내담자에게 자신이 그동안 배운 상담 기술을 총동원하여 마구잡이로 이것저것 적용해 보고 있었다. 전혀 맥락과 상담 목표에도 맞지 않는 상담 기술을 사용하고 있으면서 나중에는 심지어 내담자와 힘겨루기를 하고 내담자에게 '당신은 어머니 이슈가 있다'는 식으로 도식화시켜 버렸다. '하나하나 지적하여 고쳐 주어야 한다'는 마음이 일어났다. 나는 자랑스레 시험지를 들고 온 아이에게 "100점을 맞아야지. 그거 밖에 못해? 더 잘해야지."라고 독촉하는 엄마의 마음이 되었다. 그런데 그때 언젠가 동료선생님이 나에게 "예전에 선생님이 피드백해 줄 때 '그렇게 밖에 못하니?'라는 소리로 들렸는데 지금은 그렇지 않네."라고 해 준 말이 떠올랐다. 내 마음의 잣대는 나 자신에게도 타인에게도 높은 기준을 요구하고 있었다. 수퍼비전 시간에도 수련생에게 높은 기준을 정해 놓고 따라오기를 요구하고 싶었다. 포용적이지 못하고 혹독한 마음을 갖게 되는 나 자신을 보면서 다시 마음을 잡았다. 나는 수퍼바이저와 어떤 관계를 갖고 싶었는지 생각해 보았다.

수퍼비전은 수퍼바이저와 수련생이 함께 가는 '동행' 과정이라는 생각이 든다. 즉, 그것은 비대칭적 구조라기보다는 대칭적 구조이다. 그런데 나이가 들고 연륜이 쌓이면서 어느덧 나보다 나이가 어린 사람이나 경험이 적은 사람을 만나게 되면 가르치려 드는 나 자신을 발견하게 된다. 상담을 하면서도 어느덧 내가 내담자 위에 서 있는 때가 있다. "지혜로운 자와 동행하면 지혜를 얻고 미련한 자와 사귀면 해를 받느니라(잠 13:20)"는 말씀처럼 미련한 수퍼바이저와 동행을 하면 미련한 수련생이 될 것이요, 지혜로운 수퍼바이저와 동행을 하면 지혜로운 수련생이 될 것이다.

수퍼비전을 마치고 난 뒤 한 수련생이 나에게 "선생님은 다른 사람의 성장 가능성을 믿어 주고 기다려 줍니다. 내가 뭐가 부족한지 알고 있으면서도 말하지 않는 것을 나도 압니다. 그렇기 때문에 더 고치려 노력하게 됩니다."라는 피드백을 주었다. 인간중심 상담에서 상담자가 내담자에게 자기실현 경향이 있음을 확신하듯이 수퍼바이저인 나는 수련생이 성장하고 상담 및 자신에 대해 탐구하고자 하는 능력과 동기를 가지고 있음을 확신한다. 상담자가 무조건적인 관심, 공감, 진실된 태도를 가지고 내담자를 대하면 내담자 스스로 문제를 해결해 나갈 수 있듯이 수퍼바이저가 수련생에게 그와 같은 태도를 가지면 수련생 역시 자신의 부족한 부분을 성장시켜 나갈 것이다.

수퍼비전은 수퍼비전을 받는 수련생의 성장뿐 아니라 수퍼바이저의 변화와 성장에도 도움이 된다. 사례 속 내담자의 경직된 부분을 상담자가 잘 풀어 나가는 것을 보며 나 자신도 마음이 편해졌다. 수련생은 내담자에게 개그 프로그램을 보도록 권하면서 유머감각을 살려 주려 노력하였다. 한 조각의 웃음과 재미는 수퍼비전 시간에서도 그 시간을 잘 돌아갈 수 있게 하는 윤활유와 같다. 배움의 과정에서 웃음은 우리의 문제에 좀 더 편하게 접근할 수 있도록 도와준다. 이번 학기에 만난 수련생들은 상당히 적극적이고 붙임성이 많다. 나는 수퍼바이저가 늘 어렵기만 했는데 그들은 나를 그다지 어렵게 느끼지 않는 것 같다. 분위기도 화기애애하다. 가끔씩 번지는 웃음은 긴장된 내 마음을 풀어 주고 준비한 것보다 많은 것을 주고 싶은 마음이 일어나도록 만든다. 수련생으로서의 고민과 한계를 털어놓을 수 있는 수퍼비전 시간이기를 바란다.

제4부

수퍼비전 윤리

제14장
수퍼바이저 윤리

1. 수퍼바이저의 윤리

상담에서 상담자의 윤리가 중요하듯이 수퍼비전에서도 윤리적 실천이 강조되고 있다. 수퍼바이저는 수퍼바이저로서의 전문성을 갖고, 수퍼비전에서 수련생과 내담자의 안녕에 대한 책임이 있으며, 수련생이 상담자로서 윤리적 원칙을 잘 지키도록 윤리적 절차에 대해 교육할 필요가 있다. 또한 수퍼바이저는 수련생이 내담자의 상담 및 수퍼비전에 대한 사전 동의를 받았는지 확인해야 하고, 수퍼비전 외에 수련생과 다른 이중 관계를 맺지 않도록 주의하며, 수련생과 내담자의 비밀을 보장하고 법적 절차에 대해서도 교육할 필요가 있다.

1) 수퍼바이저의 전문성

수퍼바이저는 수련생의 상담 활동을 잘 지도할 수 있는 전문성을 겸비하고 있어야 한다. 수퍼바이저의 전문성이란 수퍼비전에 대한 전문성, 상담 영역에서의 전문성, 윤리적 지식과 행동으로 볼 수 있다(ACES, 1995). 여기서 수퍼비전에 대한 전문성은 효과적인 수퍼비전을 제공하기 위해 필요한 상담 영역의 전문성(Russell et al., 1994)으로, 상담 이론에 대한 지식 습득과 훈련 등의 실제 경험을 통해 달성할 수 있다. 그러므로 수퍼바이저는 전문 상담자로서의 자신의 자격요건과 경력을 수련생에게 분명히 밝혀야 한다. 또한 상담 관련 서적을 꾸준히 읽고 학회활동이나 계속교육 등을 통해서 전문 상담자로서의 전문성을 확장해야 한다. 수퍼바이저들은 수련생의 상담 사례 보고서와 수퍼비전 기록에 자신의 이름을 서명하는 경우가 많기 때문에 문서의 적합성을 평가할 만한 충분한 정보를 가지고 있어야 한다.

대부분의 수퍼바이저는 중급 혹은 고급 전문 상담자이므로 전반적으로 상담 영역에 있어서 전문성을 가지고 있다고 볼 수 있다. 그러나 때로는 수련생이 수퍼바이저보다 특정한 내담자 또는 특정한 문제에 대해 더 경험이 많을 수 있다. 예를 들어, 수련생이 상담을 전공하기 전에 유치원 교사였다면 아동 내담자에 대해서는 수퍼바이저보다 더 전문가일 수 있다. 수퍼바이저는 이러한 상황에서 해당 분야에 대한 경험이 많고 자신감이 있는 수련생을 존중하며 동료의식을 가지고 수퍼바이저 자신의 전문성을 다른 영역으로도 확장할 수 있는 기회로 삼아야 할 것이다.

수퍼바이저의 전문성은 윤리적 지식과 행동을 포함한다. 수퍼바이저는 수퍼비전 영역과 관련된 법규, 윤리강령 그리고 포괄적인 윤리적 행동 양식에 대해 잘 알고 있어야 하며(Cottone & Tarvydas, 1998), 수련생 역시 상담 관련 분야에서 공통적으로 기대되는 윤리적 지식과 행동에 대해 알아야 한다. 상담 관련 법규와 윤리 항목은 정기적으로 개정되기 때문에 수퍼바이저는 이 부분에 지속적인 관심을 기울여야 한다.

2) 내담자의 안녕에 대한 책임

수퍼비전은 내담자를 부적절한 상담 개입에서 보호하고 내담자가 보다 효과적인 상담을 제공받을 수 있도록 돕는 것을 목적으로 한다. 내담자에게 제공되는 상담은 수련생의 능력 범위 안에서 이루어져야 하며, 경험이 적은 수련생은 아직 전문 상담자로서 충분하지 않기 때문에 더욱 많은 수퍼비전 경험이 요구된다. 수퍼바이저가 할 수 있는 최선의 방법은 수련생에게 내담자를 배정할 때 수련생이 상담하기에 적당한 내담자를 배정하고, 가능하면 적은 수의 내담자를 배정하는 것이 좋다. 또 수퍼바이저는 초급 수련생에게는 사례 개념화와 효과적인 상담 개입 방법을 가르쳐 주는 것이 바람직하다. 수련생의 상담 기록을 주의 깊게 검토하고 상담치료에 대한 계속적인 평가를 하면서 비디오테이프 다시보기나 직접 관찰을 활용하는 것도 매우 효과적이다(Vasquez & McKinley, 1982).

수퍼바이저는 수련생에게 내담자에게 수련생으로서의 신분과 수퍼비전을 받고 있다는 것을 알리도록 지시하여야 한다. 상담 내용은 수련생과 내담자 사이에서만 공유되고 비밀이 유지되어야 하는데, 수련생이 수퍼비전을 받는 경우 내담자의 동의하에 상담 내용이 수퍼바이저에게 공개된다. 내담자의 안녕에 대한 궁극적인 책임은 수련생의 수퍼바이저가 지게 되므로 수퍼바이저는 내담자에 대한 정보도 받아야 한다. 수퍼바이저는 내담자에 대한 수련생의 상담 효과를 계속 평가하고 있어야 하며, 내담자가 최선의 상담을 받고 있지 않다고 생각할 때에는 수련생과 상의하여 다른 수련생에게 의뢰하거나 수퍼바이저가 직접 개입할 수도 있다(ACES, 1995).

3) 수련생에 대한 책임

수퍼바이저는 수련생과 되도록 이중 관계(dual relationship)를 갖지 않으려고 노력해야 한다(Harrar, VandeCreek, & Knapp, 1990). 많은 경우에 수퍼바이저는 수련생의 지도교수 또는 나중에 근무하고 싶은 상담기관의 관리자인 경우가 많다. 이와 같이 수퍼바이저와 수퍼비전 관계 이외에도 다른 관계가 얽혀 있으면 수련생은 수퍼바이저와의 관계에 대해 부담감을 갖게 된다. 즉, 수퍼비전의 성격상 수퍼바이저는 수련생을 평가하게 되는데, 수퍼비전에서의 평가가 다른 영역에도 반영되기 때문에 사실상 수련생의 부담은 이중·삼중이 된다. 또한 수련생이 수퍼바이저와 이중 관계를 가지고 있으면 실제 수퍼바이저가 수퍼비전을 소홀히 할 때 그것을 공개적으로 토론하는 것은 거의 불가능하다. 이중 관계가 불가피할 경우에는 수퍼바이저와 수련생이 동의하고, 이 관계가 수퍼바이저와 수련생에게 해가 되지 않을 것이라는 확신이 있는 경우에 맺는 것이 좋다.

수퍼바이저는 수퍼비전 책임의 범위를 분명히 해야 한다. 어떤 상담기관에서는 수련생에게 한 사람 이상의 수퍼바이저가 있는 경우도 있다. 예를 들면, 석사 과정 중의 수련생은 실습 교육 전체를 총괄하는 수퍼바이저가 있고 지도교수가 있으며, 동시에 자신의 상담 사례에 대한 수퍼바이저가 있을 수 있다. 이와 같은 경우에 누가 어떤 측면에서 수퍼비전 책임을 질 것인가에 대해서 정하는 것이 중요하다.

수퍼바이저는 수련생의 상담 수행에 대한 평가와 더불어 개인적인 기능에 대한 평가를 한다. 수련생도 개인적인 문제로 고민할 때가 있으며, 고민하고 있는 개인적인 일이 상담 수행에 방해가 될 때가 있다. 그러므로 수퍼바이저와 수련생은 상담 수행에 방해가 되지 않도록 문제를 나누는 것이 좋다. 수련생의 개인적인 문제는 수퍼비전보다는 개인적인 상담을 통해서 다루는 것이 더 적절하다. 이러한 판단을 내리는 것도 수퍼바이저의 책임 중 하나이므로 내담자와 같은 문제로 상담을 받고 있는 수련생은 그 내담자를 다른 수련생에게 의뢰하는 것이 보다 바람직하다.

수련생의 개인적 기능 손상(impariment)을 다루는 것은 아마도 수퍼바이저가 해야 하는 일 중에서 가장 어려운 일일 것이다. 수련생의 기능 손상이란 수련생이 수련생으로서의 기능을 수행하지 못하는 상태를 말한다. 즉, 수련생의 내재적인 문제가 상담의 저해 요인이 되는 경우이다. 직업적인 스트레스 또한 상담에 부정적인 영향을 미칠 수 있다. 그러므로 문제를 가진 수련생은 자신의 문제를 드러내지 않고 훈련에 잘 적응할 수 있도록 노력하는 것이 중요하다. 수련생의 개인적 기능의 손상 여부에 따라서 당분간 상담을 쉬는 것이 더 바람직할 수도 있다(Lamb, Cochran, & Jackson, 1991).

2. 수련생과 수퍼바이저의 윤리적 책임

1) 수련생의 윤리적 책임

수련생이 지켜야 할 윤리적 책임의 내용은 다음과 같다.

① 윤리강령 기준을 준수한다. 이 원칙은 임상적 능력, 서면에 의한 동의, 내담자의 비밀보장, 경계 존중, 비직업적 행위 삼가 등 광범위한 영역을 포함한다.
② 전문가의 표준에 일치하는 방식으로 행동한다. 예를 들면, 임상효과를 저해하는 개인적인 문제를 인식하고 처리한다. 또한 자신이 이러한 조치를 취했을 경우 담당 수퍼바이저에게 알리고 개인적인 문제가 자신의 임상 실제에 미칠 영향에 대해 밝혀야 한다.
③ 존중과 위엄을 갖고 수퍼바이저를 대한다. 수퍼바이저와 수련생 간에 발생하는 갈등을 해결하는 것은 양자의 책임이다.
④ 비밀보장 규정을 충실히 따른다. 수퍼비전에서 공유한 정보는 비밀을 보상하여 나눈다.
⑤ 수련생은 법적 요구사항에 충실해야 하고 전문적인 보고서 작성 및 제출에 대해 숙지하고 따라야 한다.

2) 수퍼바이저의 윤리적 책임

① 동의계약: 수퍼바이저는 수련생이 내담자에게 상담 과정과 관찰 방법에 대한 내용을 알린 후 내담자가 강요에 의해서가 아니라 자발적으로 동의서에 서명을 하도록 할 책임이 있다. 회기에 대한 녹음이나 녹화는 내담자의 서명을 받아야 한다. 내담자는 녹화 또는 녹음 자료의 활용 및 기관의 임상 · 교육 절차 등의 내용 설명을 들어야 하며, 서면 동의는 유사시에 법적 조치의 근거가 될 수 있다.

② 비밀보장: 미국심리학회 윤리강령의 규정 5조항에서 "임상 및 상담 관계에서 얻은 정보나 아동, 학생, 고용자 등에 관한 평가 자료는 직업적 목적으로 사례와 확실하게 관련된 사람들과만 논의한다."라고 규정하고 있다(APA, 1981). 이 원칙은 한국에서도 적용되는데, 상담뿐만 아니라 수퍼비전에도 적용된다. 수련생의 비밀보장은 그것이 수반하는 경계와 관련하여 내담자의 비밀보장과 유사하다.

③ 수퍼바이저의 지각 편견
  • 수퍼바이저의 지각 편견이 수련생 평가에 영향을 미쳐서는 안 된다.
    수퍼바이저는 전문가적 표준과는 무관하게 어떤 특정 사람이나 특성 또는 방법을 선호하는 경향이 있다. 이는 의식적이든 무의식적이든 그들의 특정한 지각 편견(perceptual bias)에 의한 것이 대부분이다.. 이러한 지각 편견은 수련생의 평가에 영향을 미치기 때문에 수퍼바이저는 세심한 주의를 기울여야 한다.

  • 수퍼바이저는 특정한 한 가지 요인에 집착해서는 안 된다.
    수퍼바이저는 특정한 한 가지 요인에 너무 많은 무게를 두거나 어떤 사람의 특정 심상에 대해 너무 고착되지 않도록 주의를 기울여야 한다. 수퍼바이저가 수련생에 대해서 자신만의 어떤 특정한 선호와 편견을 갖게 되면 수련생의 훌륭한 작업은 보지 못하고 그의 본질과는 무관하게 불공평한 평가를 하게 된다.

• 수퍼바이저는 선입견에 따라 수련생을 판단해서는 안 된다.
수퍼바이저는 자신의 성별, 연령, 종교, 인종, 민족, 성적 선호도 또는 결혼상태 등에 관한 선입견에 기초해서 수련생을 판단해서는 안 된다. 사람들은 자신이 타인에게 지닌 호감도, 타인의 매력이나 애교 있는 행동에 더 관심을 갖게 되므로 수퍼바이저 역시 수련생 중에 더 좋아하는 사람이 있을 수 있으나 불공평한 평가를 하지 않도록 주의해야 한다. 예를 들면, 학점을 주지 않거나 불합격 판정을 내리고, 집단에서 내보내는 등 수련생의 중요한 권리를 제한하려는 경우에는 반드시 사전에 수련생에게 고지하고 통보한 후 시행해야 한다.
그러나 다음과 같은 상황에서는 제재나 불이익을 줄 수 있다.

- 개선을 위한 시간을 충분히 준 후에도 수련생의 작업행동이 전문가 기준에 미흡한 경우
- 전문가의 기능에 부정적인 영향을 주는 개인의 역기능 문제가 개선되지 않는 경우

수퍼바이저의 교육이 부족하고 수퍼비전에서 기대되는 것과 관련하여 수련생이 이용할 수 있는 자료가 부족할 경우에는 경계 위반이 발생할 수 있다. 그러므로 수퍼바이저는 전문성을 가지고 수퍼비전 관계에 임하도록 훈련하는 데 모든 노력을 기울여야 한다.

3) 상황적 윤리

수퍼비전 관계에서 수퍼바이저는 다양한 의무와 책임을 갖게 된다. 수퍼바이저는 훈련 과정 내내 수련생의 성별, 종교, 연령 및 사회경제적 지위에 대한 문제에 지속적인 관심을 두어야 한다. 그 이유는 수퍼바이저와 수련생 상호 간에 존재하는 서로 다른 수준의 임상 경험과 배경 등이 수퍼비전의 내용과 결과에 영향을 미치기 때문이다. 따라서 수퍼바이저는 수련생의 성장을 촉진하는 협력적인 환경을 조성하고자 노력해야 하며, 그들이 자유롭게 자신의 의견과 가치, 신념 등을 나눌 수 있도록 도와주어야 한다.

Robert(1992)는 수퍼비전의 상황적 맥락과 관련하여 수퍼바이저와 수련생이 자기 자신에 대해 인식하는 것이 중요하며, 특히 자신의 개인사 및 문화적 상황을 인식해야 한다고 주장한다. 자신의 성장 배경이 상담 회기에 어떻게 영향을 주는지 인식하고 이해하는 것은 전이와 역전이 이슈를 이해하는 데 중요하고, 수퍼비전에 방해가 되는 개인적 요소를 분리함으로써 수퍼비전 효과를 증진시킬 수 있다. 따라서 수퍼바이저와 수련생은 수퍼비전 상황에서 정형화된 역할이나 선입견, 고정관념 등이 어떻게 수퍼비전에 영향을 줄 수 있는지 이해해야 한다.

수퍼비전에서 나타날 수 있는 상황적 요인을 활용하는 방법에 대하여 살펴보면 다음과 같다.

① 상황은 내담자와 수련생 그리고 수련생과 수퍼바이저 간의 신뢰 관계에 크게 영향을 미친다. 수퍼비전 상황 역시 돌봄상황(caring context)을 모델링한다.

② 상황적 요인은 지지나 도전을 통해 상담 역량을 촉진하는 데 사용될 수 있다. 예를 들면, 수련생의 사고방식과 신념 체계에 도전하게 함으로써 상담 기술을 촉진할 수 있다.

③ 내담자와 수련생에 관한 상황적 요인을 이해하면 수련생은 전혀 다른

상황의 개인들을 경험할 수 있다.

④ 모든 개인과 집단은 특정 문화(culture-specific)와 독특한 행동을 갖고 있
   다는 것을 인정하면 특정 문화에서 오는 독특한 행동을 구별할 수 있게
   된다.

⑤ 상황적 분석은 평가와 개입을 위한 틀을 마련해 준다. 이러한 틀은 편견
   에 기인한 개념과 행동에 대한 이해를 가능하게 한다. 수퍼바이저는 이
   러한 상황적 요인을 표면에 드러냄으로써 이러한 요인이 상담 효과와
   관련이 있는지 여부를 구별하도록 지도한다.

3. 이중 관계

수퍼바이저에게는 전문 상담자로서 인격적으로나 직업적으로 다양한 역할
과 책임을 질 수 있는 성숙함이 요구된다. 수퍼비전에서의 이중 관계는 수퍼
바이저가 수련생과의 관계에서 전문가적인 역할과 동시에 다른 역할을 할 때
발생한다. 예를 들면, 수퍼바이저가 수련생의 상담자가 되거나 수련생과 사
업을 같이 하거나, 또는 친구관계나 사회적 관계로 발전하게 되는 경우 등이
있다. 이러한 이중 관계에서 나타나는 문제는 수련생과 철저하게 토의하고
처리해 나가는 것이 필요하다(Ladany et al., 1999).

수퍼바이저는 자신의 역할을 명시하고, 윤리적으로 역할의 경계가 흐려질
때 생길 수 있는 잠재적인 문제를 자각할 필요가 있다. 수퍼바이저는 수련생
에게 적절한 경계를 설정하는 방법을 가르치는 위치에 있고 수련생은 수퍼바
이저의 이중적인 역할에 영향을 받을 수 있는 위치에 있다. 따라서 수퍼바이
저의 흐려진 역할은 수퍼비전 과정에 큰 영향을 미칠 수 있다. 그러므로 수퍼
비전 관계의 성격이 명확하게 정의되지 않으면 그 관계는 어려운 상황에 처
할 수 있게 된다. 대부분의 전문적인 학회나 기관의 윤리 규정은 이중 혹은
다중 관계가 안고 있는 잠재적 문제에 대해 경고하고 있다. 특히 이러한 규정

은 내담자와 수련생을 착취하거나 위해하는 판단 또는 그러한 결과를 야기할 수 있는 모든 관계의 위험성까지도 경고한다.

이중 관계를 피하라는 말을 하기는 쉽지만 실제로 그렇게 피하기는 쉽지 않다. 일반적으로 수퍼바이저가 직면할 수 있는 이중 관계에 대해서 살펴보면 다음과 같다.

- 수퍼바이저와 수련생 사이의 성적 관여
- 성적 매력
- 감독자의 지위나 힘을 이용한 성희롱 및 성추행
- 합의한 성관계(동등한 관계가 아니므로 동등한 합의는 불가함)
- 친밀한 낭만적 관계

예를 들면, 한 내담자가 자신은 불륜 관계를 맺고 있으며 당신이 수퍼비전을 주고 있는 수련생이 자신의 상대라고 밝힌다면 당신은 어떻게 할 것인가? 그 수련생을 계속해서 수퍼비전할 것인가? 수퍼비전 관계를 끝내기로 한다면 수련생의 비밀보장을 유지하면서 이것을 어떻게 설명할 것인가?

수련생과 수퍼바이저 간에 발생할 수 있는 다양한 유형의 이중 관계 중 어떤 것은 명확하게 규정되어 있는 반면, 어떤 것은 규정되어 있지 않아 개인의 판단을 수반하는 경우도 있다.

일반적으로 성적 매력을 느끼는 것은 그 자체로는 별 문제가 아니다. 다만 그것이 적절한가 그렇지 않은가를 결정하는 데 있어서 개인이 그 매력을 처리하는 방식이 중요하다. 수퍼바이저가 매력적이라고 생각하는 것과 이러한 매력에 사로잡히는 것은 전혀 다른 문제이다. 수퍼바이저가 수련생에게 성적으로 매력을 느낄 경우에는 그런 감정을 검토하는 것이 중요하다. 그런 감정을 자주 다른 수련생에게도 느낀다면 자신을 위한 상담이나 수퍼비전을 통해 이 문제를 다뤄야 하며, 다음의 질문에 대한 답을 생각해 봐야 한다.

- 내 인생에서 이처럼 강렬한 유혹을 불러일으키는 것이 도대체 무엇인가?
- 내가 개인적인 삶에서 무언가 놓치고 있지는 않은가?
- 내 개인적인 욕구를 충족시키기 위해서 전문적인 활동을 이용하고 있지는 않은가?

수퍼바이저가 수련생에게 갖는 일시적인 성적 감정은 정상적일 수 있으나 강렬한 감정을 느끼는 것은 문제가 된다. 따라서 수련 과정에서의 성문제에 대한 섬세한 주의가 필요하다. 또한 수퍼비전에서 그러한 감정과 경험을 기꺼이 드러내어 다룰 수 있는 신뢰로운 분위기를 만들 필요가 있다.

1) 수퍼바이저와 수련생의 이중 관계

① 성적 개입(sexual involvement)은 수퍼바이저의 명백한 비윤리적 행위이다. 이러한 비윤리적 행동이 발생하면 수련생에게 다른 수퍼바이저를 배정하고 수퍼비전 기관은 해당 수퍼바이저에게 징계 조치를 취해야 한다. 수퍼바이저와 수련생 사이에는 어떠한 성적 친밀감도 부적절하며 비윤리적이다. 그러나 성적 매력을 느끼는 일은 매우 흔히 발생할 수 있기 때문에 수퍼비전에서 이 문제를 다룰 수 있도록 하는 것은 매우 중요하다. 만일 수련생과 내담자 간에 성관계가 있었다면 수퍼바이저는 즉시 그러한 관계를 멈추도록 가능한 모든 조치를 취할 법적·윤리적 책임을 갖는다. 수련생에게 단지 내담자와의 성관계를 금한다고 말하는 것으로는 충분치 않다. 수퍼바이저는 확실히 내담자에게 더 이상의 피해를 입히지 않고 이 문제를 다룰 수 있는 다른 상담자에게 내담자를 의뢰하거나 내담자가 지속적인 치료를 받을 수 있도록 보호할 책임이 있다.

② 자신의 배우자에게는 수퍼비전을 해 주지 않는다. 그 밖에도 혼인 여부에 관계없이 친밀한 파트너는 서로를 수퍼비전할 수 없다.

③ 수퍼바이저 중 특히 수련생에 대한 행정적 권위를 지닌 사람은 그 수련
  생의 개인상담을 하지 않는 것이 좋다. 훈련 현장에서는 본질적인 경계
  를 유지하면서 이중 관계를 철저하게 감독하는 것이 중요하다. 물론 이
  중 관계를 항상 피할 수는 없겠지만 수퍼바이저는 윤리적이고 적절한
  방식으로 이를 다룰 책임이 있다. 이 문제의 핵심은 전문가로서 임무 수
  행을 하는 데 있어 객관성, 유능성 또는 효과성을 저해할 수 있는 다중
  관계를 피하는 것이다. 수련생은 힘의 불균형으로 취약한 위치에 있으
  며, 따라서 수퍼바이저가 이들을 착취하거나 힘을 오용하거나, 또는 적
  절한 관계의 선을 넘을 때 이들은 상처를 입을 수 있다. 그러므로 수퍼
  바이저는 수련생을 착취하거나 수련 관계에 상존하는 힘의 불균형을 이
  용해 부당한 이득을 취해서는 안 된다.

④ 친구관계인 수퍼바이저와 수련생은 경계를 신중하게 유지해야 한다. 같
  은 전공의 사람들이 함께 일하다 보면 수퍼바이저와 수련생이 친한 친
  구가 될 수 있다. 이러한 친구관계가 객관적인 평가를 매우 어렵게 하고
  불가능하게 할 때 이중 관계가 생긴다. 이와 같은 경우 항상 수퍼바이저
  를 교체해야 하는 것은 아니지만, 수퍼바이저는 최소한 외부 수퍼바이
  저에게 수련생에 대한 자신의 평가가 정확한지 확인할 필요가 있다.
  수퍼바이저와 수련생의 친분은 흔하고 불가피하며 일반적으로 긍정적
  이다. 그럼에도 내담자와 수련생의 복리는 여전히 최우선 순위이기 때문
  에 내담자는 자신의 수련생이 정당한 수퍼비전을 받고 있으며 수퍼바이
  저가 객관성을 유지하기 위해 필요한 거리를 지킬 것이라는 기대를 가질
  권리가 있다.

⑤ 수퍼바이저는 수련생과 친교 및 사회적 관계를 억지로 맺어서는 안 된
  다. 예를 들면, 수퍼바이저가 임상 장면 밖에서 수련생을 집단 행사에
  초대하는 경우이다. 교수나 수퍼바이저는 학생들이 주최하는 저녁 모임

또는 파티에 초대받을 수 있다. 꼭 정기적인 행사가 아니라 하더라도 여전히 수퍼바이저는 표면화될 수 있는 잠재적인 문제와 행사에 참여하는 것이 전문적 관계를 확장하거나 저해하는 데 미칠 영향을 생각해 볼 필요가 있다. 가령, 수련생이 음악회, 조깅 또는 그 밖의 다른 사회적 행사에 수퍼바이저의 참석을 요청하는 경우에 문제는 심각해진다.

임상 장면에서 다중 관계는 매우 흔하다. 교수는 수련생과의 관계에서 여러 가지 역할을 하게 된다. 다양한 역할을 잘 수행하기 위해서는 서로 다른 상황에서 각각의 역할에 대해 명확히 하는 것이 필요하다. 관계를 정의하고, 경계가 변화할 때는 수련생과 상의하여 수련생들의 복지를 우선하는 것이 수퍼바이저의 책임이다. 수련생과의 관계를 잘 운영하기 어려울 경우 수퍼바이저는 문제를 유발하는 상황을 줄이거나 수련생을 의뢰할 다른 수퍼바이저를 찾아야 한다.

사회적 관계는 수련생과 함께 전문적인 활동 및 수련생의 상담과 간접적으로 관련되는 활동을 하게 되는 것을 모두 포함한다. 예를 들면, 골프, 하이킹, 조깅, 테니스 같은 활동, 음식 나눠 먹기, 차 마시러 가기, 영화 보기, 학회나 워크숍 참석, 카풀, 학생의 결혼식 또는 장례식 참석, 학생의 파티 참석, 교사나 수퍼바이저 집에서 열리는 파티 참석 등으로, 이런 개별 활동은 잠재적으로 윤리 문제나 그 밖의 문제를 야기할 수 있다.

2) 이중 관계 경계 설정

수퍼비전과 상담은 서로 평행적인 면이 있다. 이 둘 사이의 차이점에 대해 Abroms(1977)는 "수퍼비전은 상담에 관한 상담이지 상담자에 관한 상담이 아니다."라고 진술하였다. 그러나 수퍼바이저가 수련생의 상담자는 아니지만 상담적 이슈들은 수퍼비전에서 언급될 수 있고, 때로는 언급되어야 한다. 만약 상담장면에서 수련생이 자신의 임상적 기능을 방해하는 문제를 경험한다면, 그런 문제는 수퍼비전에서 다루어야 한다. 수련생의 개인적인 또는 전문적인 성장 이슈들을 안전하게 탐색할 수 있는 곳이 수퍼비전의 장면이다. 이러한 장면에서 수퍼바이저는 상담 회기를 어떻게 수행해야 하는지를 보여 주는 모델이 되어야 한다.

특히 이중 관계 주제를 다룰 때는 '때에 따라서(it depends)'라는 말을 자주 접하게 된다. 이것은 이러한 문제에 대해 단순하게 답하기 어려운 부분들이 있기 때문이다. 중요한 것은 수련생과 적절한 경계를 설정하여 유지하는 수퍼바이저의 능력이다. 수퍼바이저가 적절한 경계를 설정할 수 없다면 수련생과 효과적인 전문적 경계를 발달시켜 나가는 데 어려움을 겪게 될 가능성이 크다. 순수하고 진실한 동기에서 시작한 상황일지라도 순식간에 복잡한 윤리적 딜레마로 바뀔 수 있기 때문이다. 이러한 문제들을 해결하기 위한 적절한 방법은 거리감에 중점을 두고 경계를 확실하게 유지하는 것이다.

이중 관계에서 모든 변수를 고려하여 책임감 있는 결정을 내리는 것은 개인에게 달려 있다. 이것은 수퍼바이저의 성숙도에 따라 습득해 가는 기술로, 신중하게 고려한 후에도 주어진 행위 과정의 타당성에 의문이 남는다면 수퍼바이저는 Blanchard와 Peale(1988)이 제안한 다음 세 가지 사항을 살펴보는 것이 좋다.

① 그것은 합리적인가? 윤리규범이나 법을 위반하는 것은 아닌가?
② 그것은 균형이 잡혀 있는가? 단기적ㆍ장기적으로 모든 관계자에게 공평한가? 윈윈(win-win) 관계를 증진하는가?
③ 나 자신은 그것에 대해 어떻게 생각하는가?
　　자랑스럽게 나 자신을 생각하는가?
　　나의 가족이 그것에 대해 알면 기분이 어떨까?

그래도 불안감이 남아 있다면 다른 수퍼바이저에게 수퍼비전을 위임하는 것이 바람직하다.

제15장
학회별 윤리강령

미국심리학회 윤리강령의 원칙 2조항은 "심리학자는 상담을 제공하고 교육과 경험에 의해 자질을 갖춘 기법만을 사용해야 한다."라고 규정한다(APA, 1981). 이와 마찬가지로 미국결혼가족치료협회의 윤리규정 4.2조항은 "결혼 및 가족치료자는 학생이나 고용자, 수련생이 그들의 교육, 경험 수준, 능력 이상으로 전문 치료를 수행하거나 그들이 그럴 능력이 있다고 간주하는 것을 허락하지 않는다."라고 규정한다(AAMFT, 1991).

그러나 이러한 확실한 원칙은 그 자체를 실행하는 데 필요한 모든 지침을 제공하지는 않는다. 수퍼바이저의 딜레마는 수련생이 전에 시도한 적이 없는 기법과 기술을 언제 사용하는 것이 적절한가 결정하는 일이다.

내담자에게는 그들의 상담자, 수련생이 훈련 중임을 알려야 한다(ACES, 1995). 마찬가지로 수퍼바이저 역시 수련생에게 정직해야 한다. "이 점에 대해 저는 잘 모릅니다. 배우는 중입니다. 당신에게서 배워야 할 것 같습니다." 이와 같은 진술은 수퍼바이저의 개방성과 상호 신뢰 분위기를 증진하여 오진이나 비윤리적 행위, 불완전한 기법 습득 문제가 발생할 경우 그들을 보호할 수 있다. 수퍼비전은 수퍼바이저의 이론 모델, 수퍼비전의 목적, 기대되는 능력 수준을 포함해야 하며, 전문적 자질, 교육의 적절성, 능력과 관련된 문제를 회피하거나 숨기기보다는 해결하기 위한 논의의 장이 되어야 한다.

미국심리학회 윤리규정 개정판(1991)은 정교한 윤리 기준의 모델이 될 수 있는 몇 가지 규정을 포함하고 있다. 예를 들어, 규정 3.3조항과 4조항은 전문 학문 분야의 중요성과 그 분야의 발달에 뒤지지 않는 전문성을 강조한다. 특정 지침 내에서의 수련생의 비밀보장은 규정 4.3조항이 규정하고 있다. 그리고 규정 7, 7.3, 7.4조항은 확실하고 공정한 수퍼비전 비용을 권고한다. 또한 규정 8.9조항은 수퍼바이저가 자신의 전문성 하에서는 광고할 수 있지만 그 이상의 것으로는 광고할 수 없음을 명시하고 있다.

다음은 한국상담학회 및 한국상담심리학회의 윤리강령 전문이다.

1. 한국상담학회

윤리강령 전문

한국상담학회는 교육적 · 학문적 · 전문적 조직체다. 상담자는 각 개인의 가치, 잠재력 및 고유성을 존중하며, 다양한 조력활동을 통하여 내담자의 전인적 발달을 촉진한다. 상담자는 내담자의 신체적 · 정신적 · 사회적 · 영적 안녕을 유지 · 증진하는 데 헌신한다. 이러한 역할을 수행하는 과정에서 상담자는 내담자의 복지를 가장 우선시한다. 상담자는 내담자와의 관계에서 의사소통의 자유를 갖되, 그에 대한 책임을 지며 내담자의 성장과 사회공익을 위하여 최선을 다한다. 이를 위해 상담자는 다음의 윤리규준을 준수한다.

1. 전문적 태도

가. 전문적 능력

(1) 상담자는 상담에 대한 이론적 지식, 전문적 실습, 교수, 상담 활동, 연구를 통해 전문성을 발달시키기 위해 지속적으로 노력해야 한다.

(2) 상담자는 자신의 능력 및 기법의 한계를 인식하고, 전문적 기준에 위배되는 활동을 하지 않는다. 만약 자신의 개인 문제 및 능력의 한계 때문에 도움을 주지 못하리라고 판단될 경우에는 내담자에게 동의를 구한 후, 다른 동료 전문가 및 관련 기관에 의뢰한다.

(3) 상담자는 자신의 활동 분야에 있어서 최신의 과학적이고 전문적인 정보와 지식을 유지하기 위해 지속적인 교육과 연수에 참여한다.

(4) 상담자는 윤리적 책임이나 전문적 상담 실시에 대해 의문이 생길 때 다른 상담자나 관련 전문가들에게 자문을 구하는 절차를 따른다.

(5) 상담자는 정기적으로 전문가로서의 능력과 효율성에 대해 자기반성과 자기평가를 해야 하며, 필요한 경우 자신의 효율성을 증진시키기 위해 지도감독을 받아야 한다.

나. 충실성

(1) 상담자는 내담자를 보다 효과적으로 도울 수 있는 방법에 관하여 꾸준히 연구 노력하고, 내담자의 성장 촉진과 문제의 해결 및 예방을 위하여 최선을 다한다.

(2) 상담자는 자신의 능력의 한계나 개인적인 문제로 내담자를 적절하게 도아줄 수 없을 때에는 상담을 시작해서는 안 되며, 다른 전무가에게 의뢰하는 등의 적절한 방법으로 내담자를 돕는다.

(3) 상담자는 자신의 질병, 사고, 이동 또는 내담자의 질병, 사고, 이동이나 재정적 한계 등과 같은 요인에 의해 상담을 중단할 경우, 이에 대한 적절한

조치를 취해야 한다.

(4) 상담자는 상담을 종결하는 데 있어서 어떤 이유보다도 우선적으로 내담
자의 관점과 요구에 대해 고려해야 하며, 내담자가 다른 전문가를 필요로
할 경우에는 적절한 과정을 통해 의뢰한다.

(5) 상담자는 자신의 기술이나 자료가 다른 사람들에 의해 오용될 가능성이
있거나 개선의 여지가 없는 활동에 참여해서는 안 되며, 이런 일이 일어
난 경우에는 이를 시정하여야 한다.

2. 정보의 보호

가. 비밀보장

(1) 상담자는 사생활과 비밀유지에 대한 내담자의 권리를 최대한 존중해야
할 의무가 있다.

(2) 상담자는 내담자에 대한 상담 기록 및 보관을 윤리규준에 따라 시행한다.
또한 상담자는 상담 내용의 녹음 및 기록에 관해 내담자의 동의를 구해야
한다.

(3) 상담자는 내담자가 기록에 대한 열람이나 복사를 요구할 경우, 그 기록이
내담자에게 잘못 이해될 가능성이 없고 내담자에게 해가 되지 않으면 응
하는 것이 원칙이다. 다만 여러 명의 내담자를 상담하는 경우, 다른 내담
자와 관련된 사적인 정보는 제외하고 열람하거나 복사하도록 한다.

(4) 상담자는 상담과 관련된 기록을 보관하고 처리하는 데 있어서 비밀을 유
지해야 하며, 이를 타인에게 공개할 때에는 내담자의 직접적인 동의를 구
해야 한다.

(5) 상담자는 내담자 개인 및 사회에 임박한 위험이 있다고 판단되는 등의 비
밀보호의 예외가 존재하는 경우를 제외하고는 내담자의 서면 동의 없이는
제삼의 개인이나 단체에게 상담 기록을 공개하거나 전달해서는 안 된다.

나. 집단 및 가족상담의 비밀보장

(1) 상담자는 특정 집단을 대상으로 집단상담을 시작할 때 비밀보장의 중요성과 한계를 명확하게 설명한다.

(2) 상담자는 가족상담을 할 때 각 개인의 비밀보장에 대한 권리와 그 비밀보장을 유지해야 할 의무와 관련해 참여한 모든 사람으로부터 동의를 구하고 그 동의 사항을 문서에 기록한다.

(3) 상담자는 자발적인 동의 능력이 불가능하거나 미성년인 내담자를 상담할 때 부모나 보호자가 참여할 수 있음을 알린다.

다. 전자 정보의 비밀보장

(1) 상담자는 컴퓨터를 사용한 자료 보관의 장점과 한계를 알아야 한다.

(2) 상담자는 내담자의 기록이 전자 정보의 형태로 보존되어 제삼자가 내담자의 동의 없이 접근할 가능성이 있을 때 적절한 방법을 통해 내담자의 신상이 드러나지 않도록 조치를 취한다.

(3) 상담자는 컴퓨터, 이메일, 팩시밀리, 전화, 음성메일, 자동응답기 그리고 다른 전자 테크놀로지를 사용해 정보를 전송할 때는 비밀이 유지될 수 있도록 사전에 주의를 기울인다.

라. 비밀보장의 한계

(1) 상담자는 상담 시작 전이나 상담 과정 중 내담자에게 비밀보장의 한계를 수시로 알리고 비밀보장이 불이행되는 상황에 대해 주지시킨다.

(2) 상담자는 아래와 같은 내담자 개인 및 사회에 임박한 위험이 있다고 판단될 때 매우 조심스러운 고려 후에 내담자에 관한 정보를 적정한 전문가 혹은 사회 당국에 제공할 수 있다.

　① 내담자의 생명이나 사회의 안전을 위협하는 경우

② 내담자가 감염성이 있는 치명적인 질병이 있다는 확실한 정보를 가졌을 경우

③ 내담자가 심각한 학대를 당하고 있을 경우

④ 법적으로 정보의 공개가 요구되는 경우

(3) 상담자는 만약 내담자에 대한 상담이 여러 전문가로 구성된 집단에 의한 지속적인 관찰을 포함하고 있다면, 그러한 집단의 존재와 구성을 내담자에게 알릴 의무가 있다.

(4) 상담자는 내담자의 사적인 정보의 공개가 요구될 때 오직 기본적인 정보만을 공개한다. 더 많은 사항을 공개하기 위해서는 사적인 정보의 공개에 앞서 내담자에게 알리고 동의를 얻어야 한다.

(5) 상담자는 비밀보장의 예외 및 한계에 관한 타당성이 의심될 때에는 다른 전문가나 지도 감독자 및 우리 학회 윤리위원회의 자문을 구한다.

3. 내담자의 복지

가. 내담자 권리 보호

(1) 상담자의 최우선적 책임은 내담자의 존엄성을 존중하고 내담자의 복지를 증진시키는 것이다.

(2) 상담자는 상담 활동의 과정에서 소속 기관 및 비전문가와의 갈등이 있을 경우 내담자의 복지를 우선적으로 고려하고 자신이 소속된 전문적 집단의 이익은 부차적인 것으로 간주한다.

(3) 상담자는 내담자에게 전문적인 도움을 주는 것이 어렵다고 판단되면 상담 관계를 시작하지 말아야 하며, 이미 시작된 상담 관계인 경우에는 즉시 종결하여야 한다. 이 경우 상담자는 내담자에게 적절한 다른 대안을 제시해야 한다.

(4) 상담자는 내담자의 잠재력을 개발하여 건강한 삶을 영위하도록 도움을 주며, 어떤 방식으로도 해를 끼치지 않는다.

(5) 상담자는 상담 관계에서 오는 친밀성과 책임감을 인식하고, 전문가로서의 개인적 욕구 충족을 위해서 내담자를 희생시켜서는 안 되며, 내담자로 하여금 의존적인 상담 관계를 형성하지 않도록 노력하여야 한다.

나. 내담자 다양성 존중

(1) 상담자는 모든 인간의 기본적인 권리, 존엄성, 가치를 존중하며 연령이나 성별, 인종, 종교, 성적 선호, 장애 등의 어떤 이유로든 내담자를 차별하지 않는다.
(2) 상담자는 내담자의 발달단계와 문화에 적합한 방식으로 정보를 전달한다.
(3) 상담자는 자신이 사용하는 언어를 내담자가 이해하는 데 어려움이 있을 때 내담자가 명확하게 이해할 수 있도록 통역자나 번역자를 배치하여 필요한 서비스를 제공한다.
(4) 상담자는 자신의 고유한 가치, 태도, 신념, 행위가 사회에서 어떻게 적용되는지를 인식하고 내담자에게 자신의 가치를 강요하지 않는다.
(5) 상담자는 훈련이나 수련감독 실천에 다문화 및 다양성 역량 배양을 위한 내용을 적극적으로 포함하고 수련생들이 이에 대한 인식, 지식, 기술을 습득할 수 있도록 적극적으로 훈련한다.

4. 상담 관계

가. 다중 관계

(1) 상담자는 내담자와의 친밀한 관계를 인식하고, 내담자에 대한 존중감을 유지하며, 내담자를 이용하여 상담자 개인의 필요를 충족하고자 하는 활동 및 행동을 하지 않는다.
(2) 상담자는 상담 전에 상담 관계에 영향을 줄 수 있는 상담의 목표, 기술, 규칙, 한계 등에 관해서 내담자에게 알려 주어야 한다.

(3) 상담자는 객관성과 전문적인 판단에 영향을 미칠 수 있는 다중 관계를 피해야 한다. 단, 내담자의 복지를 위해 상담자와 내담자가 사전 동의를 한 경우와 그에 대한 자문이나 감독이 병행될 때는 상담 관계를 맺을 수도 있다.

(4) 상담자는 특별한 경우를 제외하고는 내담자와 상담실 밖에서 사적인 관계를 맺지 않는다.

(5) 상담자는 내담자와의 관계에서 상담료 이외의 어떠한 금전적·물질적 거래 관계도 맺지 않는다.

나. 성적 관계

(1) 상담자는 내담자와 어떤 형태의 성적 관계도 갖지 않는다.

(2) 상담자는 내담자와 성적 관계를 맺었거나 유지하는 경우 상담 관계를 형성하지 않는다.

(3) 상담자는 상담 관계가 종결된 이후에도 최소 2년 내에는 내담자와 성적 관계를 맺지 않는다.

(4) 상담자는 상담 종결 이후 2년이 지난 후에 내담자와 성적 관계를 맺게 되는 경우에도 이 관계가 착취적이 아니라는 것을 철저하게 검증할 책임이 있다.

(5) 상담자는 성적 유인, 신체적 접근 또는 성적인 성격을 지닌 성적 위협에 관여하지 않는다. 또한 이를 알게 되거나 듣게 되었을 때 묵과하지 않고 적절한 조치를 취한다.

5. 사회적 책임

가. 사회 관계

(1) 상담자는 사회윤리 및 자신이 속한 지역사회의 도덕적 기준을 존중하며,

사회공익과 자신이 종사하는 전문직의 올바른 이익을 위하여 최선을 다한다.

(2) 상담자는 경제적 이득이 없는 경우라 하더라도 전문적 활동에 헌신함으로써 사회에 봉사한다.

(3) 상담자가 되기 위해 교육을 받고 수련하는 우리 학회 회원에게는 교육비 책정에 있어서 특별한 배려를 한다.

(4) 상담자는 내담자의 재정 상태를 고려하여 상담료를 적정 수준으로 정하여야 한다. 정해진 상담료가 내담자의 재정 상태에 비추어 적정 수준을 벗어날 경우에는 가능한 비용으로 적합한 상담 서비스를 받을 수 있도록 내담자를 돕는다.

(5) 상담자는 수련생에게 적절한 훈련과 지도 감독을 제공하고, 수련생이 이 과정을 책임 있고 유능하게 수행할 수 있도록 돕는다.

나. 고용 기관과의 관계

(1) 상담자는 자신이 재직하고 있는 상담기관의 설립 목적에 기여할 수 있는 활동을 할 책임이 있다.

(2) 상담자는 자신의 전문적 활동이 재직하고 있는 상담기관의 목적과 모순되고, 직무수행에서 갈등이 해소되지 않을 때는 상담기관과의 관계를 종결해야 한다.

(3) 상담자는 자신이 재직하고 있는 상담기관의 관리자 및 동료들과의 관계를 통해서 상담업무, 비밀보장, 기록된 정보의 보관과 처리, 업무분장, 책임에 대해 상호 동의를 구해야 한다.

(4) 상담자는 자신이 재직하고 있는 상담기관의 고용주에게 해를 끼칠 수 있는 상황 혹은 기관의 효율성에 제한을 줄 수 있는 상황에 대해 미리 통보를 하여야 한다.

(5) 상담기관에 재직 중인 상담자는 자신이 해당 기관의 상담 활동에 적극적

으로 종사하고 있지 않다면 자신의 이름이 상업적인 광고나 홍보에 사용되지 않도록 해야 한다.

다. 상담기관 운영

(1) 상담기관 운영자는 상담기관에 소속된 상담자의 증명서나 자격증은 그중 최고 수준의 것으로 하고, 자격증의 유형, 주소, 연락처, 직무시간, 상담의 유형과 종류, 그와 관련된 다른 정보 등이 정확하게 기록된 목록을 작성해 두어야 한다.

(2) 상담기관 운영자는 자신과 현재 종사하고 있는 직원의 발전에 책임 의식을 가져야 하고, 직원들에게 상담 기관의 목표와 상담 프로그램에 대해 알려 주어야 한다.

(3) 상담기관 운영자는 고용, 승진, 인사, 연수 및 지도 감독 시에 연령, 성별, 문화, 장애, 인종, 종교 혹은 사회경제적 지위 등을 이유로 차별하지 않는다.

(4) 상담기관 운영자는 상담기관을 홍보하고자 할 때 일반인들에게 해당 상담기관의 전문적 활동, 상담 분야, 관련 자격 등을 정확하게 알려 주어야 한다.

(5) 상담기관 운영자는 내담자나 교육생을 모집하기 위해 개인상담소를 고용이나 기관 가입의 장소로 이용하지 않는다.

라. 타 전문직과의 관계

(1) 상담자는 상호 합의한 경우를 제외하고는 타 전문가로부터 도움을 받고 있는 내담자를 대상으로 상담을 하지 않는다. 다만, 공동으로 도움을 줄 경우에는 타 전문가와의 관계와 조건에 관하여 분명히 할 필요가 있다.

(2) 상담자는 자신이 아는 전문가 · 비전문가의 윤리적 행동에 관하여 중대한 의문을 발견했을 경우, 그러한 상황을 시정하려는 노력을 할 책임이 있다.

(3) 상담자는 자신의 전문적 자격이 타 전문분야에서 오용되는 것에 적절하
게 대처하며, 자신의 이익을 위해 타 전문직을 손상시키는 언어 및 행동
을 삼간다.

(4) 상담자는 자신의 상담 접근 방식과 차이가 있는 다른 전문가의 접근 방식
및 전통과 관례를 존중한다.

(5) 상담자는 전문 상담자로서의 자신의 관점, 가치, 경험과 다른 학문 분야
에 종사하는 동료의 관점, 가치, 경험을 활용하여 내담자의 복지에 영향
을 미칠 수 있는 결정에 참여하고 기여한다.

6. 상담 연구

가. 연구 책임

(1) 상담 연구자는 연구의 결과가 상담의 이론과 실제에 바람직한 기여를 하
도록 노력해야 하고, 연구로 인한 문제에 대해 책임을 져야 한다.

(2) 상담자는 연구 참여자를 대상으로 하는 연구를 수행할 때 윤리 규정, 법,
기관 규정, 과학적 기준에 합당한 방식으로 연구를 계획, 설계, 실행, 보
고한다.

(3) 상담자는 윤리적인 연구 수행에 대한 궁극적인 책임이 연구 책임자에게
있다는 것을 인식하고 연구 활동에 참여하는 모든 사람이 윤리적 책임을
공유하며 각자의 행동에 대해 책임을 진다는 사실을 주지시킨다.

(4) 상담자는 연구 참여 때문에 연구 참여자의 삶에 혼란이 초래되는 것을 피
하기 위해 합당한 사전 조치를 취한다.

(5) 상담자는 연구 목적에 적합하다면 문화적인 고려를 통해 연구 절차를 구
체화하도록 한다.

나. 연구 참여자의 권리

(1) 상담자는 피험자에게 연구의 필요성을 포함하여 연구에 관한 전반적인 사항에 대해 상세히 설명한 후 동의를 얻어야 하며, 그들이 자발적으로 연구에 참여하도록 해야 한다.

(2) 상담자는 내담자를 포함하는 연구를 수행할 때 사전 동의 절차에서 내담자가 연구 활동에 참여할 것인지에 대해 자유롭게 선택할 수 있다는 점을 명확하게 한다.

(3) 상담자는 연구 과정에서 연구 참여자에 대해 획득한 정보를 비밀로 유지한다.

(4) 상담자는 자료가 수집된 후 연구에 대해 참여자들이 가질 수 있는 오해를 해소하기 위해 연구의 특성을 명확하게 설명한다.

(5) 상담자는 학술 프로젝트나 연구가 완료되면 합당한 기간 내에 연구 참여자의 신분을 확인할 수 있는 자료나 정보가 포함된 오디오, 비디오, 인쇄물과 같은 기록 및 문서를 파기하는 조치를 취한다.

다. 연구 결과의 보고

(1) 연구 결과를 발표할 때에는 그 결과와 관련된 모든 정보를 정확하게 서술해야 하며, 객관적이고 공정한 발표가 되게 하고, 연구 결과가 다른 상담자의 연구를 위한 자료가 될 수 있도록 해야 한다.

(2) 상담자는 출판된 연구에서 중대한 오류를 발견하면 정오표나 다른 적절한 출판 수단을 통해 그 오류를 수정하는 합당한 조치를 취한다.

(3) 상담자는 모든 연구 참여자의 신분을 보호하고 복지를 위해 자료를 각색 · 변형하며, 결과에 대한 논의가 연구 참여자에게 해를 끼치지 않도록 합당한 조치를 취한다.

(4) 상담자는 다른 사람의 저작을 자신의 것처럼 표절하지 않는다.

(5) 상담자는 공동 저자, 감사의 글, 각주 달기 등의 적절한 방법을 통해 연구

에 상당한 기여를 한 사람들에게 그런 기여에 합당하게 공로를 인정하고
표시한다.

7. 심리검사

가. 일반 사항

(1) 상담자는 내담자의 환경(사회적 · 문화적 · 상황적 특성 등)과 개별적 특
성을 고려한 후, 내담자에게 조력하기 위한 목적에 적합한 심리검사를 선
택해야 한다.

(2) 심리검사를 실시할 때에는 자격이 있는 사람이 표준화된 절차에 따라 실
시해야 하며, 그 과정을 경시해서는 안 된다.

(3) 상담자는 검사 채점과 해석을 수기로 하건 컴퓨터를 사용하건, 혹은 다른
서비스를 사용하건 상관없이 내담자의 요구에 적합한 검사 도구를 적용,
채점, 해석, 활용한다.

(4) 상담자는 검사 전에 검사의 특성과 목적, 잠재적인 결과 수령자의 구체적
인 결과 사용에 대해 설명한다. 이때 상담자는 내담자의 개인적 · 문화적
상황, 내담자의 결과 이해 정도, 결과가 내담자에게 미치는 영향을 고려
한다.

(5) 상담자는 피검자의 복지, 명확한 이해, 검사 결과를 누가 수령할 것인지
에 대한 결정에서 사전 합의를 고려한다.

나. 검사 도구 선정과 실시 조건

(1) 상담자가 검사 도구를 선정할 때는 도구의 타당도, 신뢰도, 실용도, 객관
도, 심리측정의 한계를 신중하게 고려한다.

(2) 상담자는 제삼자에게 내담자에 대한 검사를 의뢰할 때 적절한 검사 도구
가 사용될 수 있도록 내담자에 대한 구체적인 의뢰 문제와 충분한 객관적

인 자료를 제공한다.

(3) 상담자는 문화적으로 다양한 집단을 위한 검사 도구를 선정할 경우, 그러한 내담자 집단에게 적절한 심리측정 특성이 결여된 검사 도구를 사용하지 않도록 합당한 노력을 한다.

(4) 상담자는 검사 도구의 표준화 과정에서 설정된 동일한 조건하에서 검사를 실시한다.

(5) 상담자는 기술적 또는 다른 전자적 방법들이 검사 실시에 사용될 때 실시 프로그램이 잘 기능하고 있는지 그리고 정확한 결과를 제공하는지에 대해 점검한다.

다. 검사 채점 및 해석

(1) 상담자는 개인 또는 집단검사 결과 발표에 정확하고 적절한 해석을 포함한다.

(2) 상담자는 검사 결과를 보고할 때 검사 상황이나 피검사자의 규준 부적합으로 인한 타당도 및 신뢰도와 관련하여 발생하는 제한점을 명확히 한다.

(3) 상담자는 연령, 피부색, 문화, 장애, 민족, 성, 인종, 언어 선호, 종교, 영성, 성적 지향, 사회경제적 지위가 검사 실시와 해석에 영향을 미친다는 것을 인식하고, 내담자와 관련된 다른 요인들을 고려하여 적절하게 검사 결과를 해석한다.

(4) 상담자는 기술적인 자료가 불충분한 검사 도구의 경우 그 결과를 해석할 때 주의해야 한다. 또한 그러한 도구를 사용하는 특정한 목적을 내담자에게 명확히 알린다.

(5) 상담자는 내담자에게 심리검사 결과의 수치만을 알리거나 그것을 제삼자에게 알리는 등 검사 결과가 잘못 통지되지 않도록 해야 한다.

라. 정신장애 진단

(1) 상담자는 정신장애에 대해 적절한 진단을 하도록 특별하고 세심한 주의를 기울인다.

(2) 상담자는 치료의 초점, 치료 유형, 추수상담 권유 등의 내담자 보살핌을 결정하기 위해 사용되는 개인상담을 포함한 검사 기술을 신중하게 선택하고 합당하게 사용한다.

(3) 상담자는 정신장애를 진단할 때는 내담자의 문제를 규정하는 방식에 문화가 영향을 미친다는 것을 인식하고 내담자의 사회경제적 · 문화적 경험을 고려한다.

(4) 상담자는 어떤 개인이나 집단들에 대해 오진을 내리고 정신병리화 하는 역사적 · 사회적 편견과 오류에 대해 충분히 이해하고 이러한 편견과 오류가 발생하지 않도록 특별한 주의를 기울인다.

(5) 상담자는 심리검사의 결과가 내담자나 다른 사람들에게 해를 끼칠 수 있다고 판단되면 진단이나 보고를 해서는 안 된다.

8. 윤리문제해결

가. 윤리위원회와의 협력

(1) 상담자는 본 윤리강령 및 시행세칙을 숙지하고 이를 실천할 의무가 있다.

(2) 상담자는 본 학회의 윤리강령뿐만 아니라 상담 관련 타 전문기관의 윤리규준에 대해서도 충분히 이해하고 있어야 한다. 상담자에게 주어진 윤리적 책임에 대한 지식의 결여와 이해 부족이 상담자의 비윤리적 행위에 대한 면책사유가 되지 않는다.

나. 윤리 위반

(1) 상담자가 윤리적인 문제에서 의구심을 유발하는 근거가 있을 때, 윤리위

원회는 본 윤리강령 및 시행세칙에 따라 적절한 조치를 취할 수 있다.

(2) 상담자는 윤리강령을 위반한 것으로 지목되는 사람에 대해 윤리위원회의 조사 · 요청 · 소송 절차에 협력한다. 또한 자신이 연루된 사안의 조사에도 적극 협력해야 한다. 아울러 윤리문제에 대한 불만 접수로부터 불만사항 처리가 완료될 때까지 본 학회와 윤리위원회에 협력하지 않는 것 자체가 본 윤리강령의 위반이며, 위반 시 징계 등 상응하는 조치를 취할 수 있다.

(3) 상담자는 윤리적 책임이 법, 규정 또는 다른 법적 권위자와 갈등이 생기면 본 학회윤리 규정에 따른다는 것을 알리고 갈등을 해결하기 위한 조치를 취한다. 만약 갈등이 그러한 방법으로 해결되지 않으면, 법, 규정, 다른 법적 권위자의 요구 사항을 따른다.

(4) 상담자는 명백한 윤리강령 위반이 비공식적인 방법으로 해결되지 않거나, 그 방법이 부적절하다면 윤리위원회에 위임한다.

(5) 상담자는 그 주장이 그릇됨을 증명할 수 있는 사실을 무모하게 경시하거나 계획적으로 무시해서 생긴 윤리적 제소를 시작, 참여, 조장하지 않는다.

9. 회원의 의무

본 학회의 정회원, 준회원 및 평생회원은 본 학회 회원의 자격을 부여받기 이전이라 할지라도 본 윤리강령을 준수할 의무가 있다.

부 칙

(1) 본 윤리강령은 2002년 8월 17일부터 시행한다.
(2) 본 개정 윤리강령은 2008년 8월 19일부터 시행한다.
(3) 본 개정 윤리강령은 2011년 12월 25일부터 시행한다.

시행세칙

제1조(목적)

이 시행세칙은 한국상담학회의 윤리강령을 실행하는 데 필요한 윤리위원회의 조직, 기능 및 활동에 관한 제반사항을 규정함을 목적으로 한다.

제2조(위원회의 구성)

1. 윤리위원회는 위원장을 포함하여 5~7명의 위원으로 구성된다. 윤리위원회는 필요 시 산하 분과 위원회를 둘 수 있다.
2. 위원장은 학회장이 선임하며 임기는 2년으로 하되, 연임할 수 있다.
3. 윤리위원은 위원장이 학회장의 동의를 받아 선임하고 위원의 임기는 2년이며, 연임할 수 있다. 단, 윤리위원이 모두 동시에 교체되는 것을 피하기 위한 고려가 있어야 한다.
4. 위원장은 위원직에 공석이 생길 경우 위와 동일한 방법으로 학회장의 동의를 받아 선임하며, 이 경우 위원의 임기는 잔여임기로 한다.

제3조(위원회의 기능)

윤리위원회는 다음 각 호의 사항을 수행한다.
1. 학회 윤리강령의 교육과 연구
2. 학회 윤리강령과 시행세칙의 심의·수정
3. 다음 각 호에 해당되는 윤리강령 위반 행위에 대한 접수·처리·의결
    ① 현재 본 학회의 회원
    ② 위반혐의 발생 당시 본 학회 회원
    ③ 본 학회에 등록된 기관 회원 혹은 단체

제4조(제소 건 처리 절차)

1. 제소인의 서명이 있는 문서화된 제소 건만을 접수한다.
2. 제소된 문건은 학회 또는 윤리위원회로 보내져야 하며, 문건에는 제소인·피소인, 그 외 관련자 등의 인적사항, 주소 및 연락처, 제소 내용 등이 포함되어야 한다.
3. 피소인의 신분을 확인한 후 정식 제소장의 사본을 제소인에게 보낸다. 피소인이 회원이 아닐 경우에는 제소인에게 그 사실을 통지해 준다.
4. 위원장은 제소 내용의 사실 여부, 사실일 경우 본 학회 윤리강령의 위반 여부와 적절한 결정의 가능 여부를 결정한다. 만약 제소 건이 윤리강령을 위반하지 않았다고 판단되거나 제소 내용이 인정되어도 적절한 결정이 불가능하다고 판단될 경우, 이 사실을 제소인에게 통지해 준다.
5. 정보가 불충분하여 제소 건의 처리·결정이 불가능할 경우, 필요한 정보를 더 요청할 수 있다. 이때 제소인과 관련자들은 요청일로부터 15일 이내에 응답해야 한다.
6. 제소인의 서명이 있는 정식 제소장이 접수되면 피소인에게 피소통지서를 발송한다. 여기에는 윤리강령, 시행세칙, 기타 증거자료들이 포함된다. 피소인은 피소통지서를 받고 15일 이내에 서면으로 제소 건에 관련된 증거자료를 제출해야 한다.
7. 위원장은 피소인으로부터 회답을 받은 30일 이내에 회의를 소집하고, 제소 내용과 답신, 관련자료 등을 심의하여 윤리강령 위반 사실의 여부를 결정한다. 위원회는 심의 후에 해당 제소 건의 기각 여부를 결정할 수 있다.
8. 제소 건과 관련해 다른 어떤 형식(민사 또는 형사)의 법적 조치가 취해졌을 경우 제소인이나 피소된 회원은 위원회에 통지해야 하고, 그 제소 건에 관한 모든 법적 조치가 취해질 때까지 심의를 보류할 수 있다.
9. 제소 건과 관련해 동일한 사안으로 타 학회 윤리위원회에 제소되어 제소 건이 진행 중이거나 제소 건에 관한 윤리적 결정이 이미 내려진 경우 제

소인이나 피소된 회원은 위원회에 통지해야 하고, 위원회는 심의 후에 해당 제소 건에 기각 여부를 결정할 수 있다.

제5조(징계의 절차 및 종류)

1. 징계회의에는 윤리위원장을 포함한 전체 재적 윤리위원의 2/3 이상이 참석해야 한다.
2. 윤리위원장은 징계회의에서 제소 내용, 제소에 따른 조사 및 절차, 결과 등을 보고한다.
3. 징계 결정은 다음의 절차를 따른다.
   ① 제소 내용, 조사 내용, 청문 결과 등을 토대로 자유토론 후 징계 여부와 징계 내용을 결정한다.
   ② 징계 여부와 징계 내용에 대한 만장일치가 이루어지지 않을 경우 무기명 자유 투표를 실시하며, 그 결과 출석위원 2/3 이상이 찬성한 안을 채택한다.
   ③ 징계 내용 중 영구 자격박탈은 참석한 위원의 만장일치 합의로 결정되며, 자격의 일시정지는 자격 회복의 요건, 방법, 절차 등을 동시에 결정하여야 한다.
4. 윤리위원장은 제소의 내용, 조사의 진행절차 및 결과, 윤리강령 위반 항목, 징계결정의 취지 등을 포함한 징계내용을 7일 이내에 한국상담학회장에게 보고해야 한다.
5. 제소 건에 관련된 위원회의 기록에 대해서는 철저히 비밀을 유지하며, 특히 청문회를 개최한 경우에는 필히 녹음된 자료를 5년간 보관한다.
6. 징계의 종류는 아래와 같으며 다음 사항을 준수해야 한다.
   ① 경고 시, 피소인은 경고를 받은 날로부터 20일 이내에 학회와 제소인에게 본인임을 확인할 수 있는 서명 혹은 날인이 포함된 서면을 통해 사과할 의무가 있다.

② 견책 시, 피소인은 견책을 받은 날로부터 학회가 인정하는 상담자에게 최소 6개월 동안 10회 이상의 개인상담을 받아야 하며 ①호 처분과 병합하여 처분할 수 있다.

③ 자격 정지 2년 이하일 경우, 피소인은 자격 정지를 받은 날로부터 학회가 인정하는 상담자에게 최소 1년 동안 20회 이상의 개인상담을 받아야 하며 ①호 처분과 병합하여 처분할 수 있다. 또한 징계 기간을 1차에 한하여 연장할 수 있으며 윤리위원장이 상담자를 지정할 수 있다.

④ 자격 정지 2년 이상일 경우, 피소인은 자격 정지를 받은 날로부터 학회가 인정하는 상담자에게 최소 2년 동안 30회 이상의 개인상담을 받아야 하며 ①호 처분과 병합하여 처분할 수 있다. 또한 징계 기간을 2차에 한하여 연장할 수 있으며 학회장이 상담자를 지정할 수 있다.

⑤ 자격 영구박탈

7. 피소인이 최종의 징계결정 후 이를 이행하지 않거나 불성실하게 이행할 경우, 윤리위원회 재심에 의하여 징계내용을 심화 내지 상위 또는 최상위 징계를 할 수 있다.

제6조(결정사항 통지)

1. 위원회는 사건처리 종료 후 15일 이내에 위원회의 결정사항과 피소자의 재심 청구 권리에 관한 내용을 공증받아서 각 당사자에게 우편으로 발송한다.

2. 최종결정이 내려진 후 위원장은 학회장에게 피소인에 대한 징계 종류를 보고한다. 경징계의 경우에는 학회장에게만 보고하고, 자격정지 또는 자격박탈의 중징계인 경우에는 학회장에게 보고 후 위반한 윤리강령의 조항과 제재 내용을 본 학회 홈페이지, 관련학회, 유관 기관 등에 통보하거나 발표할 수 있다.

제7조(재심 청구)

1. 위원회가 조사의 절차 및 방침을 위반한 경우나 위원회가 제소인과 피소인으로부터 제공된 자료에 근거하지 않고 임의로 결정한 경우에 각 당사자는 재심을 청구할 수 있다.

2. 위 항에 해당되는 피소인은 위원회의 결정을 통지받은 후 15일 이내에 위원회에 서면으로 재심을 청구할 수 있다. 피소인이 재심청구를 포기한 경우 위원회는 재심청구기간 만료와 동시에 그 결정을 확정한다.

3. 재심을 청구한 날부터 재심이 종료될 때까지 위원회의 결정은 자동적으로 유예된다.

4. 재심 위원들은 기존의 심사과정에서 사용된 모든 자료들을 검토하여 15일 이내에 재심위원 2/3 이상의 찬성으로 결정한다.

5. 재심위원회는 제소인과 피소인에게 그 내용을 서면으로 통지하고, 필요한 경우 제소인과 피소인에게 추가정보를 요청할 수 있다.

제8조(징계 말소 및 자격 회복 절차)

1. 견책 및 2년 이하 혹은 2년 이상의 자격정지 처분을 받은 상담자가 자격회복을 신청하는 경우에는 자격회복을 위한 소정양식(신청서, 상담자의 소견서 등)을 윤리위원회에 제출하여 심사를 받아야 한다.

2. 윤리위원회의 심사결과 재적 위원의 2/3 이상의 출석과 출석 위원 2/3 이상의 찬성으로 자격을 회복할 수 있다.

부 칙

제1조(시행일) 본 윤리강령 시행세칙은 2011년 12월 25일부터 시행한다.

제2조(경과조치) 이 시행세칙은 시행 당시 윤리위원회에 계속적인 사건에도 적용한다. 다만, 종전의 규정에 따라 생긴 효력에는 영향을 미치지 아니한다.

2. 한국상담심리학회

윤리강령 전문

한국상담심리학회는 학회 회원들이 모든 인간의 존엄성과 가치를 존중하고, 다양한 조력활동을 통해 인간 개개인의 잠재력과 독창성을 신장하여 저마다 자기를 실현하는 건전한 삶을 살도록 돕는 데 헌신한다.

본 학회에서 인증한 상담심리사(1급, 2급)는 전문적 지식과 기술을 개발하고 전문가로서의 능력과 자질을 향상시키며, 상담심리사의 역할을 하는 데 있어서 내담자의 복지를 최우선 순위에 둔다. 상담심리사는 전문적인 상담 활동을 통해 내담자의 개인적인 성장과 사회 공익에 기여하는 데 최선을 다하고 상담심리사로서 자신의 행동에 책임을 진다. 이를 위하여 본 학회에서 인증한 상담심리사는 다음과 같은 윤리강령을 숙지하고 준수할 것을 다짐한다.

1. 전문가로서의 태도

가. 전문적 능력

(1) 상담심리사는 자기 자신의 교육과 수련, 경험 등에 의해 준비된 범위 안에서 전문적인 서비스와 교육을 제공한다. 상담심리사는 자신의 능력의 한계를 인정하고 교육이나 훈련, 경험을 통해 자격이 주어진 상담 활동만을 한다.

(2) 상담심리사는 자신이 가진 능력 이상의 것을 주장하거나 암시해서는 안 되며, 타인에 의해 능력이나 자격이 오도되었을 때에는 수정해야 할 의무가 있다.

(3) 상담심리사는 자신의 활동 분야에 있어서 최신의 과학적이고 전문적인

정보와 지식을 유지하기 위해 지속적인 교육과 연수의 필요성을 인식하고 참여한다.

(4) 상담심리사는 정기적으로 전문인으로서의 능력과 효율성에 대한 자기반성이나 평가가 있어야 하며, 필요한 경우 자신의 효율성을 증진시키기 위해 지도 감독을 받을 책무가 있다.

(5) 상담심리사는 윤리강령과 시행세칙을 준수할 책임이 있다.

(6) 상담기관에 상담심리사를 고용할 때는 전문적인 능력을 갖춘 이를 선발해야 한다.

나. 성실성

(1) 상담심리사는 자신의 신념 체계, 가치, 제한점 등이 상담에 미칠 영향력을 자각하고, 내담자에게 상담의 목표, 기법, 한계점, 위험성, 상담의 이점, 자신의 강점과 제한점, 심리검사와 보고서의 목적과 용도, 상담료, 상담료 지불 방법 등을 명확히 알린다.

(2) 상담심리사는 개인의 이익을 위해 전문 상담직의 가치와 권위를 훼손하는 행동을 해서는 안 된다.

(3) 상담심리사는 능력의 한계나 개인적인 문제로 내담자를 적절하게 도와줄 수 없을 때에는 상담을 시작해서는 안 되며, 다른 상담심리사나 정신건강 전문가에게 의뢰하는 등 내담자를 도와줄 수 있는 방법을 강구한다.

(4) 상담심리사는 자신의 질병, 죽음, 이동 또는 내담자의 이동이나 재정적 한계 등과 같은 요인에 의해 상담이 중단될 경우, 이에 대한 적절한 조치를 취해야 한다.

(5) 상담을 종결하는 데 있어서 어떤 이유보다도 우선적으로 내담자의 관점과 요구에 대해 논의해야 하며, 내담자가 다른 전문가를 필요로 할 경우에는 적절한 과정을 거쳐서 의뢰한다.

(6) 상담심리사는 내담자나 학생, 연구 참여자, 동료들이 피해를 입지 않도록

적절한 조치를 취한다.

(7) 상담심리사는 자신의 기술이나 자료가 다른 사람들에 의해 오용될 가능성이 있거나 개선의 여지가 없는 활동에 참여해서는 안 되며, 이런 일이 일어난 경우에는 이를 바로잡거나 최소화하는 조치를 취한다.

다. 상담심리사 교육과 연수

(1) 상담심리사 교육은 학술적인 연구와 지도 감독하의 실습을 통합하는 과정으로 설정되어야 하며, 교육 프로그램은 교육생들이 상담 기술, 지식, 자기이해를 넓힐 수 있는 방향으로 설정되어야 한다.

(2) 상담심리사 교육에 들어가기 전에 교육 프로그램의 내용, 기본적인 기술개발, 진로 전망에 대해 알려 준다.

(3) 교육 프로그램은 개인과 사회를 위하는 상담의 이상적 가치를 교육생들에게 고무해야 하며, 따라서 재정적 보상이나 손실보다는 직업애와 인간애에 더 가치를 두도록 한다.

(4) 교육생들에게 다양한 이론적 입장을 제시하여 교육생들이 이 이론들의 비교를 통해서 스스로 자신의 입장을 선택할 수 있도록 한다.

(5) 교육 프로그램은 학회의 최근 관련 지침과 보조를 맞추어 진행되어야 한다.

(6) 상담심리사 교육에서는 교육생들에 대한 지속적인 평가를 통해 장래의 상담 활동을 수행하는 데 장애가 될 수도 있는 교육생들의 한계를 알아내야 한다. 지도 교육하는 상담심리사는 교육생들이 상담자로서 성장할 수 있도록 도와주는 한편, 교육 프로그램을 통해서 바람직한 상담 활동을 할 수 없는 사람을 가려낼 수 있어야 한다.

(7) 상담심리사는 상담심리사 교육과 훈련 프로그램을 전문적으로 실시하고, 윤리적인 역할 모델이 되어 교육생들이 윤리적 책임과 윤리강령을 잘 인식하도록 돕는다.

(8) 상담심리사는 상담 성과나 훈련 프로그램을 홍보하기 위해 내담자 또는

　　수련생과의 관계를 이용하지 않는다.

(9) 상담심리사가 교육 목적으로 저술한 교재는 교육과 연수 과정에 채택할
　　수 있다.

라. 자격증명서

(1) 본 학회에서 인증한 상담심리사는 자신의 자격을 일반 대중에게 알릴 수
　　있다.

(2) 상담심리사는 자격증에 명시된 것 이상으로 자신의 자격을 과장하지 않
　　는다.

(3) 상담 혹은 정신건강 분야에 관련된 석사학위를 가지고 있으나 박사학위
　　는 그 이외의 분야에서 취득한 상담심리사는 그들의 상담 활동에서 '박
　　사' 라는 말을 사용하지 않으며, 그 상담 활동이나 지위와 관련하여 박사
　　학위를 가진 상담심리사인 것처럼 대중에게 알리지 않는다.

2. 사회적 책임

가. 사회와의 관계

(1) 상담심리사는 사회의 윤리와 도덕기준을 존중하고, 사회공익과 자신이
　　종사하는 전문직의 바람직한 이익을 위해 최선을 다한다.

(2) 상담심리사는 경제적 이득이 없는 경우에도 자신의 전문적 활동에 헌신
　　함으로써 사회에 공헌한다.

(3) 상담비용을 책정할 때 상담심리사들은 내담자의 재정상태와 지역성을 고
　　려하여야 한다. 책정된 상담료가 내담자에게 적절하지 않을 때에는 가능
　　한 비용에 적합한 서비스를 받을 수 있는 방법을 찾아줌으로써 내담자를
　　돕는다.

(4) 전문 상담자가 되기 위해 수련하는 학회 회원에게는 상담료나 교육비 책

정에 있어서 특별한 배려를 한다.

나. 고용 기관과의 관계

(1) 상담심리사는 자신이 종사하는 기관의 목적과 방침에 공헌할 수 있는 활동을 할 책임이 있다. 만일 자신의 전문적 활동이 기관의 목적과 모순되고, 직무수행에서 갈등이 해소되지 않을 때에는 기관과의 관계를 종결해야 한다.

(2) 상담심리사는 근무기관의 관리자 및 동료들과의 관계를 통해서 상담업무, 비밀보장, 공적 자료와 개인자료의 구별, 기록된 정보의 보관과 처분, 업무량, 책임에 대한 상호 동의가 이루어져야 한다. 이러한 동의는 구체적이어야 하며, 관련된 모든 사람이 알고 있어야 한다.

(3) 상담심리사는 그의 고용주에게 손해를 끼칠 수 있는 상황이나 기관의 효율성에 제한을 줄 수 있는 상황에 대해 미리 경고를 해 주어야 한다.

(4) 상담심리사의 인사배치는 내담자의 권리와 복지를 보장하고 증진시킬 수 있도록 해야 한다.

(5) 상담심리사는 수련생에게 적절한 훈련과 지도 감독을 제공하고, 수련생이 이 과정을 책임 있고 유능하게 수행할 수 있도록 도와야 하며, 만일 기관의 정책과 실제가 이런 의무의 수행을 막는다면 가능한 범위에서 그 상황을 바로잡도록 노력한다.

다. 상담기관 운영자

(1) 상담기관 운영자는 다음 목록을 작성해 두어야 한다. 기관에 소속된 상담심리사의 증명서나 자격증은 그중 최고 수준의 것으로 하고, 자격증의 유형, 주소, 연락처, 직무시간, 상담의 유형과 종류, 그와 관련된 다른 정보 등이 정확하게 기록되어야 한다.

(2) 상담기관 운영자는 자신과 현재 종사하고 있는 직원의 발전에 책임이

있다.

(3) 상담기관 운영자는 직원들에게 기관의 목표와 상담 프로그램에 대해 알려 주어야 한다.

(4) 상담기관 운영자는 고용, 승진, 인사, 연수 및 지도시에 나이, 문화, 장애, 성, 인종, 종교 혹은 사회경제적 지위 등을 이유로 어떤 차별적인 행동을 해서는 안 된다.

(5) 상담기관 운영자는 직원이나 학생, 수련생, 동료 등을 교육, 감독하거나 평가시에 착취하는 관계를 가져서는 안 된다.

(6) 상담심리사가 개업상담자로서 상담을 홍보하고자 할 때는 일반인들에게 상담의 전문적 활동, 전문 지식, 활용할 수 있는 상담 기술 등을 정확하게 알려 주어야 한다.

(7) 기관에 재직 중인 상담심리사는 상담개업 활동에 적극적으로 종사하고 있지 않다면, 자신의 이름이 상업 광고에 사용되도록 해서는 안 된다.

(8) 상담심리사는 다른 상담심리사나 정신건강 전문가와 협력체제를 맺을 수 있는데, 이럴 때 기관의 특수성을 분명히 인지하고 있어야 한다.

(9) 상담심리사는 자신의 개업 활동에 대해 내담자에게 신뢰감을 주기 위해 학회나 연구단체의 회원임을 거론하는 것은 비윤리적이다.

(10) 내담자나 교육생을 모집하기 위해 개인상담소를 고용이나 기관 가입의 장소로 이용해서는 안 된다.

라. 다른 전문직과의 관계

(1) 상담심리사는 자신의 방식과 다른 전문적 상담 접근을 존중해야 한다. 상담심리사는 함께 일하는 다른 전문적 집단의 전통과 실제를 알고 이해해야 한다.

(2) 공적인 자리에서 개인 의견을 말할 경우, 상담심리사는 그것이 자기 자신의 관점에서 나온 것이고, 모든 상담심리사의 견해를 대변하는 것이 아님

을 분명히 해야 한다.

(3) 내담자가 다른 정신건강 전문가의 서비스를 받고 있음을 알게 되면 내담자의 동의하에 상담 사실을 그 전문가에게 알리고, 긍정적이고 협력적인 치료 관계를 맺도록 노력한다.

(4) 상담심리사는 다른 전문가로부터 의뢰 비용을 받으면 안 된다.

마. 자문

(1) 자문이란 개인, 집단, 사회단체가 전문적인 조력자의 도움이 필요하여 요청한 자발적인 관계를 말하는데, 상담심리사는 자문을 요청한 내담자나 기관의 문제 혹은 잠재된 문제를 규명하고 해결하는 데 도움을 준다.

(2) 상담심리사와 내담자는 문제 규명, 목표 변경, 상담 성과에 서로의 이해와 동의를 구해야 한다.

(3) 상담심리사는 자신이 자문에 참여하는 개인 또는 기관에게 도움을 주는 데 필요한 충분한 자질과 능력을 갖추었는지를 합리적인 방법으로 명시해야 한다.

(4) 자문을 할 때 개인이나 기관의 가치관을 바꾸는 데 도움을 주고자 한다면 상담심리사 자신의 가치관, 지식, 기술, 한계성이나 욕구에 대한 깊은 자각이 있어야 하고, 자문의 초점은 문제를 가진 사람이 아니라 풀어 나가야 할 문제 자체에 두어야 한다.

(5) 자문 관계는 내담자가 스스로 성장해 나가도록 격려하고 고양하는 것이어야 한다. 상담심리사는 이러한 역할을 일관성 있게 유지해야 하고, 내담자가 스스로의 의사결정자가 되도록 도와주어야 한다.

(6) 상담 활동에서 자문의 활용에 대해 홍보할 때는 학회의 윤리강령을 성실하게 준수해야 한다.

바. 홍보

(1) 상담심리사는 전문가로서의 자신의 자격과 상담 활동에 대해 대중에게 홍보하거나 설명할 수 있으나 그 내용은 정확해야 하며, 오해를 일으킬 수 있거나 거짓된 내용이어서는 안 된다.

(2) 상담심리사는 상담 수주를 위해 강연, 출판물, 라디오, TV 혹은 다른 매체의 홍보에 대해 보수를 지급해서는 안 된다.

(3) 내담자의 추천을 통해서 새로운 내담자의 신뢰를 얻고자 할 때에는 상황이 특수한 상태이거나 취약한 상태인 내담자에게는 추천을 의뢰해서는 안 된다.

(4) 상담심리사는 출판업자, 언론인 혹은 스폰서 등이 상담의 실제나 전문적인 활동과 관련된 잘못된 진술을 하는 경우 이를 시정하고 방지하도록 노력한다.

(5) 상담심리사가 워크숍이나 훈련 프로그램을 홍보할 때는 소비자의 선택을 위해서 적절한 정보를 제공하고 정확하게 홍보해야 한다.

3. 인간권리와 존엄성에 대한 존중

가. 내담자 복지

(1) 상담심리사의 일차적 책임은 내담자의 복리를 증진하고 존엄성을 존중하는 것이다.

(2) 상담심리사는 내담자의 잠재력을 개발하여 건강한 삶을 영위하도록 도움을 주며, 어떤 방식으로도 해를 끼치지 않는다. 상담심리사는 내담자로 하여금 의존적인 상담 관계를 형성하지 않도록 노력하여야 한다.

(3) 상담심리사는 상담 관계에서 오는 친밀성과 책임감을 인식하고, 상담심리사의 개인적 욕구 충족을 위해서 내담자를 희생시켜서는 안 된다.

(4) 상담심리사는 내담자의 가족이 내담자의 삶에 중요하다는 것을 인식하

고, 필요하다면 가족의 이해와 참여를 얻기 위해 노력한다.

(5) 상담심리사는 직업 문제와 관련하여 내담자의 능력, 일반적인 기질, 홍미, 적성, 욕구, 환경 등을 고려하면서 내담자와 함께 노력하지만, 내담자의 일자리를 찾아주거나 근무처를 정해 줄 의무가 있는 것은 아니다.

나. 다양성 존중

(1) 상담심리사는 모든 인간의 기본적인 권리, 존엄성, 가치를 존중하며 연령이나 성별, 인종, 종교, 성적인 선호, 장애 등을 이유로 내담자를 차별하지 않는다.

(2) 상담심리사는 내담자의 다양한 문화적 배경을 이해하려고 적극적으로 시도해야 하며, 상담심리사 자신의 고유한 문화적 정체성이 상담 과정에 어떤 영향을 주는지를 인식해야 한다.

(3) 상담심리사는 자신의 고유한 가치, 태도, 신념, 행위를 인식하여 그것이 어떻게 다양한 사회에서 적용되는지를 깨닫고 있어야 하고, 내담자에게 자신의 가치를 강요하지 않는다.

다. 내담자의 권리

(1) 내담자는 비밀유지를 기대할 권리가 있고 자신의 사례기록에 대한 정보를 가질 권리가 있으며, 상담 계획에 참여할 권리, 어떤 서비스에 대해서는 거절할 권리, 그런 거절에 따른 결과에 대해 조언을 받을 권리 등이 있다.

(2) 상담심리사는 내담자에게 상담에 참여 여부를 선택할 자유와 어떤 전문가와 상담할 것인가를 결정할 자유를 주어야 한다. 내담자의 선택을 제한하는 제한점은 내담자에게 모두 설명해야 한다.

(3) 미성년자 혹은 자발적인 동의를 할 수 없는 사람이 내담자일 경우, 상담심리사는 이런 내담자의 최상의 복지를 염두에 두고 행동한다.

4. 상담 관계

가. 이중 관계

(1) 상담심리사는 객관성과 전문적인 판단에 영향을 미칠 수 있는 이중 관계는 피해야 한다. 가까운 친구나 친인척 등을 내담자로 받아들이면 이중 관계가 되어 전문적 상담의 성과를 기대할 수 없으므로, 다른 전문가에게 의뢰하여 도움을 준다.

(2) 상담심리사는 상담할 때에 내담자와 상담 이외의 다른 관계가 있다면, 특히 자신이 내담자의 상사이거나 지도교수 혹은 평가를 해야 하는 입장에 놓인 경우라면 그 내담자를 다른 전문가에게 의뢰한다. 그러나 다른 대안이 불가능하고, 내담자의 상황을 판단해 볼 때 상담 관계 형성이 가능하다고 여겨지면 상담 관계를 유지할 수도 있다.

(3) 상담심리사는 특별한 경우를 제외하고는 내담자와 상담실 밖에서 사적인 관계를 유지하지 않도록 한다.

(4) 상담심리사는 내담자와의 관계에서 상담료 이외의 어떠한 금전적·물질적 거래 관계도 맺어서는 안 된다.

나. 성적 관계

(1) 상담심리사는 내담자와 어떠한 종류이든 성적 관계는 피해야 한다.

(2) 상담심리사는 이전에 성적인 관계를 가졌던 사람을 내담자로 받아들이지 않는다.

(3) 상담심리사는 상담 관계가 종결된 이후 최소 2년 내에는 내담자와 성적 관계를 맺지 않는다. 상담 종결 이후 2년이 지난 후에 내담자와 성적 관계를 맺게 되는 경우에도 상담심리사는 이 관계가 착취적인 특성이 없다는 것을 철저하게 검증해야 한다.

다. 여러 명의 내담자와의 관계

(1) 상담심리사가 서로 관계를 맺고 있는 둘 혹은 그 이상의 내담자들(예: 남편과 아내, 부모와 자녀)에게 상담을 제공할 것을 동의할 경우, 상담심리사는 누가 내담자이며 각 사람과 어떠한 관계를 맺게 될지 그 특성에 대해 명확히 하고 상담을 시작해야 한다.

(2) 만약 그러한 관계가 상담심리사로 하여금 잠재적으로 상충되는 역할을 수행하도록 요구한다면, 상담심리사는 그 역할에 대해서 명확히 하거나 조정하거나, 그 역할로부터 벗어나도록 한다.

5. 정보의 보호

가. 사생활과 비밀보호

(1) 상담심리사는 사생활과 비밀유지에 대한 내담자의 권리를 최대한 존중해야 할 의무가 있다.

(2) 내담자의 사생활 보호에 대한 권리는 내담자나 내담자가 위임한 법적 대리인에 의해 유예될 수 있다.

(3) 상담심리사는 내담자의 사생활 침해를 최소화하기 위해서 문서 및 구두상의 보고나 자문 등에서 실제 의사소통된 정보만을 포함시킨다.

(4) 상담심리사는 고용인, 지도 감독자, 사무보조원 그리고 자원봉사자들을 포함한 직원들에게도 내담자의 사생활과 비밀이 보호되도록 주지시켜야 한다.

나. 기록

(1) 법, 규제 혹은 제도적 절차에 따라 상담심리사는 내담자에게 전문적인 서비스를 제공하기 위해서 반드시 기록을 보존한다.

(2) 상담심리사는 녹음 및 기록에 관해 내담자의 동의를 구한다.

(3) 상담심리사는 면접기록, 심리검사자료, 편지, 녹음·녹화 테이프, 기타 문서기록 등 상담과 관련된 기록들이 내담자를 위해 보존된다는 것을 인식하며, 상담 기록의 안전과 비밀보호에 책임진다.

(4) 상담기관이나 연구단체는 상담 기록 및 보관에 관한 규정을 작성해야 하며, 그렇지 않을 경우 상담 기록은 싱담심리사기 속해 있는 기관이나 연구단체의 기록으로 간주한다. 상담심리사는 내담자가 기록에 대한 열람이나 복사를 요구할 경우, 그 기록이 내담자에게 잘못 이해될 가능성이 없고 내담자에게 해가 되지 않으면 응하는 것이 원칙이다. 단, 여러 명의 내담자를 상담하는 경우, 다른 내담자와 관련된 사적인 정보는 제외하고 열람하도록 한다.

(5) 상담심리사는 기록과 자료에 대한 비밀보호가 자신의 죽음, 능력 상실, 자격박탈 등의 경우에도 보호될 수 있도록 미리 계획을 세운다.

(6) 상담심리사는 상담과 관련된 기록을 보관하고 처리하는 데 있어서 비밀을 보호해야 하며, 이를 타인에게 공개할 때에는 내담자의 직접적인 동의가 있을 때에만 가능하다.

(7) 상담심리사는 다음에 정한 바와 같이 비밀보호의 예외가 존재하는 경우를 제외하고는 내담자의 서면 동의 없이는 제삼의 개인, 단체에게 상담기록을 밝히거나 전달하지 않는다.

다. 비밀보호의 한계

(1) 내담자의 생명이나 사회의 안전을 위협하는 경우가 발생한 경우에 한하여 내담자의 동의 없이도 내담자에 대한 정보를 관련 전문인이나 사회에 알릴 수 있다. 이런 경우 상담 시작 전에 이러한 비밀보호의 한계를 알려 준다.

(2) 내담자에게 감염성이 있는 치명적인 질병이 있다는 확실한 정보를 가졌을 때 상담심리사는 그 질병에 위험한 수준으로 노출되어 있는 제삼자(내

담자와 관계 맺고 있는)에게 그러한 정보를 공개할 수 있다. 상담심리사는 제삼자에게 이러한 정보를 공개하기 전에 내담자가 자신의 질병에 대해서 그 사람에게 알렸는지, 아니면 조만간에 알릴 의도가 있는지를 확인한다.

(3) 법적으로 정보의 공개가 요구될 때에는 비밀보호의 원칙에서 예외이지만, 법원이 내담자의 허락 없이 사적인 정보를 밝힐 것을 요구할 경우 상담심리사는 내담자와의 관계를 해칠 수 있기 때문에 정보를 요구하지 말 것을 법원에 요청한다.

(4) 상황들이 사적인 정보의 공개를 요구할 때 오직 기본적인 정보만을 밝힌다. 더 많은 사항을 밝히기 위해서는 사적인 정보의 공개에 앞서 내담자에게 알린다.

(5) 만약 내담자의 상담이 여러 전문가로 구성된 팀에 의한 지속적인 관찰을 포함하고 있다면, 팀의 존재와 구성을 내담자에게 알린다.

(6) 상담이 시작될 때와 상담 과정 중 필요한 때에 상담심리사는 내담자에게 비밀보호의 한계를 알리고 비밀보호가 불이행되는 상황에 대해 인식시킨다.

(7) 비밀보호의 예외 및 한계에 관한 타당성이 의심될 때에 상담심리사는 동료 전문가의 자문을 구한다.

라. 집단상담과 가족상담

(1) 집단상담에서 상담심리사는 비밀보호의 중요성을 설명하고, 집단에서의 비밀보호와 관련된 어려움들을 토론한다. 집단 구성원들에게 비밀보호가 완벽하게는 보장될 수 없음을 알린다.

(2) 가족상담에서 한 가족 구성원에 대한 정보는 허락 없이는 다른 구성원에게 공개될 수 없다. 상담심리사는 각 가족 구성원의 사생활에 대한 권리를 보호한다.

(3) 자발적인 언행이 불가능하거나 미성년인 내담자를 상담할 때, 상담의 과정에서 필요하다면 부모나 보호자가 참여할 수 있음을 알린다. 그러나 상담심리사는 내담자의 이익을 위해 최선을 다한다.

마. 기타 목적을 위한 내담자 정보의 사용

(1) 교육이나 연구 또는 출판을 목적으로 상담 관계로부터 얻어진 자료를 사용할 때에는 내담자의 동의를 구해야 하며, 각 개인의 익명성이 보장되도록 자료 변형 및 신상 정보의 삭제와 같은 적절한 조치를 취하여 내담자의 신상에 피해를 주지 않도록 한다.
(2) 다른 전문가의 자문을 구할 경우, 상담심리사는 사전에 내담자의 동의를 구해야 하며 적절한 조치를 통해 내담자의 사생활과 비밀을 보호하도록 노력한다.

바. 전자 정보의 비밀보호

(1) 컴퓨터를 사용하면 광범위하게 자료를 보관하고 조사·분석할 수 있지만, 정보를 관리하는 데 한계가 있다는 사실을 알아야 한다.
(2) 내담자의 기록이 전자 정보 형태로 보존되어 제3자가 내담자의 동의 없이 접근할 수 있을 때, 상담심리사는 적절한 방법을 통해 내담자의 신상이 드러나지 않도록 조치를 취한다.

6. 상담 연구

가. 연구 계획

(1) 상담심리사는 윤리적 기준에 따라 과학적인 방법으로 연구를 계획하고 수행한다.
(2) 상담심리사는 연구가 잘못될 가능성을 최소화하도록 연구를 계획한다.

(3) 연구를 계획할 때, 상담심리사는 윤리강령에 따라 하자가 없도록 한다. 만약 윤리적 쟁점이 명확하지 않다면 상담심리사는 윤리위원회나 동료의 자문 등을 통해 쟁점을 해결한다.

(4) 상담심리사는 최선을 다해 연구 대상자의 권리와 복지를 보호하기 위한 적절한 조치를 취해야 한다.

(5) 상담심리사는 국가의 법과 기준 및 전문적 기준을 준수하는 태도로 연구를 수행한다.

나. 책임

(1) 상담심리사는 연구가 진행되는 동안 연구 대상자의 복지에 대한 책임이 있으며, 연구 대상자를 심리적·신체적·사회적 불편이나 위험으로부터 보호해야 한다.

(2) 상담심리사는 자기 자신 혹은 자기 감독 하에 수행된 연구의 윤리적 행위에 대해서 책임이 있다.

(3) 연구자와 연구 보조자는 훈련받고 준비된 과제만을 수행해야 한다.

(4) 연구를 수행하는데 있어서 필요에 따라 숙련된 연구자의 자문을 구한다.

다. 연구 대상자의 참여 및 동의

(1) 연구에의 참여는 자발적이어야 한다. 비자발적인 참여는 그것이 연구 대상자에게 전혀 해로운 영향을 끼치지 않거나 관찰연구가 필요한 경우에만 가능하다.

(2) 상담심리사는 연구 대상자를 구하기 위하여 부적절한 유인가를 제공하지 말아야 한다.

(3) 상담심리사는 연구 대상자가 이해할 수 있는 언어를 사용하여 연구의 목적, 절차 및 기대되는 효과를 설명한 후에 연구 동의를 받아야 한다.

(4) 상담심리사는 모든 형태의 촬영이나 녹음에 대해서 사전에 연구 대상자

의 동의를 받아야 한다.

(5) 상담심리사는 정보를 숨기거나 사실과 다르게 알리는 것이 연구와 관찰에
필요한 경우를 제외하고는 모든 연구 대상자에게 연구의 목적 및 특성에
대해 사실대로 알려야 한다. 연구의 특성상 사실과 다르게 보고한 경우에
는 연구가 끝난 뒤 가능한 한 빨리 사실 그대로를 알려 주어야 한다.

(6) 상담심리사는 연구 대상자의 참여에 영향을 줄 수 있는 물리적 위험, 불
편함, 불쾌한 정서적 경험 등에 관하여 반드시 사전에 알려 주어야 한다.

라. 연구 결과 및 보고

(1) 상담심리사는 연구 대상자의 요구가 있을 경우, 연구 대상자에게 연구의
결과나 결론 등을 제공한다.

(2) 상담심리사는 연구 결과를 출판할 경우에 자료를 위조하거나 결과를 왜
곡해서는 안 된다.

(3) 출판된 자신의 자료에서 중대한 오류가 발견된 경우, 상담심리사는 그러
한 오류에 대해 수정, 철회, 정정하여야 한다.

(4) 상담심리사는 타 연구의 결과나 자료의 일부 혹은 기본적인 내용에 대해
서 아무리 자주 인용된다 할지라도 자신의 것으로 보고해서는 안 된다.

(5) 상담심리사는 자신이 수행한 연구 및 기여한 연구에 대해서만 책임과 공
로를 갖는다. 연구에 많은 공헌을 한 자는 공동 연구자로 하거나 공인을
해 주거나, 각주를 통해 밝히거나 다른 적절한 수단을 통하여 그 공헌에
맞게 인정해 주어야 한다.

(6) 전문적이고 과학적인 가치가 있는 것으로 판명된 연구 결과는 다른 상담
심리사들과 상호 교환해야 하며, 연구 결과가 연구소의 프로그램, 상담
활동, 기존 관심과 일치하지 않는다는 이유로 철회되어서는 안 된다.

(7) 상담심리사는 자신의 연구를 제3자가 반복하기 원하고, 또 그만한 자격이
있으면 연구 자료를 충분히 이용하도록 할 의무가 있다. 단, 연구 대상자

의 정보를 보호해야 한다.

(8) 상담심리사는 이미 다른 논문이나 출판물에 전체 혹은 일부분이 수록된 원고를 전 출판사의 승인이나 인가 없이 이중 발표하지 않는다.

7. 심리검사

가. 기본 사항

(1) 교육 및 심리 평가의 주된 목적은 객관적이면서 해석이 용이한 평가 도구를 제공하는 데 있다.

(2) 상담심리사는 교육 및 심리 평가 방법을 활용하여 내담자의 복리와 이익을 추구하여야 한다.

(3) 상담심리사는 평가 결과와 해석을 오용해서는 안 되고, 다른 사람들이 평가 도구를 개발하고 출판 또는 사용함에 있어서 정보를 오용하지 않도록 적절한 조치를 한다.

(4) 상담심리사는 검사 결과에 따른 상담심리사들의 해석 및 권유의 근거에 대한 내담자들의 알 권리를 존중한다.

(5) 상담심리사는 규정된 전문적 관계 안에서만 평가, 진단, 서비스 혹은 개입을 한다.

(6) 상담심리사의 평가, 추천, 보고 그리고 심리적 진단이나 평가 진술은 적절한 증거 제공이 가능한 정보와 기술에 바탕을 둔다.

나. 검사를 사용하고 해석하는 능력

(1) 상담심리사는 자신의 능력의 한계를 알고, 훈련받은 검사와 평가만을 수행해야 한다. 또한 상담심리사는 지도 감독자로부터 적합한 심리검사 도구를 제대로 이용하는지의 여부를 평가받아야 한다.

(2) 컴퓨터를 이용한 검사를 활용하는 상담심리사는 원 평가 도구에 대해 훈

런받아야 한다.

(3) 수기로 하든지 컴퓨터를 사용하든지, 상담심리사는 평가 도구의 채점, 해석과 사용, 응용에 대한 책임이 있다.

(4) 상담심리사는 타당도와 신뢰도, 검사에 대한 연구 및 검사지의 개발과 사용에 관한 지침 등 교육심리적 측정에 대해 철저하게 이해하고 있어야 한다.

(5) 상담심리사는 평가 도구나 방법에 대해 언급할 때 정확한 정보를 제공하고 오해가 없도록 해야 한다. 지능지수나 점수 등이 근거 없는 의미를 내포하지 않도록 특별한 노력을 기울여야 한다.

(6) 상담심리사는 심리 평가를 무자격자에게 맡겨서는 안 된다.

다. 사전 동의

(1) 평가 전에 내담자의 동의를 미리 얻지 않았다면, 상담심리사는 그 평가의 특성과 목적 그리고 결과의 구체적인 사용에 대해 내담자가 이해할 수 있는 말로 설명해야 한다. 채점이나 해석이 상담심리사나 보조원에 의해서 이루어지든, 아니면 컴퓨터나 기타 외부 서비스 기관에 의해서 이루어지든 상담심리사는 내담자에게 적절한 설명을 하도록 조치를 취해야 한다.

(2) 내담자의 복지, 이해 능력 그리고 사전 동의에 따라 검사 결과의 수령인을 결정짓는다. 상담심리사는 어떤 개인 혹은 집단 검사 결과를 제공할 때 정확하고 적절한 해석을 함께 제공하여야 한다.

라. 유능한 전문가에게 정보 공개하기

(1) 상담심리사는 검사 결과나 해석을 포함한 평가 결과를 오용해서는 안 되며, 다른 사람들의 오용을 막기 위한 적절한 조치를 취한다.

(2) 상담심리사는 특별한 경우를 제외하고는 내담자나 내담자가 위임한 법적 대리인의 동의가 있을 경우에만 그 내담자의 신분이 드러날 만한 자료

(예를 들면, 계약서, 상담이나 인터뷰 기록 혹은 설문지)를 공개한다. 그와 같은 자료는 그 자료를 해석할 만한 능력이 있다고 상담심리사가 인정하는 전문가에게만 공개되어야 한다.

마. 검사의 선택

(1) 상담심리사는 심리검사를 선택할 때 타당도, 신뢰도, 검사의 적절성, 제한점 등을 신중히 고려한다.
(2) 상담심리사는 다문화 집단을 위한 검사를 선택할 때 사회화된 행동과 인지 양식을 고려하지 않은 부적절한 검사를 피할 수 있도록 주의한다.

바. 검사 시행의 조건

(1) 상담심리사는 표준화된 조건과 동일한 조건에서 검사를 시행한다. 검사가 표준화된 조건에서 시행되지 않거나 검사 시간에 비정상적인 행동이 발생할 경우, 그러한 내용을 기록해야 하고 그 검사 결과는 무효 처리하거나 타당성을 의심할 수 있다.
(2) 상담심리사는 컴퓨터나 다른 전자식 방법을 사용하였을 때, 시행 프로그램이 내담자에게 정확한 결과를 적절히 제공하도록 보장할 책임이 있다.
(3) 인사, 생활지도, 상담 활동에 주로 활용되는 검사 결과가 유의미하기 위해서는 검사 내용에 대한 선수지도나 내용을 언급하면 안 된다. 그러므로 검사지를 안전하게 보호하는 것도 상담심리사의 책임이다.

사. 검사 점수화와 해석, 진단

(1) 상담심리사는 검사 시행과 해석에 있어서 나이, 인종, 문화, 장애, 민족, 성, 종교, 성적 기호 그리고 사회경제적 지위의 영향을 고려하고, 다른 관련 요인들과 통합 비교하여 검사 결과를 해석한다.

(2) 상담심리사는 기술적 자료가 불충분한 평가 도구의 경우 그 결과를 해석할 때 신중해야 한다. 그러한 도구를 사용하는 특정한 목적을 내담자에게 명백히 알려 주어야 한다.

(3) 정신장애를 진단하기 위해서 상담심리사는 특별한 관심을 가져야 한다. 내담자에 대한 치료 장소, 치료 유형 또는 후속조치를 결정하기 위한 개인 면담 및 평가 방법을 주의 깊게 선택하고 사용한다.

(4) 상담심리사는 내담자의 문제를 정의할 때, 내담자가 속한 문화의 영향을 받는다는 것을 인지한다. 내담자의 정신장애를 진단할 때 사회경제적 및 문화적 경험을 고려해야 한다.

아. 검사의 안전성

(1) 상담심리사는 공인된 검사 또는 일부를 발행자의 허가 없이 사용, 재발행, 수정하지 않는다.

(2) 상담심리사는 시대에 뒤진 자료나 검사 결과를 사용하지 않는다. 다른 사람이 쓸모없는 측정이나 검사 자료를 사용하지 않도록 도와준다.

8. 윤리문제해결

가. 윤리위원회와 협력

(1) 상담심리사는 본 윤리강령 및 적용 가능한 타 윤리강령을 숙지해야 할 의무가 있다. 윤리적 기준에 대해 모르고 있거나 잘못 이해하고 있다는 사실이 비윤리적 행위에 대한 근거가 되지는 못한다.

(2) 상담심리사는 윤리강령의 시행 과정을 돕는다. 상담심리사는 윤리강령을 위반한 것으로 지목되는 사람들에 대해 윤리위원회의 조사, 요청, 소송절차에 협력한다.

나. 위반

(1) 상담심리사가 윤리적으로 행동하는지에 대한 의구심을 유발하는 근거가 있을 때, 윤리위원회는 적절한 조치를 취할 수 있다.

(2) 특정 상황이나 조치가 윤리강령에 위반되는지 불분명할 경우, 상담심리사는 윤리강령에 대해 지식이 있는 다른 상담심리사, 해당 권위자 및 윤리위원회의 자문을 구한다.

(3) 소속 기관 및 단체와 본 윤리강령 간에 갈등이 있을 경우, 상담심리사는 갈등의 본질을 명확히 하고, 소속 기관 및 단체에 윤리강령을 알려서 이를 준수하는 방향으로 해결책을 찾도록 한다.

(4) 다른 상담심리사의 윤리 위반에 대해 비공식적인 해결이 가장 적절한 개입으로 여겨질 경우에는 당사자에게 보고하여 해결하려는 시도를 한다.

(5) 명백한 윤리강령 위반이 비공식적인 방법으로 해결되지 않거나 그 방법이 부적절하다면 윤리위원회에 위임한다.

9. 회원의 의무

본 학회의 정회원, 준회원 및 종신회원은 상담심리사 자격을 취득하기 이전이라 할지라도 예비상담심리사로서 본 윤리강령을 준수할 의무가 있다.

부 칙

(1) 본 윤리강령은 2003년 5월 17일부터 시행한다.

(2) 본 윤리강령은 학회 명칭과 전문 상담자 명칭을 변경함에 따라 해당되는 용어를 수정하여 2004년 4월 17일자부터 시행한다.

(3) 본 개정 윤리강령은 2009년 11월 21일부터 시행한다.

시행세칙

제1조(목 적)

이 시행세칙은 한국심리학회 산하 한국상담심리학회의 상담심리사 윤리강령을 실행하는 데 필요한 윤리위원회의 조직, 기능 및 활동에 관한 제반사항을 규정함을 목적으로 한다.

제2조(위원회의 구성)

1) 윤리위원회는 위원장을 포함하여 7명의 위원으로 구성된다.
2) 위원장은 학회장에 의해 임명되며 이사회의 동의를 받아야 한다. 위원장의 임기는 2년이며, 1회 연임할 수 있다.
3) 위원장은 나머지 6명의 윤리위원을 학회장의 동의를 받아 선임하며 임기는 2년이다. 단, 동시에 윤리위원이 교체되는 것을 피하기 위해 과반수 위원의 임기가 서로 1년간 겹치도록 선임한다.
4) 위원장은 위원직에 공석이 생길 경우 위와 동일한 방법으로 학회장의 동의를 받아 선임하며, 이 경우 위원은 남은 임기를 채운다.

제3조(위원회의 기능)

윤리위원회는 다음 각 호의 사항을 수행한다.
1) 학회 윤리강령의 교육
2) 학회 윤리강령과 시행세칙의 심의 · 수정
3) 다음 각 호에 해당되는 윤리강령 위반 행위에 대한 접수 · 처리 · 의결
　① 현재 본 학회의 회원
　② 위반혐의 발생 당시 본 학회 회원

③ 본 학회에 등록된 기관 회원 혹은 단체

제4조(위원장 및 위원의 직무)

1) 위원장의 직무
① 학회 회원에 대한 제소 접수
② 제소 내용의 사실 여부 및 윤리강령 위반 여부 그리고 위원회의 조사 여부 결정
③ 제소인과 피소인에게 제소 건 통지
④ 윤리위원들에게 제소 건을 알림
⑤ 제소인, 피소인, 그 외 관련된 사람들에게 추가정보 요청
⑥ 위원회의 회의 주재
⑦ 제소인과 피소인에게 위원회 결정사항 통지
⑧ 학회 보조로 법률자문
⑨ 제소 건 진행 시 권리행사를 회피하는 위원이 있어 의결정족수가 미달될 경우, 해당사건 종결 시까지 다른 위원을 임시 지명

2) 위원의 직무
① 제소 내용에 대한 공정하고 신속한 처리
② 비밀 유지 및 업무와 관련된 개인과 기관의 권리 보호
③ 회원의 위반사실에 대한 정보를 접했을 경우 조사하여 제소 여부 결정

제5조(제소 건 처리 절차)

1) 제소인의 서명이 있는 문서화된 제소 건만을 접수한다.
2) 제소된 문건은 학회 또는 윤리위원회로 보내져야 하며, 문건에는 제소인 및 피소인과 그 외 관련자 등의 인적사항, 제소 내용 등이 포함되어야 한다.

3) 피소인의 신분을 확인한 후 정식 제소장의 사본을 제소인에게 보낸다. 피소인이 회원이 아닐 경우에는 제소인에게 그 사실을 통지해 준다.

4) 위원장은 제소 내용의 사실 여부, 사실일 경우 윤리강령의 위반 여부와 적절한 결정의 가능 여부를 결정한다. 만약 제소 건이 윤리강령을 위반하지 않았다고 판단되거나 제소 내용이 인정되어도 적절한 결정이 불가능하다고 판단될 경우, 이 사실을 제소인에게 통지해 준다.

5) 정보가 불충분하여 제소 건의 처리·결정이 불가능할 경우, 필요한 정보를 더 요청할 수 있다. 이때 제소인과 관련자들은 요청일로부터 20일 내에 응답해야 한다.

6) 제소인의 서명이 있는 정식 제소장이 접수되면 피소인에게 피소통지서를 발송한다. 여기에는 윤리강령, 시행세칙, 기타 증거자료들이 포함된다. 피소인은 피소통지서를 받고 20일 이내에 서면으로 제소 건에 관련된 증거자료를 제출해야 한다.

7) 피소인은 피소통지서를 받은 후 30일 내에 청문회를 요청할 수 있다. 피소인은 청문회를 요구할 권리를 포기할 수 있고 그 경우 권리 포기각서에 서명해야 하며, 이는 fax로도 가능하다.

8) 위원회는 적절한 이유가 있을 때 심사를 연기할 수 있다. 피소인도 적절한 이유가 있을 때 서면으로 심사 연기를 요청할 수 있다.

9) 위원회는 피소인으로부터 회답을 받은 15일 이후에 회의를 소집하고, 제소 내용과 답신, 관련자료 등을 검토하여 윤리강령 위반 사실의 여부를 결정한다.

10) 위원회는 심의 후에 해당 제소 건의 기각 여부를 결정할 수 있다.

11) 제소인과 피소인이 제소 내용에 대해 합의할 경우 위원회의 조사 및 징계 절차는 중단된다. 그러나 제소 관련 사실이나 증거들이 윤리강령에 명백히 위배된다고 판단될 경우에는 윤리위원회 직권으로 피소인에 대한 조사, 청문 및 징계 절차를 진행시켜 그 결과를 공지한다.

12) 위 모든 연락사항은 e-mail로 가능하며 그 내용을 반드시 문서화하여 보

관한다.

제6조(청문 절차)

1) 피소인의 윤리강령 위반 여부와 위반 정도를 판단하기 위하여 윤리위원 회에 제소된 내용에 관한 청문 절차를 진행할 수 있다.
2) 청문회에는 윤리위원장을 포함한 전체 재적 윤리위원들의 과반수가 참석 해야 한다. 필요에 따라 제소인, 피소인, 증인, 대리인, 기타 참고인 등의 출석을 요구할 수 있다. 이때 청문회 출석자들의 상호 대면으로 인한 사 생활 침해 등의 피해를 막기 위해 각별히 주의해야 한다.
3) 출석 고지
   ① 피소인에 대한 출석 고지는 청문회 개최 15일 전에 출석요구서를 우편 발송함으로써 효력이 발생한다. 출석요구서에는 출석요구 사유, 개최 일시, 장소, 진행 절차, 피소인의 권리 등에 관한 내용이 포함된다.
   ② 기타 관계자에 대한 출석 고지는 청문회 개최 전 서면 또는 유무선으로 할 수 있다. 이 경우 위원회는 청문회 개최 전까지 청문회 출석 동의를 받아야 한다.
4) 피소인의 권리
   ① 피소인은 윤리위원회의 청문회 출석 요구에 가능한 한 응해야 하며 참 석하지 못할 경우 제출된 증거자료로 회의가 진행된다.
   ② 피소인은 참고인이나 증인을 대동하거나 대리 출석시킬 수 있으며, 이 경우 청문회 개최 3일 전까지 윤리위원회에 서면 또는 유무선으로 통보 하여 윤리위원장의 동의를 얻어야 한다.
5) 청문회의 실시
   ① 장소: 청문회장에는 윤리위원회가 허용하지 않는 사람의 접근을 금하 며, 개최 장소는 비밀유지가 가능한 곳이어야 한다.
   ② 기록: 모든 청문 내용은 녹음되어야 한다.

③ 범위: 청문회 출석 윤리위원들의 질의내용은 제소된 사실의 확인 및 추가정보의 획득에 초점을 맞춘다.

6) 피소인을 포함한 모든 청문회 참석자들은 청문회에서 다음과 같은 권리를 지닌다.

①자신에게 불리한 질의에 답변하지 않을 권리

②자신에게 유리한 증거나 증언을 자유롭게 제시할 수 있는 권리

③추가적인 청문회 개최를 요구할 수 있는 권리

7) 청문회 종료 선언 및 고지: 위원회는 청문회의 개최 목적이 충분히 달성되었다고 판단될 경우 청문회의 종료를 선언하고, 이를 7일 내에 관련자들에게 알려 주어야 한다.

제7조(징계의 절차)

윤리위원장은 청문회와는 별도로 다음과 같이 피소인에 대한 징계회의를 소집할 수 있다.

1) 징계회의에는 윤리위원장을 포함한 전체 재적 윤리위원의 2/3 이상이 참석해야 한다.

2) 윤리위원장은 징계회의에서 제소 내용, 제소에 따른 조사 및 청문 절차, 결과 등을 보고한다.

3) 징계 결정은 다음의 절차를 따른다.

①제소 내용, 조사 내용, 청문 결과 등을 토대로 자유토론 후 징계 여부와 징계 내용을 결정한다.

②징계 여부와 징계 내용에 대한 만장일치가 이루어지지 않을 경우 무기명 자유투표를 실시하며, 그 결과 출식위원 2/3 이상이 찬성한 안을 채택한다.

③징계 내용 중 영구 자격박탈은 참석한 위원의 만장일치 합의로 결정되며, 자격의 일시정지 시에는 자격 회복의 요건, 방법, 절차 등을 동시에

결정하여야 한다.

4) 윤리위원장은 제소의 내용, 조사와 청문의 진행 절차 및 결과, 윤리강령 위반 항목, 징계 결정의 취지 등을 포함한 징계 내용을 7일 내에 한국상담심리학회장에게 보고해야 한다.

제8조(징계의 종류)

징계의 종류는 경징계(경고 및 견책)와 중징계(자격 정지 및 자격 영구박탈)로 나누며, 징계받은 피소인은 제소인의 심리적 및 신체적 건강의 회복을 위해 적극 협조해야 한다.

1) 경고

2) 견책 학회가 인정하는 상담심리사에게 최소 6개월 동안 25회 이상의 개인상담을 받아야 한다.

3) 상담심리사(1급, 2급) 자격 정지 2년 이상 및 학회가 인정하는 상담심리사에게 최소 1년 동안 50회 이상의 개인상담을 받아야 한다.

4) 상담심리사(1급, 2급) 자격 영구박탈

제9조(결정사항 통지)

1) 위원회는 청문회 종료 후 20일 내에 위원회의 결정 사항과 피소자의 재심 청구 권리에 관한 내용을 공중받아서 우편으로 발송한다.

2) 최종 결정이 내려진 후 위원장은 학회장에게 피소인에 대한 징계 종류를 보고한다. 경징계의 경우에는 학회장에게만 보고하고, 자격정지 또는 자격박탈의 중징계인 경우에는 학회장에게 보고 후 위반한 윤리강령의 조항과 제재 내용을 학회 홈페이지, 뉴스레터, 관련 학회, 유관기관 등에 통보하거나 발표하도록 건의한다.

3) 중징계의 경우에는 전문가 수첩에서 제재 내용을 확인할 수 있도록 조치

한다.

제10조(재심 청구)

1) 위원회가 조사와 청문의 절차 및 방침을 위반한 경우나 위원회가 제소인
　과 피소인으로부터 제공된 자료에 근거하지 않고 임의로 결정한 경우에
　재심을 청구할 수 있다.
2) 위 항에 해당되는 피소인은 위원회의 결정을 통지받은 후 10일 내에 위원
　회에 서면으로 재심을 청구할 수 있다. 피소인이 재심 청구를 포기한 경
　우 위원회는 재심 청구 기간 만료와 동시에 그 결정을 확정한다.
3) 재심을 청구한 날부터 재심이 종료될 때까지 위원회의 결정은 자동적으
　로 유예된다.
4) 학회장은 현재의 윤리위원장을 위원장으로 하는 재심 위원 5인을 새로 구
　성하여 임명한다.
5) 재심 위원들은 기존의 심사과정에서 사용된 모든 자료들을 검토하여 60일
　내에 2/3 이상의 찬성으로 결정한다. 이 경우 재심 위원의 결정은 다음 경
　우로만 제한한다.
　① 위원회의 결정에 동의하는 경우
　② 위원회의 결정에는 동의하나 징계의 종류에는 반대하여 반송하는 경우
　③ 위원회가 결정한 사안에 대해 재고를 권고하는 경우
6) 재심위원회는 제소인과 피소인에게 그 내용을 서면으로 통지하고, 필요
　한 경우 제소인과 피소인에게 추가정보를 요청할 수 있다. 이 경우 재심
　위원들은 청문회 없이 결정을 내리게 된다.
7) 재심 결정이 윤리위원회의 결정과 같을 경우, 더 이상의 청문회나 재심은
　없다.

제11조(기록)

제소 건에 관련된 위원회의 기록에 대해서는 철저히 비밀을 유지하며, 특히 청문회를 개최한 경우에는 필히 녹음된 자료를 5년간 보관한다.

제12조(제소 건에 관한 법적 조치)

1) 제소 건과 관련해 다른 어떤 형식(민사 또는 형사)의 법적 조치가 취해졌을 경우 제소인이나 피소된 회원은 위원회에 통지해야 한다.
2) 정식 접수된 제소 건에 관련된 심의는 어떤 형식이든 그 제소 건에 관한 모든 법적 조치가 취해질 때까지 보류된다. 만일 같은 제소 건이 아닐 경우, 위원회는 심의절차의 보류 여부에 관한 법적인 자문을 구한다.
3) 만일 제소 건의 심의가 유예되면, 이를 제소인과 피소된 회원에게 통지한다.
4) 법적 조치가 종결되고 난 후 제소 건이 다시 진행될 때는 제소인과 피소된 회원에게 이를 통지한다.

제13조(징계 말소 및 자격 회복 절차)

1) 견책 및 2년 이상의 자격정지 처분을 받은 상담심리사가 자격회복을 신청하는 경우에는 자격회복을 위한 소정양식(신청서, 상담자의 소견서 등)을 윤리위원회에 제출하여 심사를 받아야 한다.
2) 윤리위원회의 심사 결과 과반수 이상의 찬성으로 자격을 회복할 수 있다.

제14조(임의탈퇴)

본 회에서 탈퇴를 원하는 회원은 문서로 탈퇴서를 제출하여야 하고, 탈퇴서

가 수락되는 대로 이를 수락한다. 단, 윤리위원회에 제소된 회원의 경우 상
황이 종료될 때까지 임의탈퇴는 보류될 수 있다.

부칙

- 2004년 9월 1일에 제정된 시행세칙안은 2005년 9월 28일 윤리위원회의 의
  결로 개정되었으며, 본 개정안은 2005년 10월 10일부터 시행한다.
- 본 시행세칙의 개정은 윤리위원장의 제안과 윤리위원회의 의결로 시행한다.
- 본 시행세칙에 미비한 사항은 윤리위원회의 의결로써 시행한다.

참고문헌

김계현(1992). 상담교육방법으로서의 개인수퍼비전 모델에 관한 복수사례연구. 한국 심리학회지: 상담과 심리치료, 4(1).

김용태(2000). 가족치료이론. 서울: 학지사.

김종옥 역(1998). 구조적 가족치료의 실제[*The Practice of Systemic Family Therapy*]. S. Minuchin 저. 파주: 법문사. (원저는 1978년에 출판).

김창대, 유성경, 김형수, 최한나 역(2006). 상담 및 조력전문가를 위한 수퍼비전의 실제 [*Clinical Supervision in The Helping Professions: A practical Guide*]. R. Haynes, G. Corey와 P. Moulton 저. 서울: 시그마프레스. (원저는 2002년에 출판).

방기연(2003). 상담 수퍼비전. 서울: 학지사.

방기연(2006). 상담심리사의 수퍼비전 경험에 대한 질적 분석. 한국심리학회지: 상담 및 심리치료, 18(2).

방기연(2011). 상담수퍼비전의 이론과 실제. 파주: 양서원.

송정아(2011a). 가족치료 수퍼비전. 백석대학교 박사과정 강의 미간행 교재.

송정아(2011b) 상담수퍼비전에 관한 소고, 진리논단, 제19호.

송정아, 최규련(2002) 가족치료 이론과 기법. 서울: 하우.

유영권(2007). 집단수퍼비전의 이해와 활용에 관하여. 한국기독교상담학회지, Vol. 11.

유영권, 방기연 역(2008). 상담 수퍼비전의 기초[*Fundamentals of Clinical Supervision*]. J. M. Bernard와 R. K. Goodyear 저. 서울: 시그마프레스. (원저는 2003년에

출판).

이재창(1996). 전문상담자 교육과 훈련에 관한 연구. 한국심리학회지: 상담과 심리치료, 8(1).

이혜련(2007). 가족치료 수퍼비전의 이해-가족치료 수퍼비전: 어떻게 주고받을 것인가?-. 2007년 한국가족치료학회 추계학술대회 미간행 자료집.

정문자, 정혜정, 이선혜, 전영주(2012). 가족치료의 이해(2판). 서울: 학지사.

최한나, 김창대(2008). 좋은 수퍼비전 관계에 대한 수퍼바이지의 인식 차원. 한국심리학회지: 상담과 심리치료, 20(1).

최해림(1990). Supervision의 발달적 접근. 인간이해, 11.

최해림(2002). 한국 상담자의 윤리의식에 대한 기초연구. 한국심리학회: 상담과 심리치료, 14(4).

한국중독전문가협회 역(2009). 중독영역에서의 슈퍼비전[Clinical Supervision in Alcohol and Drug Abuse]. D. J. Powell과 A. Brodsky 저. 서울: 학지사. (원저는 2004년에 출판).

한국가족치료학회 역(2008). 가족치료 슈퍼비전의 이론과 실제[The Completes Systemic Supervisor]. T. C. Todd와 C. L. Storm 저. 서울: 학지사. (원저는 2002년에 출판).

Abroms, G. M. (1977). Supervision as metatherapy. In F. W. Kaslow (Ed.), Supervision, Consultation, and Staff Training in the Helping Professions. San Francisco, CA: Jossey-Bass.

Akamatsu, T. J. (1980). The use of role-play and simulation techniques in the training of psychotherapy. In A. K. Hess (Ed.), Psychotherapy Supervision: Theory research and practice (pp. 209-225). New York: John Wiley & Sons.

American Association for Marriage and Family Therapy (1984, 1989, 1991). The AAMFT Code of Ethical Principles for Marriage and Family Therapists. Washington, DC: Author.

Anderson, S. A., Schlossberg, M., & Rigazio-DiGilio, S. (2000). Family therapy Trainees' evaluation of their best and worst supervision espirences. Journal of Marital & Family, Vol. 26, No. 1.

Allen, G. J., Szollos, S. J., & Williams, B. E. (1986). Doctoral Students' Comparative Evaluations of Best and Worst Psychotherapy Supervision. Professional Psychology: Research and practice, 17.

American Psychological Association (2010). Ethical Principles of Psychologists and

Code of Conduct: 2010 Amendments. American Psychological Association.

Aponte, H. A. (1994). How personal can training get? *Journal of Marital and Family Therapy, 20.*

Ashby, W. (1978). Self-regulation and requisite variety. In F. Emery (Ed.), *Systems Thinking* (pp. 105-124). New York: Penguin.

Association for Counselor Education and Supervision (1995). Ethical guidelines for counseling supervisors, *Counselor Education & Supervision, 34,* 270-276.

Baker, S. D., Daniels, T. G., & Greeley, A. T. (1990). Systematic training of graduate-level counselors: Narrative and meta-analytic reviews of three major programs. *Counseling Psychologist, 18.*

Bascue, L. O., & Yalof, J. A. (1991). Descriptive dimensions of psychotherapy supervision. *Clinical Supervisor, 9*(2).

Bateson, G., Jackson, D., & Weakland, J. (1956). Towards a theory of schizophrenia. *Behavioral Science, 1.*

Benard, J. M., & Goodyear, R. K. (2004). *Fundamentals of Clinical Supervision* (3nd ed.). Boston, MA: Pearson Education.

Bernard, J. M., & Goodyear, R. K. (1998). *Fundamentals of Clinical Supervision* (2nd ed.). Boston, MA: Allyn & Bacon.

Benard, J. M., & Goodyear, R. K. (2009). *Fundamentals of Clinical Supervision* (4th ed.). Boston, MA: Pearson Education.

Bernard, J. M. (1979) Supervision training: A discrimination model. *Counselor Education and Supervision, 19.*

Bernstein, B. L., & Lecomte, C. (1979). Self-critique technique training in a competency-based practicum. *Counselor Education and Supervision, 19.*

Beutler, L. E. (1988). Introduction: Training to competency in psychotherapy. *Journal of Consulting and Clinical Psychology, 56.*

Blanchard, K., & N. V. Peale (1988). *The Power of Ethical Management.* New York: Fawcett Crest.

Blocher, D. (1983). Toward a cognitive developmental approach to counseling supervision. *Counseling Psychologist, 11.*

Borders, L. D., & Leddick, G. R. (1987). *Handbook of Counseling Supervision.* Association for Counselor Education and Supervision.

Borders, L. D., & Cashwell, C. S. (1992). Supervision regulations in counselor licensure legislation. *Counselor Education and Supervision, 31.*

Bordin, E. S. (1983). A working alliance based model of supervision. *The Counseling Psychologist, 11.*

Bowen, M. (1972). Toward the differentiation of a self in one's own family of origin. In J. Framo (Ed.), *Family Interaction: A dialogue between family researchers and family therapists* (pp. 171-173). New York: Springer.

Bowen, M. (1976). Theory in the practice of psychotherapy. In P. J. Guerin (Ed.), *Family Therapy: Theory and practice.* New York: Basic Books.

Bowen, M. (1988). The use of family theory in clinical practice. In M. Bowen (Ed.), *Family Therapy in Clinical Practice* (4th ed., pp. 147-181). Northvale, NJ: Jason Aronson. (원저는 1978년에 출판).

Bowlby, J. (1969). *Attachment and Loss: Attachment, Vol. 1.* New York: Basic Books.

Bradley, L. J. (1989). *Counselor Supervision: Principles, process and practice* (2nd ed.). Muncie, IN: Accelerated Development.

Bradley, L. J., & Ladany, N. (2001). *Counselor Supervision: Principes, process, and practice.* Philadelphia, PA: Brunner-Routledge.

Bradley, L. J., & Gould, L. J. (2001). *Psychotherapy-based Models of Counselor Priciples, Process, and Practice* (pp. 147-180). Philadelphia, PA: Brunner-Routledge.

Breunlin, D. C. (1988). Oscillation theory and family development. In C. Falicov (Ed.), *Family Transitions: Continuity and change across the family life cycle.* New York: Guilford.

Cacioppo, J. T., & Petty, R. E. (1980). Effects of Issue Involvement on Attitude in an Advertising Context, Proceedings: the Division 23 Program, 88th Annual American Psychological Association Meeting.

Campbell, J. M. (2005). *Essentials of Clinical Supervision.* New York: John Wiley and Sons.

Carkhuff, R. R. (1997). *Helping and Human Relations. Vol. 2.* New York: Holt, Rinehart and Winston.

Carkhuff, R. R., & Berenson (1997). Training in counseling and psychotherapy: An evaluation of an integrated didactic and experiential approach. *Journal of Consulting Psychology, 29.*

Carter, B., & McGoldrick, M. (1988). *The Changing Family Life Cycle: A framework for family therapy.* (2nd ed.). Boston, MA: Allyn & Bacon.

Chagnon, J., & Russell, R. K. (1995). Assessment of supervisee development level and supervision environment across supervisor experience. *Journal of Counseling Development, 73.*

Claiborn, C. D., Etringer, B. D., & Hillerbrand, E. T. (1995). Influence processes in supervision. *Counselor Education and Supervision, 35.*

Colapinto, J. (1983). Beyond technique: Teaching how to think structurally. *Journal of Strategic and Systemic Therapies, 2.*

Corey, G. (2009). *Theory and Practice of Counseling and Psychotherapy* (8th ed.). Boston, MA: Cengage Learning.

Cottone, R. R., & Tarvydas, V. M. (1998). *Ethical and Professional Issues in Counseling.* Upper Saddle River, NJ: Pearson Merrill Prentice Hall.

Craig, C. H., & Sleight, C. C. (1990). Personality relationships between supervisors and students in communication disorders as determined by the Myers-Briggs Type Indicator. *Clinical Supervisor, 8*(1).

Cross, E. G., & Brown, D. (1983). Counselor supervision as a function of trainee experience: Analysis of specific behaviors. *Counselor Education and Supervision, 22.*

Dicks, H. (1967). *Marital Tensions,* New York: Basic Books.

Doehrman, M. (1976). Parallel processes in supervision and psychotherapy. *Bulletin of the Menninger Clinic, 40.*

Edelwich, J., & Brodsky, A. (1980). *Burnout: Stages of Disillusionment in the Helping Professions.* New York: Human Sciences.

Edelwich, J., & Brodsky, A. (1991). *Sexual Dilemmas for the Helping Professional.* (Rev. ed.). New York: Brunner/Mazel.

Ekstein, R., & Wallerstein, R. S. (1972). *The Teaching and Learning of Psychotherapy.* (2nd ed.). New York: International University.

Ellis, M. V. (1991). Critical incidents in clinical supervision and in supervisor supervision: Assessing supervisory issues. *Journal of Counseling Psychology.*

Falvey, J. E., Caldwell, C. F., & Cohen, C. R. (2002). *Documentation in Supervision: The focused risk management supervision system.* Pacific Grove, CA: Brooks/Cole.

Fiscalini, J. (1985). On supervisory parataxis and dialogue. In M. H. Rock (Ed.), *Psychodynamic Supervision: Perspectives of the supervisor and supervisee* (pp. 29–51). Northvale, NJ: Jason Aronson.

Fish, D., & Twinn, S. (1997). *Quality Clinical Supervision in the Health Care Professions: Principled approaches to practice.* London: Butterworth and Heinemann.

Ivey, A. E. (1994). *Intentional Interviewing and Counseling: Facilitating client development in a multicultural society.* Pacific Grove, CA: Brooks/Cole.

Framo, J. I. (1976). Chronicle of a struggle to establish a family unit within a community mental health center. In P. Guerin (Ed.), *Family Therapy: Theory and practice.* New York: Garder.

Frawley-O'Dea, M. G., & Sarnat, J. E. (2001). *The Supervisory Relationship: A contemporary psychodynamic approach.* New York: Guilford.

Friedman, E. (1991). Bowen theory and therapy. In A. Gurman & D. Kniskern (Eds.), *Handbook of family therapy*, Vol. 2 (pp. 134–170). New York: Brunner/Mazel.

Freeman, S. C. (1993). Reiterations on client-centered supervision. *Counselor Education and Supervision, 32.*

Friedlander, M. L., & Ward, L. G. (1984). Development and validation of the supervisory styles inventory. *Journal of Counseling Psychology, 31.*

Friedlander, M. L., Siegel, S. M., & Brenock, K. (1989). Parallel process in counseling and supervision: A case study. *Journal of Counseling Psychology, 36.*

Friedman, E. (1991). Bowen theory and therapy. In A. Gurman & D. Kniskern (Eds.), *Handbook of Family Therapy. Vol. 2* (pp. 134–170). New York: Brunner/Mazel.

Gediman, H. K., & Wolkenfeld, F. (1980). The paralelism phenomenon in psychoanalysis and supervision: Its reconsideration as atriadic system. *Psychoanalytic Quarterly, 34.*

Gelso, C. A. (2007). Editorial introduction. *Psychotherapy: Theory, research, practice, training, 44(3).*

Gill, M. (1994). *Psychoanalysis in Transition: A personal view.* Hillsdale, NJ: Analytic.

Gilligan, C. (1982). *In a Different Voice*. Cambridge, MA: Harvard University.

Gilligan, C. (1992). *In a Different Voice: Psychological theory and women's development*. (2nd ed.). Cambridge, MA: Harvard University.

Guest, P. D., & Beutler, L. E. (1988). Impact of psychotherapy supervision on therapist orientation and values. *Journal of Consulting and Clinical Psychology, 56*.

Hackney, H., & Nye, L. S. (1973). *Counseling Strategies and Objectives*. Englewood Cliffs, NJ: Prentice Hall.

Haley, J. (1988). Reflections on supervision. In H. A. Liddle, D. C., Breunlin, & R. C. Schwarts (Eds.), *Handbook of Family Therapy Training and Supervision*. New York: Guilford.

Haley, J. (1975). Why a mental health clinic should avoid doing family therapy. *Journal of Marriage and Family Counseling, 1*.

Haley, J. (1976). *Problem Solving Therapy*. San Francisco, CA: Jossey-Bass.

Haley, J. (1990). *Strategies of Psychotherapy*. Rockville, MD: Triangle.

Harrar, W. R., VandeCreek, L., & Knapp, S. (1990). Ethical and legal aspects of clinical supervision. *Professional Psychology: Research and practice, 21*.

Harre, R. (1970). *British Journal for the Philosophy of Science, 21*(1).

Harts, G. M. (1982). *The Process of Clinical Supervision*. Baltimore, MD: University Park.

Heath, A. (1982). Team family therapy training: Conceptual and pragmatic considerations. *Family Process, 21*.

Heppner, P. P., & Roehlke, H. J. (1984). Differences among supervisees at different levels of training: Implications for a developmental model of supervision. *Journal of Counseling Psychology, 31*.

Heppner, P. P., Kivlighan, D. M., & Wampold, B. E. (1999). *Research Design in Counseling* (2nd ed.). Belmont, CA: Wadsworth.

Hess, A. K. (1980). *Psychotherapy Supervision: Theory research, and practice*. New York: Wiley.

Hess, A. K. (1986). Growth in supervision: Stages of supervisee and supervisor development. *Clinical Supervisor, 4*(1-2).

Hess, A. K. (1987). Psychotherapy supervision: Stages, buber, and a theory of relationship. *Professional Psychology: Research and practice, 18*.

Hill, C. E., Charles, D., & Reed, K. G. (1981). A longitudinal analysis of changes in counseling skills during doctoral training in counseling psychology. *Journal of Counseling Psychology, 28.*

Hoffman, L. W. (1990). *Old Scapes, New Maps: A training program for psychotherapy supervisors.* Cambridge, MA: Milusik.

Hoffman, M. A., Hill, C. E., Holmes, S. E., & Freitas, G. F. (2005). Supervisor perspective on the process and outcome of giving easy, difficult, or no feedback to supervisees. *Journal of Counseling Psychology, 52.*

Holloway, E., & Holloway, E. L. (1995). *Clinical Supervision: A systems approach.* Thousand Oaks, CA: Sage.

Liddle, H. A., Breunlin, D. C., & Schwartz, R. C. (2000). *Handbook of Family Therapy Training and Supervision.* New York: Guilford.

Hutt, C. H., Scott, J., & King, M., (1983). A phenomenological study of supervisees' positive and negative experiences in supervision. *Psychotherapy: Theory, research & practice, 20*(1).

Issacharoff, A. (1982). Countertransference in supervision: Therapeutic consequences for the supervisee. *Contemporary Psychoanalysis, 18.*

Kaplan, A. (1985). Female or male therapists for women patients: New formulations. *Psychiatry, 48.*

Kerr, M. (1984). Theoretical base for differentiation of self in one's family of origin. In C. Munson (Ed.), *Family of Origin Applications in Supervision* (pp. 3-47). New York: Haworth.

Kerr, M., & Bowen, M. (1988). *Family Evaluation.* New York: Norton.

Klein, M. (1948). *Contributions to a Psycho-analysis.* London: Hogarth.

Krause, A. A., & Allen, G. J. (1988). Perceptions of counselor supervision: An examination of Stoltenberg's model from the perspectives of supervisor and supervisee. *Journal of Counseling Psychology, 35.*

Ladany, N., Constantine, M. G., Miller, K., & Erickson, C. D. (2000). Supervisor counter transference: A qualitative investigation into its identification and description. *Journal of Counseling Psychology, 47*(1).

Lamb, D. H., Cochran, D. J., & Jackson, V. R. (1991). Training and organizational issues associated with identifying and responding to intern impairment. *Professional Psychology: Research and Practice, Vol. 22*(4).

Langs, R. (1994). *Doing Supervision and Being Supervised.* London: Karnac.

Leonard, E. C. (2012). *Supervision: Concepts and Practices of Management*. Mason: OH: Cengage Learning.

Learning C., & Leonard E. C. (2009). *Supervision: Concepts and practices of management* (11th ed.). MI: Cengage Learning.

Liddle, H. A., & Saba, G. (1983). The isomorphic nature of training and therapy: Epistemologic foundations for a structural-strategic family therapy. In J. Schwartzman (Ed.), *Families and Other Systems*. New York: Guilford.

Liddle, H. A. (1985a). Beyond family therapy: Challenging the boundaries, roles, and mission of a field. *Journal of Strategic and Systemic Therapies, 4*(2).

Liddle, H. A. (1985b). Redefining the mission of family therapy training. *Journal of Psychotherapy and the Family, 1*(4).

Liddle, H. A. (1988). Systematic Supervision: Conceptual Overlays and Pragmatic Guidelines. In H. A. Liddle, D. C. Breunlin, & R. C. Shwartz (Eds.), *Handbook of Family Therapy Training and Supervision*. New York: Guilford.

Liddle, H. A., Breunlin, D. C., & Schwarts, R. C. (Eds.) (1988). *Handbook of Family Therapy Training and Supervision*. New York: Guilford.

Loganbill, C., Hardy, E., & Delworth, U. (1982). Supervision: A conceptual model. *The Counseling Psychologist, 10*.

Madanes, C. (1990). *Sex, Love, and Violence: Strategies for transformation*. New York: Norton.

Mahler, M. S. (1952). On child psychosis and schzophrenis: Austic and symbiotic infantile psychosos. *Psychoanalytic Study of the Child, Vol. 7*.

Marshall, W. P., & Confer, W. N. (1980). Psychotherapy supervision: Supervisee's perspective. In A. K. Hess (Ed.), *Psychotherapy Supervision: Theory, research and practice*. New York: John Wiley & Sons.

Martin, J. S., Goodyear, R. K., & Newton, F. B. (1987). Clinical supervision: An intensive case study. *Professional Psychology: Research and practice, 18*.

Martin, G., & Pear, J. (2003). *Behavior Modification: What it is and how to do it* (7th ed.). Upper Saddle River, NJ; Prentice-Hall.

Marzano, R. J., Frontier, T., & Livingston, D. (2011). *Effective Supervision:*

Supporting the art and science of teaching. Alexandria, VA: ASCD.

McGoldrick, M. (1982). Through the looking glass: Supervision of a trainee's trigger family. In J. Byng-Hall & R. Whiffen (Eds.), *Family therapy supervision*, London: Academic.

McKinney, M. (2000). Relational perspectives and the supervisory triad. *Psychoanalytic Psychology, 17.*

McNeill, B. W., & Worthen, V. (1989). The parallel process in psychotherapy supervision. *Professional Psychology: Research and Practice, 20.*

McNeill, B. W., Stoltenberg, C. D., & Pierce, P. A. (1985). Supervisee's perceptions of their development: A test of the counselor complexity model. *Journal of Counseling Psychology, 32.*

McNeill, B. W., Stoltenberg, C. D., & Romans, J. S. (1992). The integrated developmental model of supervision: Scale development and validation procedures. *Professional Psychology and Practice, 23.*

Mead, D. E. (1990). *Effective Supervision: A task-oriented model for the mental health professions*, New York: Brunner/Mazel.

Minuchin S., & Fishman, H. C. (1981). *Family Therapy Techniques.* Cambridge, MA: Harvard University.

Minuchin, S. (1974). *Families and Family Therapy.* Cambridge, MA: Harvard University.

Mitchell, S. (1993). *Hope and Dread in Psychoanalysis.* New York: Basic Books.

Mueller, W. J., & Kell, B. L. (1972). *Coping with Conflict: Supervising counselors and therapists.* New York: Appleton-Century-Crofts.

Mueller, W. J. (1982). Issues in the application of "Supervision: A conceptual model" to dynamically oriented supervision: A reaction paper. *Counseling Psychologist, 10,* 43-46.

Munson, C. E. (2002). *Handbook of clinical social work supervision* (3rd ed.). New York: Haworth.

Nelson, M. L., & Holloway, E. L. (1990). Relation of gender to power and involvement in supervision. *Journal of Counseling Psychology, 37.*

Nelson, M. L., & Friedlander, M. L. (2001). A close look at conflictual supervisory relationships: the trainee's perspective. *Journal of Counseling Psychology, 48*(4).

Nelson, R., Heilbrun, G., & Figley, C. (1993). Basic family therapy skills, IV:

Transgenerational theories of family therapy. *Journal of Family Therapy, 19.*

Neufeldt, V. (1999). *Webster's New World Dictionary of the American Language.* New York: World Publishing.

Nichols, M. P., & Schwartz, R. C. (2002). *Family Therapy: Concepts and methods.* Boston, MA: Allyn & Bacon.

Nichols, M., & Schwartz, R. (2007). *Family Therapy: Concepts and methods* (3rd ed.). Boston, MA: Allyn & Bacon.

Nichols, M. P. & Schwartz, R. C. (2011). *Family Therapy Concepts and Methods* (5th ed.). Boston, MA: Allyn & Bacon.

Olk, M., & Friedlander, M. L. (1992). Trainees' experiences of role conflict and role ambiguity in supervisory relationships. *Journal of Counseling Psychology, 39.*

Olson, D. H., Russell, C. S., & Sprenkle, D. H. (1989). *Circumplex Model: Systemic assessment and treatment of families.* New York: Haworth.

Powell, D. J. (1980). *Clinical Supervision: Skills for substance abuse counselors Manual.* New York: Human Sciences.

Powell, D. J., & Brodsky, A. (2004). *Clinical Supervision in Alcohol and Drug Abuse Counseling: Principles, models, methods* (rev. ed.). Jossey-Bass.

Prieto, L. R. (1996). Group supervision: Still widely practiced but poorly understood. *Counselor Education and Supervision, 35.*

Protinsky, H., & Preli, R. (1987). Interventions in strategic supervision. *Journal of Strategic and Systemic Therapies, 6(3).*

Putney, M. W., Worthington, E. L., & McCulloughy, M. E., (1992). Effects of supervisor and supervisee theoretical orientations on supervisors' perceptions. *Journal of Counseling Psychology, 39.*

Rabinowitz, F. E., Heppner, P. P., & Roehlke, H. J. (1986). Descriptive study of process and outcome variables of supervision over time. *Journal of Counseling Psychology, 33.*

Reese, H. W., & Overton, W. F. (1970). Models of development and theories of development. In L. A. Goulet & A. B. Baltes (Eds.), *Lita-span Developmental Psychology's Research and Theory* (pp. 116–145). New York: Academic.

Robbins, S. P., DeCenzo D. A., & Wolter, R. (2009). *Supervision Today* (6th ed.). New York: Prentice Hall.

Roberto, L. (1991). Symbolic-experiential family therapy. In A. Gurman & D. Kniskern (Eds.), *Handbook of family therapy, Vol. 2* (pp. 444-476). New York: Brunner/Mazel.

Roberto, L. (1992). *Transgenerational Family Therapies.* New York: Guilford.

Roberts, H. (1992). Contextual Supervision Involves Continuous Dialogue with Supervisees. *Supervision Bulletin, 5*(3).

Rodenhauser, P. (1994). Toward a multidimensional model for psychotherapy supervision based on developmental stages. *Journal of Psychotherapy Practice and Research, 3.*

Rosenberg, E. W., & Hayes, J. A. (2002). Origins, consequences, and management of countertransference: A case study. *Journal of Counseling Psychology, 49.*

Rosenberg, E. W., Medini, G., Lomranz, J., & Bisker, E. (1982). Femininity and therapist success and potential. *Journal of Social Psychology, 117*(1).

Russell, R. K., & White, M. (1994). Treatment of speech anxiety by cue-controlled relaxation and desensitization with professional and paraprofessional counselors. *Journal of Counseling Psychology, 23.*

Russell, R. K., & Petrie, T. (1994). Issues in training effective supervisors. *Applied and Preventive Psychology, 3.*

Saba, G. W. (1999). Live supervision: Lessons learned from behind the mirror. *Academic Medicine: Journal of the Association of American Medical Colleges, 74.*

Saba G. W., & Liddle, H. A. (1986). Perceptions of professional needs, practice patterns, and critical issues facing family therapy trainers and supervisors. *American Journal of Family Therapy, 14.*

Satir, V. (1987). The therapist's story. Journal of Psychotherapy and the Family, 3(1). In M. Baldwin & V. Satir (Eds.), *The Use of Self in Therapy* (pp. 17-25). New York: Haworth.

Savickas, M., Marquart, C., & Supinski, C. (1986). Effective supervision in groups. *Counselor Education and Supervision, 26*(1).

Scanlon, C. (2000). The place of clinical supervision in the training of group-analytic psychotherapists: Toward a group-dynamic model for professional education? *Group Analysis, 33*(2).

Schwartzman, J. (Ed.) (1985). *Families and other systems: The macrosystemic context of family therapy.* New York: Guilford.

Schwartz, R. C. (1981). The pre-session worksheet as an adjunct to training. *American Journal of Family Therapy. 9*(3).

Searles, H. (1955). The informational value of the supervisors' emotional experiences. *Psychiatry, 18.*

Sells, J. N., Goodyear, R. K., Lichtenberg, J. W., & Polkinghorne, D. E. (1997). Relationship of supervisor and trainee gender to in-session verbal behavior and ratings and trainee skills. *Journal of Counseling Psychology, 44.*

Silverstein, L. M. (1977). *Consider the Alternative.* Minneapolis, MN: Compare.

Skinner, A. C. (1981). An open-systems, group analytic approach to family therapy. In A. S. Gurman & D. P. Kniskern (Eds.), *Handbook of Family Therapy.* New York: Brunner/Mazel.

Skovholt, T. M., & Ronnestad, M. H. (1992). *The Evolving Professional Self: Stages and Themes in Therapist and Counselor Development.* New York: John Wiley & Sons.

Stoltenberg, C. D., & Delworth, U. (1987). *Supervising Counselors and Therapists: A development approach.* San Francisco, CA: Jossey-Bass.

Stoltenberg, C. D., & Delworth, U. (1988). Developmental models of supervision: It is development-response to holloway. *Professional Psychology: Research and practice, 19.*

Stoltenberg, C. D., Pierce, R. A., & McNeill, B. W. (1987). Effects of experience on counselors needs. *Clinical Supervisor, 5.*

Stoltenberg, C. D., McNeill, B. W., & Crethar, H. C. (1995). Persuasion and development in counselor supervision. *Counseling Psychologist, 23.*

Stoletenberg, C. D., & McNeil, B. (2009). *IDM Supervision: An intergrative development model for therapists* (3rd ed.). San Francisco, CA: Jossey-Bass.

Stoltenberg, C. D., & Delworth, U. (1987). *Supervising Counselors and Therapists: A developmental approach.* San Francisco, CA: Jossey-Bass.

Stoltenberg, C. D. (1993). Supervising consultants in training an application of a model of supervision. *Journal of Counseling and Development, 72.*

Stoltenberg, C. D., Delworth, U., & McNeill, B. (1998). *IDM Supervision: An integrated developmental model for supervising counselors and therapists.* San Francisco, CA: Jossey-Bass.

Storm, C., & Heath, A. W. (1997). Strategic supervision: The danger lies in discovery. *Journal of Strategic and Systemic Therapies, 1.*

Strong, S. R. (1968). Counseling: An interpersonal influence process. *Journal of Counseling Psychology, 15.*

Styczynski, L. E., (1980). The transition from supervisee to supervisor. In A. K. Hess (Ed.), *Psychotherapy Supervision: Theory, research and practice.* New York: Wiley Interscience.

Sullivan, H. S. (1953). *The Interpersonal Theory of Psychiatry.* New York: Norton.

Todd, T., & Storm, C. (2002). *The Complete Systemic Supervisor,* New York: Brunner/Mazel.

Todd, T. C., & Storm, C. L. (Eds.) (2002). *The Complete, and Systemic Supervisor, Contest, Philosophy and Pragmatics.* New York: Authors Choice.

Todd, T. (1981). Paradoxical prescriptions: Applications of consistent paradox using a strategic team. *Journal of Strategic and Systemic Therapies, 1.*

Vasuquez, M. J. (1999). Trainee impairment: A response from a feminist/multicultural retired trainer. *Counseling Psychologist, 27.*

Watkins, C. E. Jr. (1999). The beginning psychotherapy supervisor: How can we help? *Clinical Supervisor, 18.*

Watkins, C. E. Jr. (Ed.) (1997). *Handbook of Psychotherapy Supervision.* New York: John Wiley & Sons.

Weiner, I., & Kaplan, R. (1980). From classroom to clinic: Supervising the first psychotherapy client. In A. Hess (Ed.), *Psychotherapy Supervision: Theory, research, and practice* (pp. 41-50). New York: John Wiley & Sons.

Whitaker, C, & Keith, D. (1981). Symbolic experiential family therapy. In A. Gurman & D. Kniskern (Eds.), *Handbook of Family Therapy* (pp. 187-224). New York: Brunner/Mazel.

White, M., & Russell, C. (1995). The essential elements of supervisory system: A modified delphi study. *Journal of Marital and Family Therapy, 21.*

White, M., & Russell, C. (1997). Examining the multifaceted notion of iso-morphism in marriage and family therapy supervision: A quest for con-ceptual clarify. *Journal of Marital and Family Therapy, 23.*

Winnicott, D. (1971). *Playing and Reality.* New York: Basic Books.

Wool, G. (1989). Relational aspects of learning: The learning alliance. In K.

Field, B. Cohler, & G. Wool (Eds.), *Learning and Education: Psychoanalytic perspectives* (pp. 747-770). Madison, WI: International Universities.

Worthen, V., & McNeill, B. W. (1996). A phenomenological investigation of "good" supervision events. *Journal of Counseling Psychology, 43.*

Worthington, E. L., Jr., & Stern, A. (1985). Effects of supervisor and supervisee degree level and gender on the supervisory relationship. *Journal of Counseling Psychology, 32.*

Worthington, R. L., Tan, J. A., & Poulin, K. (2002). Ethically questionable behaviors among supervisees: An exploratory investigation. *Ethics and Behavior, 12.*

Wrenn, C. G. (1962). *The Counselor in an Changing World.* Washington, DC: American Personnel and Guidance Association.

York, C. D. (2002). Selecting and constructing supervision. *The complete systemic supervisor: contest, philosophy, and pragmatics.* New York: Authors Choice.

찾아보기

〈인명〉

송정아 85, 89

최규련 85, 89

Abroms, G. M. 247
Acker, M. 29
Aponte, H. A. 121

Bascue, L. O. 226
Bateson, G. 129
Bernard, J. M. 18, 31, 32, 67
Blanchard, K. 248
Borders, L. D. 186
Bordin, E. S. 40, 59
Bowen, M. 79
Bowlby, J. 57

Carter, B. 87

De Shazer, S. 151
Delworth, U. 46

Ekstein, R. 40

Fairbairn, W. R. D. 56
Fisch, R. 146
Fishman, H. C. 110
Friedman, E. 99

Gilligan, C. 50
Goodyear, R. K. 18, 67, 69

Haley, J. 107, 121, 128, 130, 132, 137
Hardy, E. 46
Hayes, J. A. 66
Holloway, E. L. 29, 31, 32

Jackson, D. 129

Klein, M. 66

Ladany, N. 243
Leddick, G. R. 186
Liddle, D. C. 163
Loganbill, C. 46

Madanes, C. 130, 136, 137
Mahler, M. S. 57
Martin, J. S. 69
McGoldrick, M. 87
Mead, D. E. 76
Minuchin, S. 107, 110, 117, 121
Montalvo, B. 121

Newton, F. B. 69
Nichols, M. P. 85, 88, 89

Olson, D. H. 164

Peale, N. V. 248

Robert, H. 242
Roberto, L. 86, 95
Rosenberg, E. W. 66
Russell, C. S. 164

Schwartz, R. C. 85, 89
Searles, H. 72
Segal, L. 146
Skinner, A. C. 62
Sprenkle, D. H. 164
Stoltenberg, C. D. 20, 32, 34, 45
Storm, C. 85, 127, 164

Todd, T. 85, 127

Wallerstein, R. S. 40
Watkins, C. E. Jr. 64
Watzlawick, P. 129
Weakland, J. 146
Winnicott, D. 56
Wool, G. 59
Wrenn, C. G. 17

Yalof, J. A. 226

〈내용〉

AAMFT 249
ACES 175, 218, 236, 249
APA 249
Bowen 가족치료 79

Haley 접근 131, 140
Madanes 접근 140
Milan 접근 130
MRI 143

MRI 접근 128, 130, 139

가계도 105, 94
가족 재구조화 110

■ 저자 소개

송정아(Song, Jung Ah)
미국 Kansas State University 청소년상담학 석사 및 가족상담학 박사
이화여자대학교 신학대학원 목회상담학 석사
현 백석대학교 상담대학원 교수
　　백석상담센터 소장
　　한국가족상담코칭센터 소장
　　중앙가족상담협회 회장
　　서울 · 수원 가정법원 협의이혼 및 가사조정위원
전 백석대학교 상담대학원장
　　한국상담대학원협의회 회장
　　한국상담학회부부가족상담학회 회장
　　한국기독교상담 · 심리치료학회 부회장

[자격증]
국제공인 이마고관계치료전문가(CIT)
미국공인 가족생활교육상담전문가(CFLE)
한국상담학회 부부가족상담학회 수련감독
한국기독교상담 · 심리치료학회 기독교상담 및 놀이치료 수련감독
한국다문화상담학회 수련감독
한국목회상담협회 수련감독
한국상담심리학회 정신보건상담사 1급

[주요 역서]
가족 놀이치료(상조자, 1994)
부부대화법: 부부가 함께 말하기와 듣기(공역, 하우, 1996)
형이 동생에게 주는 사랑의 노래(고신대학교, 1997)
이마고 부부치료(학지사, 2004)
행복한 결혼생활 만들기(공역, 시그마프레스, 2004)

[주요 저서]
가족생활교육론(교문사, 1998)
가족치료 이론과 기법(하우, 2002)
부부 및 가족 상담(공저, 학지사, 2013)
행복한 결혼 위기의 결혼(태영, 2014)

가족치료 수퍼비전의 이론과 실제

Family Therapy Supervision: Theory and Practice

2015년 2월 16일 1판 1쇄 인쇄
2015년 2월 25일 1판 1쇄 발행

지은이 • 송정아
펴낸이 • 김진환
펴낸곳 • ㈜ **학지사**

   121-838 서울특별시 마포구 양화로 15길 20 마인드월드빌딩
대표전화 • 02)330-5114   팩스 • 02)324-2345
등록번호 • 제313-2006-000265호

홈페이지 • http://www.hakjisa.co.kr
커뮤니티 • http://cafe.naver.com/hakjisa

ISBN 978-89-997-0622-6 93180

Copyright ⓒ 2015 by Hakjisa Publisher, Inc.

정가 16,000원

인터넷 학술논문 원문 서비스 **뉴논문** www.newnonmun.com

이 도서의 국립중앙도서관 출판시도서목록(CIP)은 서지정보유통지
원시스템 홈페이지(http://seoji.nl.go.kr)와 국가자료공동목록시스템
(http://www.nl.go.kr/kolisnet)에서 이용하실 수 있습니다.
(CIP제어번호: CIP2015003284)